KB214839

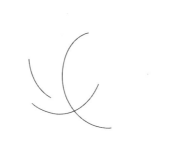

박영선의
다시 보는
히브리서

2020년 11월 30일 초판 1쇄 발행
2024년 7월 26일 초판 3쇄 발행

지은이 박영선
기획 강선
편집 문선형, 정유진
디자인 잔
경영지원 합초아
펴낸이 최태준
펴낸곳 무근검
주소 서울특별시 송파구 올림픽로 4길 17 A동 301호
홈페이지 lampbooks.com **전화** 02-420-3155 **팩스** 02-419-8997
등록 2014. 2. 21. 제2014-000020호
ISBN   979-11-87506-58-4 (03230)

이 도서의 국립중앙도서관 출판시도서목록(CIP)은 서지정보유통지원시스템
홈페이지(http://seoji.nl.go.kr)와 국가자료공동목록시스템(http://www.nl.go.kr/kolisnet)에서
이용하실 수 있습니다. (CIP제어번호 : CIP2020045404)

무근검은 '하나님의 영광은 무겁고 오래된 칼과 같다'라는 뜻입니다.

다시 보는 히브리서

박영선 지음

무근검

그가 아들이시면서도 받으신 고난으로 순종함을 배워서 온전하게 되셨은즉
자기에게 순종하는 모든 자에게 영원한 구원의 근원이 되시고

히 5 : 8-9

그리스도인의 삶은 창조와 구속의 목적과 관련되어 있습니다. 단번에 얻은 구원은 영광된 완성으로 나아가는 출발점입니다. 어린아이는 온전한 존재로 태어났으나 자라나야 합니다. 그리스도인도 마찬가지입니다. 죄악된 세상 속에서 원망과 혼란까지 느끼며 지나는 성숙의 과정은 고통스럽습니다. 그러나 그리스도인의 삶은 그렇게 성숙해 갑니다.

대개 신자들은 천국에 들어갈 것을 확신하면서도 골치 아프고 대책 없는 오늘의 인생에 대해서는 불만입니다. 반복되는 오늘이라는 현실에 반발하고 체념하면서, 성숙으로 나아갈 기회와 책임을 변명으로 얼버무립니다. 이 오늘이라는 시간을 사는 일에 대해 히브리서가 가르칩니다.

예수의 대제사장직은 오늘을 사는 성도를 위한 것입니다. 성도의 삶은 잘잘못이라는 간단한 이분법으로 판정되지 않습니다. 우리가 원하는 평안이 쉽게 허락되지 않는 것은 하나님이 우리를 키워 영광에 이르게 하려고 나날을 사용하시기 때문입니다.

하나님은 우리와 함께 구속 역사를 이루시려 합니다. 당신의 동역자로 우리를 불러 가장 기뻐하시는 존재로 만들려고 하십니다. 그래서 그리스도인의 삶은 자존심이나 우월감, 능력이나 쓸모 같은 것으로 묘사되지 않습니다. 하나님은 우리를 사랑과 믿음의 상대, 기쁨이 넘치는 영광의 가족으로 대접하십니다.

2020년 가을

박 영선

1.
아들을 통하여 우리에게 말씀하셨으니

1 옛적에 선지자들을 통하여 여러 부분과 여러 모양으로 우리 조상들에게 말씀하신 하나님이 2 이 모든 날 마지막에는 아들을 통하여 우리에게 말씀하셨으니 이 아들을 만유의 상속자로 세우시고 또 그로 말미암아 모든 세계를 지으셨느니라 3 이는 하나님의 영광의 광채시요 그본체의 형상이시라 그의 능력의 말씀으로 만물을 붙드시며 죄를 정결하게 하는 일을 하시고 높은 곳에 계신 지극히 크신 이의 우편에 앉으셨느니라 4 그가 천사보다 훨씬 뛰어남은 그들보다 더욱 아름다운 이름을 기업으로 얻으심이니 5 하나님께서 어느 때에 천사 중 누구에게 너는 내 아들이라 오늘 내가 너를 낳았다 하셨으며 또 다시 나는 그에게 아버지가 되고 그는 내게 아들이 되리라 하셨느냐 …… (히 1:1-9)

편지의 목적

히브리서는 1세기 중엽쯤에 있던 초대교회 신앙 공동체에 쓴 편지입니다. 제목을 '히브리서'라 붙인 것은 그 공동체의 구성원들이 기독교로 개종한 유대인들일 것이라고 생각해서인데, 히브리서에는 유대인이 아니면 이해하기 어려운 내용 즉 제사나 선지자에 대한 이야기가 많이 등장합니다. 그들에게 편지를 써야 했던 이유는 그들이 신앙의 큰 위협 속에 있었기 때문입니다.

초대교회에는 늘 위협이 있었습니다. 로마제국은 여러 신을 섬겼고 또 황제를 신격화했기 때문에 그런 문화를 따르지 않는 기독교인들은 정치적 핍박이나 사회적 위협 아래 있을 수밖에 없었습니다. 더구나 유대교는 예수를 메시아로 인정하지 않기 때문에, 유대인의 입장에서 볼 때 예수를 메시아라고 믿는 것은 하나님 이외에 다른 신을 섬기는 것이 되어 기독교인으로 전향한 유대인들은 동족 유대인들의 미움까지 받게 됩니다. 예수를 메시아로 인정하는 것이 유대인들에게는 유일신 숭배를 거부하는 신성모독이자, 민족성마저 배반하는 일로 여겨졌던 것입니다. 이런 내용은 사도행전에도 잘 나와 있습니다. 바울이 지중해 연안의 여러 도시에 전도하러 다닐 때에 주로 회당에서 복음을 전했는데, 그때마다 종교 지도자들을 비롯한 유력 인사들이 바울을 몹시 박해했습니다. 그들은 예수를 메시아로 인정하지 않았기 때문에 예수를 전하는 바울이 늘 못마땅했던 것입니다. 이처럼 여러 곤란에 처해 있던 성도들을 위로하기 위해 쓰인 편지가 바로 히브리서입니다.

히브리서는 고난을 겪고 있는 자들에게 명분을 강조하거나 의지력을 북돋우는 대신, 기독교 신앙의 본질적 내용을 소개함으로써 저들에게 닥친 현실의 문제를 어떻게 이해하고 극복해야 하는가에 대한 답을 제시합니다. 우리는 히브리서가 가진 이런 안목에 주목해야 합니다. 이는 고린도후서에서도 발견되었던 안목입니다. 사도 바울은 인신공격을 당하면서까지 자신을 반대하는 자들의 도전에 응하는데, 그들의 공격에 일일이 변명하는 대신 그들의 이해가 얼마나 잘못되었는지를 기독교 신앙의 큰 틀에 비추어 설명합니다. 자기 자신을 변명하는 것이 아니라 기독교 신앙의 본질을 저들 앞에 보여 답을 제시하는 것입니다.

히브리서도 마찬가지입니다. 히브리서는 처음부터 끝까지 신앙고백의 대상인 예수에 대한 이해를 펼칩니다. '예수를 믿는다'라고 할 때에 믿음은 공허한 추상명사가 아닙니다. 히브리서는 모든 열쇠가 예수에게 있다고 초점을 맞춘 다음 예수가 누구인가를 설명해 나갑니다. 즉 예수를 믿는다는 것은 믿음이라는 행위를 명분으로 만들거나 미화하는 것이 아니라, 구체적 대상에 대한 이해와 약속에 관한 것이라고 이야기합니다.

히브리서는 이처럼 예수에 대한 이해를 펼쳐 가는데, 비교 대상으로 서두에 천사가 등장합니다. 4절에 '그가 천사보다 훨씬 뛰어남은'이라고 말씀하는데, 예수를 설명하는 일에 왜 천사가 비교 대상으로 등장하는가 하는 의문이 생깁니다. 그것은 우리가 예수를 믿어도 결국 현실에서는 천사를 더 기대하고 천사를 더 가깝게 여기기 때문입니다. 우리는 천사의 어떤 점을 기대하고, 또 현실적으로 소원하는 걸까요? 바로 천사의 도덕성과 초월성입니다.

천사의 도덕성이란 무엇일까요? 천사는 하나님의 사자니까 당연히 흠도 없고 티도 없는 존재입니다. 그렇다면 천사의 초월성이란 무엇일까요? 여기서 말하는 초월성은 신과 피조물의 차이에서 비롯한 초월성을 의미하지 않습니다. 우리가 부러워하는 천사의 초월성은 진흙탕에 발 담그지 않아도 되는 존재, 지지고 볶으며 살지 않아도 되는 존재로서의 초월성입니다. 자식도 없겠다, 걱정도 없겠다, 일하지 않아도 되겠다, 이것이 천사를 소원하는 이유이자 우리 신앙이 바라는 구체적 모습입니다.

체념을 넘어

여기에 예수를 대조하여 이야기함으로써 기독교는 우리의 기대, 소원, 상상과 얼마나 다른 것인지를 이야기합니다. 그러니까 궁극적으로 예수는 인간으로 오신 하나님이고, '인간으로 오셨다'라는 말은 하나님이 하나님 당신에 대한 설명과 우리에 대한 당신의 뜻을 이루시는 방법을, 육신을 입고 오신 예수 곧 우리가 보고 만지고 느끼고 경험하는 존재를 통해 드러내셨다는 의미입니다. 히브리서는 여기에 초점을 둡니다. 즉 우리가 가진 자신의 한계와 미흡함에 대한 체념을 극복하게 하는 데에 중점이 있습니다.

대개 우리는 체념을 잘 하지 않는 편이라고 생각하는데, 정말 그럴까요? 잠깐 시 한 편을 읽고 생각해 봅시다. 박목월 시인이 쓴 〈나그

네〉는 다들 잘 아실 것입니다. '강나루 건너서 남포교회 가는 길을 구름에 달 가듯이 가는 나그네' 이렇게 시작하는 시죠. 이 시인이 〈장맛〉이라는 시를 썼는데, 읽어드리겠습니다.

장맛[1]

박목월

어둑한 얼굴로 어른들은 일만 하고
시무룩한 얼굴로 어린 것들은 자라지만
종일 햇볕 바른 양지쪽에 장독대만 환했다.
진정 즐거울 것도 없는 구질구질한 살림
진정 고무신짝을 끌며 지루한 하루하루를
어린 것들은 보내지만
종일 장독대에는 햇볕만 환했다.
누구는 재미가 나서 사는 건가.
누구는 낙을 바라고 사는 건가.
살다 보니 사는 거지 그렁저렁 사는 거지.
그런대로 해마다 장맛은 꿀보다 달다.
누가 알 건데,
그렁저렁 사는 대로 살맛도 씁쓸하고

---

1) 박목월 지음, 이남호 엮음,《박목월 시전집》(민음사), 433쪽.

그렁저렁 사는 대로 아이들도 쓸모 있고

종일 햇볕 바른 장독대에

장맛은 꿀보다 달다.

이 시를 읽으면 누구나 공감하게 됩니다. 우리 현실이 그렇기 때문이죠. '누구는 재미가 나서 사는 건가. 누구는 낙을 바라고 사는 건가. 살다 보니 사는 거지 그렁저렁 사는 거지.' 이런 시구로 공감대를 이룹니다. 시인은 고단한 삶 속에, 기대할 것 없고 상상할 것 없는 너무나 작고 비루한 현실 속 환한 장독대에서 위로를 찾는 감성을 발휘합니다. 이 시에서 우리의 공감을 자아내는 전제는 체념입니다. 시인은 장독대를 그려 내어 사는 낙이 없는 체념 속에 꿀맛보다 단, 그래서 잠시 위로를 주는 장맛을 노래합니다.

우리는 신자임에도 사실은 그저 '죽어서 천국 가면 됐지. 뭐'라든가 '아이고, 저것들도 어떻게 되겠지'와 같은 체념 속에 살기 때문에 이 시에 공감하는지도 모릅니다. 우리에게 있는 신앙의 문제는 지금 일어난 위기 하나를 극복하고, 지금 있는 장애물 하나를 제거한다고 해서 해결될 수는 없습니다. 인생살이 전체에 대한 가치를 확인하고, 나의 한계에도 불구하고 하나님의 능력으로 말미암아 우리의 제한 속에서 만들어지는 무한한 명예를 확인해야 비로소 우리는 신자라는 이름으로 인생을 살 수 있게 됩니다.

성육신의 신비

성육신을 생각해 봅시다. 하나님이 시간과 공간 속에 잡혀 들어왔으나 그것으로 인류의 운명과 역사를 바꿔 버리십니다. 무한이 유한 속에 들어온 것도 신기한데, 그 한계 속에서 인간의 손에 붙잡혀 배반과 수모와 채찍질과 죽임을 당하는 방법으로 예수는 하나님의 영광이 어떠한 자리에서도 부족하지 않는다는 것을 보여 주셨습니다. 하나님의 기쁨으로 지음 받은 우리가, 하나님의 영광을 찬송하기 위해 창조된 우리의 인생이 어느 자리에서도 결코 부족함이 없다는 것을 예수로 증언하셨습니다. 이것이 성육신입니다.

　우리의 인생 속에서 다른 누구와 비교하여 늘 불만인 점, 그리고 스스로 풀 수 없는 속 깊은 상처가 일을 한다고 믿습니다. 믿음이란 바로 그런 도약입니다. 우리는 그것을 예수에게서 보았습니다. 그것이 우리로 넘을 수 없는 산을 넘게 하고 건널 수 없는 강을 건너게 합니다. 이것이 우리 각각의 실존 즉 제한된 한계와 우리가 수용하길 거부하는 지금의 현실에서 하나님이 일하고 계시는 위대한 신비임을 알기 때문입니다. 그런데 여기를 못 넘어온 채, 죽어서 천국 가면 족하다고 찬송가만 부르고 달리 대책이 없어 교회 와서 무릎 꿇고 기도하는 것으로 자책하고 타협하고 체념하는 인생에 성경이 도전해 옵니다. 이 도전을 받아들이겠습니까?

　인생을 그냥 타협하고 사는 건 손해입니다. 주어진 하루에 하루만큼의 인생을 살아 내지 못하는 것은 비극입니다. 지금 생각하는 '예수는 누구인가' 하는 문제를 가장 잘 설명한 본문이 있습니다. 바로 요한복음 1장입니다.

> 태초에 말씀이 계시니라 이 말씀이 하나님과 함께 계셨으니 이 말씀
> 은 곧 하나님이시니라 그가 태초에 하나님과 함께 계셨고 만물이 그
> 로 말미암아 지은 바 되었으니 지은 것이 하나도 그가 없이는 된 것
> 이 없느니라 (요 1:1-3)

인간은 예수 안에서 지어집니다. 이때 '예수 안에서'라는 의미는 말하
자면 부모 자식 간의 관계와 같습니다. 유전자를 물려받는 관계입니
다. 흔히 하는 말로 "누가 박씨 아들 아니랄까 봐", "누가 배달민족 아
니랄까 봐"라고 말하는 것과 비슷한 뉘앙스입니다. 그렇게 하나님이
우리에게 우리가 예수 안에서 창조되었다고, 그 창조는 예수의 성품
을 물려받은 존재로 태어난 것이라고 이야기합니다. 그리고 14절을
보면,

> 말씀이 육신이 되어 우리 가운데 거하시매 우리가 그의 영광을 보니
> 아버지의 독생자의 영광이요 은혜와 진리가 충만하더라 (요 1:14)

라고 되어 있습니다. 예수의 영광은 아버지 하나님의 영광인데, 그 영
광이 육체로 오셔서 우리가 그 영광을 보고 알고 증언하게 됩니다. 인
간이란 이런 존재다, 하나님이 인간에게 주신 영광이란 이런 것이다
를 예수의 성육신을 통해 처음 보는 것입니다. 예수가 역사적 사건
과 실존으로 증언한 것입니다. 그리고 그렇게 증언할 뿐 아니라, 이제

그 길을 걸으십니다. 갖은 우여곡절을 겪으시죠. 예수는 오해와 증오의 대상이 되어 당시 권력자들에 의해 척결됩니다. 예수는 그 길을 말없이 걷습니다. 죽은 자를 살리고 바다를 잠잠케 하고 문둥병자를 고칠 수 있는 능력을 가졌으나, 모든 고난을 감수하십니다. 이것은 양보가 아닙니다. 마치 드라마의 한 장면에 비유해 볼 수 있습니다. 드라마 속에서 바람이 많이 분다든가 비가 퍼붓듯이 쏟아져도 비나 바람이 주인공이 가는 길에 아무런 영향을 미치지 못하는 것과 같습니다. 비나 바람 같은 배경은 극적 효과를 주고, 주인공의 활약을 더욱 돋보이게 하는 것 외에 아무것도 아닙니다. 이것이 성경이 하고 싶어 하는 이야기입니다.

우리가 잘 아는 요한복음 3장 16절을 함께 외워 봅시다. "하나님이 세상을 이처럼 사랑하사 독생자를 주셨으니 이는 그를 믿는 자마다 멸망하지 않고 영생을 얻게 하려 하심이라." 하나님이 예수를 보내신 사건은 우리더러 믿으라고 보내신 것 이전에, 마치 태초에 천지를 창조하신 사건과 같습니다. 즉 "태초에 하나님이 천지를 창조하시니라", "빛이 있으라 하시니 빛이 있었고"와 같은 것입니다. "내가 구원을 베푸노라. 내가 내 아들을 보내노라"라는 말은 우리의 반응이나 선택에 좌우되는 문제가 아니라 하나님의 의도이자 선언입니다. 무엇이 그 길을 방해할 수 있으며, 무엇이 제약할 수 있겠습니까? 구원은 이렇게 선포되는 것입니다.

영광으로 가는 길

물론 우리는 이렇게 묻고 싶을 것입니다. '그러면 믿어도 되고 안 믿어도 된다는 것입니까?' 결코 그런 말이 아닙니다. 믿으면 자신의 인생이 명예로워질 것입니다. 안 믿으면 헛됩니다. 안 믿으면 지옥에 갑니까? 이런 문제에 우리는 더 관심이 많을 텐데, 하나님은 구원을 하시자는 분입니다. 그러니 "쟤는 예수 안 믿어서 지옥 간다"라는 말로 자기 증명을 하려 들지 마십시오. "당신은 믿는다면서 우리와 무엇이 다릅니까?"라는 세상의 도전에 답하십시오. "저 사람은 잘못했어. 벌받아야 돼", "쟤는 거짓말했고 나는 안 했어"와 같은 말로 자기를 증명하는 것을 '율법적 판단'이라고 합니다. 여기에는 적극적 대안이 없습니다. 로마서 3장으로 가 봅시다.

> 우리가 알거니와 무릇 율법이 말하는 바는 율법 아래에 있는 자들에게 말하는 것이니 이는 모든 입을 막고 온 세상으로 하나님의 심판 아래에 있게 하려 함이라 그러므로 율법의 행위로 그의 앞에 의롭다 하심을 얻을 육체가 없나니 율법으로는 죄를 깨달음이니라 이제는 율법 외에 하나님의 한 의가 나타났으니 율법과 선지자들에게 증거를 받은 것이라 (롬 3:19-21)

율법과 다른 의지만, 율법을 폐기하는 것이 아닙니다. 율법이 '잘못한 것과 잘못하지 않은 것'을 가르는 기준에 불과했다면, 예수는 '잘못하지 않은 것에서 더 나아간 것'을 할 것이라고 합니다. 이어서 보겠습니다.

> 곧 예수 그리스도를 믿음으로 말미암아 모든 믿는 자에게 미치는 하나
> 님의 의니 차별이 없느니라 모든 사람이 죄를 범하였으매 하나님의 영
> 광에 이르지 못하더니 그리스도 예수 안에 있는 속량으로 말미암아 하
> 나님의 은혜로 값 없이 의롭다 하심을 얻은 자 되었느니라 (롬 3:22-24)

그러므로 구원이란 죄를 안 짓게 되는 일에 불과한 것이 아니라, 영광
으로 가는 일입니다. 죄란 단지 도덕적 차원에 관한 문제나 옳고 그름
을 가려내는 정도의 문제가 아니라 영광과 관련한 문제인 것입니다.
죄란 영광에 못 미치는 것이요, 영광을 비켜간 것이요, 영광을 왜곡하
는 것입니다. 우리는 율법으로 '이것은 틀린 거야. 저것도 틀린 거야'
를 배웠지만, 율법은 우리를 영광으로 이끌지 못했습니다.

　율법에는 영광에 대한 적극적 표현이 없습니다. 예수가 오심으로
써 우리에게 영광이 허락되어 비로소 우리가 영광을 보게 되었고, 영
광을 따라 살 수 있게 되었습니다. 하나님이 우리를 당신이 만족하시
는 영광으로 목적하셨고 예수로 그것을 이루겠다고 하심으로써, 우리
는 세상 사람들과 다른 길을 걷게 되었습니다. 예를 들어 공포의 반대
말은 안심이지만, 이 단어는 다만 '공포가 없는 상태'를 가리키는 것
에 불과합니다. 공포의 반대말에서 더 나아간 적극적 단어는 사랑입
니다. 정직은 다만 거짓말하지 않는 것을 의미하지 않습니다. 정직을
기껏 '거짓말하지 않는 것'으로만 정의한다면, 이는 소극적으로 무엇
을 하지 않는 것에 불과합니다. 무엇을 하지 않는 것, 잘못을 하지 않

는 것 자체는 정직이 아닙니다. 정직을 이야기하면서 "나는 거짓말 안 했어. 나는 사심이 없어. 나는 욕심이 없어"라고 이야기하는 것은 그냥 뻥인 것입니다. 부정적이고 소극적인 것일 뿐입니다. 여기서 벗어나 '왜 사는가' 하는 도전 앞에 서야 합니다. '넌 아무것도 안 하려고 사냐? 넌 그저 잘못 안 하려고 사냐?' 이렇게 꾸짖는 기독교 신앙 앞에 서야 합니다.

그렇다면 정직은 무엇입니까? 정직은 영광으로 가는 것이죠. 좋은 말을 해 주는 것, 반가운 사람이 되는 것, 기쁨을 드러내는 것, 이것이 정직입니다. 세상이 내린 정의(定義)와는 사뭇 다르죠. 거짓말과 정직의 차이에서 보다시피, 예수께서 오셔서 우리에게 하신 일이 이것입니다. 예수가 이 일을 어디에서 하십니까? 이 일을 할 수 없는 자리에서 하십니다. 우리도 그래야 합니다. 모두가 거짓말을 하고, 모두가 폭력을 휘두르는 자리에서 그렇게 하지 않을 수 있는 자는 우리뿐입니다. 이 다름을 로마서 12장에서는 이렇게 표현합니다.

너희를 박해하는 자를 축복하라 축복하고 저주하지 말라 즐거워하는 자들과 함께 즐거워하고 우는 자들과 함께 울라 서로 마음을 같이하며 높은 데 마음을 두지 말고 도리어 낮은 데 처하며 스스로 지혜 있는 체 하지 말라 아무에게도 악을 악으로 갚지 말고 모든 사람 앞에서 선한 일을 도모하라 할 수 있거든 너희로서는 모든 사람과 더불어 화목하라 내 사랑하는 자들아 너희가 친히 원수를 갚지 말고 하나님의 진노하심에 맡기라 기록되었으되 원수 갚는 것이 내게 있으니 내가 갚으리라고 주께서 말씀하시니라 네 원수가 주리거든 먹

이고 목마르거든 마시게 하라 그리함으로 네가 숯불을 그 머리에 쌓아 놓으리라 (롬 12:14-20)

악인을 감동시키거나 악을 제거할 생각을 하지 말고 무엇을 하라고 말씀합니까? 선한 역할을 하라고 합니다. 거짓말하지 않는 정도, 잘못을 저지르지 않는 정도, 예수 안 믿는 사람과 자신을 비교하여 '너는 지옥 가고 나는 천국 간다'라고 우쭐대는 정도를 넘어 악한 인생, 무지한 인생, 선한 일과 가치 있는 일을 할 수 없는 자들과는 다른 인생을 살라고 하십니다. 이는 명분도 아니고 강요도 아닙니다. 더러운 옷과 깨끗한 옷 중에 깨끗한 옷을 입으라는 권면은 강요가 아닌 것처럼 말입니다. 그것은 명예이고 복이며 기쁨입니다. 우리를 그렇게 살라고 부르셨습니다.

이어서 계속 이야기합니다. 너를 박해하는 자를 저주하지 마라, 악으로 악을 갚지 마라, 네 원수가 주리거든 먹이고 목마르거든 마시게 하라. 그렇게 하면 어떻게 된다고 합니까? 네가 그들 머리에 숯불을 쌓아 놓는 셈이 될 것이라고 합니다. 유진 피터슨은 이 구절을 이렇게 번역했습니다. '원수는 소스라치게 놀랄 것입니다.'(롬 12:20 하)[2] 그들은 '아니, 이럴 수가. 이 사람들은 뭐야?'라는 생각을 하게 된다는 것입니다. 우리가 그렇게 행동하면 상대방이 회개할 것이라 생각하지 말라고 합니다. 우리가 한 선한 행위로 보상을 받는다는 뜻도 아닙니다. 폭력에 폭력으로 대응하지 않는 사람은 폭력과 증오와 보복과 원

---

2) 유진 피터슨 지음,《메시지 신약》(복 있는 사람), 462쪽.

망과 비열함 앞에 마치 한 줄기 빛이 비치듯, 햇살이 구름을 뚫고 내려오듯 다른 존재로 서게 되는 것입니다.

우리는 다른 존재입니다. 하나님이 우리에게 다른 존재와 다른 내용으로 시간과 공간 속에 보내셨다고 말씀하십니다. 예수를 그렇게 보냈듯이 말입니다. 말이 안 되는 곳에, 아무도 나를 몰라보고 편들어 주지 않고 보상해 주지 않는 곳에 하나님의 손길로, 그 아들을 보내신 구원의 능력으로, 하나님의 영광으로 우리를 보내셨다고 이해하지 않으면, 인생을 살아 낼 방법이 없습니다. 그것이 우리에게 힘이 되지 않는다면, 그래서 우리가 겪는 모든 것이 우리를 방해할 수 없다는 사실을 알지 못한다면, 결국 우리의 모든 기도는 원망일 수밖에 없습니다.

에베소서 1장에 가 보면, 우리를 부르신 분명한 목적을 이렇게 선언하고 있습니다. 이 구절을 다 함께 외우고 잘 새겨 두어야 합니다. 에베소서 1장 3절에서 6절입니다. 교회에서 저와 마주칠 때, 불시에 제가 "잠시 검문이 있겠습니다. 암호를 외워 보십시오"라고 물으면 이 구절을 대야 합니다.

찬송하리로다 하나님 곧 우리 주 예수 그리스도의 아버지께서 그리스도 안에서 하늘에 속한 모든 신령한 복을 우리에게 주시되 곧 창세 전에 그리스도 안에서 우리를 택하사 우리로 사랑 안에서 그 앞에 거룩하고 흠이 없게 하시려고 그 기쁘신 뜻대로 우리를 예정하사 예수 그리스도로 말미암아 자기의 아들들이 되게 하셨으니 이는 그가 사랑하시는 자 안에서 우리에게 거저 주시는 바 그의 은혜의 영광을 찬송하게 하려는 것이라 (엡 1:3-6)

이 권면은 강요나 위협이 아닙니다. 방법론도 아닙니다. 그걸 어떻게 확신할 수 있냐고요? 우리가 아직 죄인 되었을 때에 예수께서 인간으로 찾아오셨기 때문입니다. 굉장합니다. 아무도 몰랐습니다.

　우리 역시 이웃들 앞에 그런 존재로 서 있습니다. '이 사람은 뭐야? 왜 이래?' 그들의 머리에 내려치는 벼락과 같은 존재가 우리입니다. 선하게 산다고 세상에서 보상을 받지 않습니다. 결국 예수를 죽인 세상입니다. 우리가 아무리 잘해도 세상은 항복하지 않을 것입니다. 그러나 우리는 우리가 이해하고 상상하는 것 이상의 존재라는 것과 고유한 사명이 있음을 알게 되었습니다. 하나님의 영광과 기쁨에 참여하는 명예로운 존재가 되었습니다. 이제 그 인생을 사십시오. 자랑할 일이 충만할 것입니다.

기 도

하나님 아버지, 은혜를 감사합니다. 우리는 하나님을 아버지라고 부르며 예수의 이름으로 기도하는 자들입니다. 그러니 기적 같은 인생을 살아 내야 할 것입니다. 원망하고 핑계 대고 변명하는 것을 집어치우고 이제부터라도 위대하게 살게 하옵소서. 우리의 거친 입을 잠잠히 닫고 우리 얼굴에 주를 아는 빛을, 주님의 향기를 발하는 그런 인생을 책임 있게 살게 하옵소서. 우리 입술에 감사를 주시고 우리를 보는 자들이 우리에게서 기적을 발견하는 놀라움이 있게 하옵소서. 예수님 이름으로 기도합니다. 아멘.

2.
이 구원은 처음에 주로 말씀하신 바요

…… 13 어느 때에 천사 중 누구에게 내가 네 원수로 네 발등상이 되게 하기까지 너는 내 우편에 앉아 있으라 하셨느냐 14 모든 천사들은 섬기는 영으로서 구원 받을 상속자들을 위하여 섬기라고 보내심이 아니냐 2:1 그러므로 우리는 들은 것에 더욱 유념함으로 우리가 흘러 떠내려가지 않도록 함이 마땅하니라 2 천사들을 통하여 하신 말씀이 견고하게 되어 모든 범죄함과 순종하지 아니함이 공정한 보응을 받았거든 3 우리가 이같이 큰 구원을 등한히 여기면 어찌 그 보응을 피하리요 이 구원은 처음에 주로 말씀하신 바요 들은 자들이 우리에게 확증한 바니 4 하나님도 표적들과 기사들과 여러 가지 능력과 및 자기의 뜻을 따라 성령이 나누어 주신 것으로써 그들과 함께 증언하셨느니라 (히 1:10-2:4)

구원이 답이다

히브리서는 고난과 핍박 속에서 힘들어하는 초대교회 신자들을 격려하기 위해 쓴 편지입니다. 신앙생활을 하면서 가장 어려운 문제는 잘 믿고 헌신하고 열심을 내는데도 신앙생활이 기대와 다르고 또 보상이 없어 고통스러운 현실을 어떻게 이해해야 하는가에 대한 것입니다. 이 문제에 대해 우리가 가진 해결책은 '잘 견뎌. 열심히 기도해'라는 막연한 답뿐입니다.

그런데 히브리서를 보면, 이 문제에 대한 답이 우리의 예상과는 전혀 다른 관점에서 제시되어 있습니다. 답이 없는 게 아니다, 너희가 얻은 구원이 답이다, 고난과 고통과 이해할 수 없는 현실에 대한 답이 바로 구원이다, 답은 이미 주어졌는데 너희가 몰라서 그걸 살아 내지 못하고 있다, 이렇게 이야기합니다.

기독교 신앙은 예수를 믿는 것 즉 예수로 말미암은 구원을 말하고 있습니다. 그래서 신앙의 중심에 언제나 예수가 있는데, 우리는 대개 믿음에 더 초점을 둡니다. 어려운 일이 닥치면 내가 잘못 믿어서 어려움이 생기는 것 같고, 믿음이 없어서 고통을 겪는다고 여겨 내 편에서 해결책을 만들어 내야 한다고 생각합니다. 그러나 사실 성경은 정반대로 이야기합니다. '예수가 다 이루었다'라고 말입니다. 우리에게는 현실적으로 납득되지 않는 이 갈등을 이제 히브리서가 '다 이루었다'라는 말로 풀어냅니다.

히브리서 서두에 이런 표현이 나온다고 지난 장에서 말씀드렸습니다. '예수는 천사와 다르다.' 본문 말씀에서도, 언제 하나님이 천사들을 향해 '너희는 내 아들들이다'라며 특별한 지위를 준 적이 있더냐고 묻습니다. 이 말은 특별한 지위를 부여해서 예수가 그렇게 된 것이 아니라 예수는 원래 특별한 존재다, 예수는 천사 중 하나가 아니고 '내 아들' 즉 하나님의 아들이다, 그런 이야기입니다. 유대인들에게 아들이란 아버지와 동등한 신분과 지위를 지닌 존재입니다. 예수가 오기 이전에는 하나님이 선지자들을 보내어 당신의 뜻을 전하셨다면, 예수가 오신 이후에는 하나님이 직접 개입하셨습니다. 인류의 새로운 운명이 주어진 구원 문제에서는 예수로 인하여 펼쳐진 새로운 세상에 하나님이 직접 개입하여 일하신 것입니다. 하나님이 직접 개입하셨다는 것은 하나님이 종을 보내신 것과 무엇이 다를까요? 하나님이 지시를 내리고 부탁을 전달하는 정도가 아니라, 창조주로서 현장에 와서 몸소 현장의 일을 고치고 새로 창조하셨다는 뜻입니다.

예수를 믿는다는 말은 그래서 굉장합니다. 로완 윌리엄스(Rowan Douglas Williams)의 말을 빌리자면, 하나님은 언제든지 새로운 것으로 현실에 개입하실 수 있습니다. 그렇습니다. 창조주이시기 때문입니다. 한 번 창조하고 나서 그만두신 것이 아니라, 창조권을 갖고 계신 분입니다. 하나님이 시간을 되돌리겠다고 하시면 시간이 거꾸로 가는 것이고, 형세를 뒤집어 역전하겠다고 하시면 역전되는 것이고, 하나님이 누구를 세우겠다고 하시면 누군가 세움을 받습니다. 이런 내용은 한나의 기도에도 나오고, 드보라의 기도에도 나오고, 마리아의 기도에도 나옵니다. 즉 반전을 이루시는 하나님에 대해 성경은 일관되게 말하고 있는데, 우리가 자주 놓치곤 합니다.

이 편지의 수신자인 예수를 믿어 고난을 받고 있는 초대교회의 히브리인들이 처한 상황을 보면, 그들은 다만 예수를 믿는다는 이유로 로마제국의 정치적, 사회적 핍박을 받을 뿐만 아니라 동족들에게까지 배신자로 낙인이 찍혀 있었습니다. 그들이 '예수는 하나님이다'라고 외친 것이 유대인들의 유일신 사상을 배격하는 신성모독으로 여겨져 민족적 배신자 취급을 받았던 것입니다. 따라서 히브리서 수신자들인 기독교를 믿는 유대인들은 이중고를 겪었던 셈입니다. 히브리서는 그들이 겪는 고난과 현실에 대해 이런 질문으로 말을 겁니다. "예수를 믿는다는 것이 무슨 뜻인지 아느냐? 예수가 누구인지 아느냐?"

우리는 구원에 대해 이미 다 알고 있다고 생각하는 편인데, 히브리서 강해를 통해서 좀 더 깊이 현실에 답이 되는 내용으로 이해해 봅시다. 일단, 로마서 3장으로 가 볼까요.

이제는 율법 외에 하나님의 한 의가 나타났으니 율법과 선지자들에게 증거를 받은 것이라 곧 예수 그리스도를 믿음으로 말미암아 모든 믿는 자에게 미치는 하나님의 의니 차별이 없느니라 모든 사람이 죄를 범하였으매 하나님의 영광에 이르지 못하더니 그리스도 예수 안에 있는 속량으로 말미암아 하나님의 은혜로 값 없이 의롭다 하심을 얻은 자 되었느니라 이 예수를 하나님이 그의 피로써 믿음으로 말미암는 화목제물로 세우셨으니 이는 하나님께서 길이 참으시는 중에 전에 지은 죄를 간과하심으로 자기의 의로우심을 나타내려 하심이니 곧 이 때에 자기의 의로우심을 나타내사 자기도 의로우시며 또한 예수 믿는 자를 의롭다 하려 하심이라 (롬 3:21-26)

율법 외에 하나님이 더 베푸신 은혜는 예수 즉 예수로 말미암은 구원입니다. 율법은 우리가 잘 아는 대로 잘잘못에 대한 것입니다. 잘하면 복 받고 잘못하면 벌 받는 것이 율법이고, 예수는 거기서 더 나아간 것입니다. 은혜입니다. 이 은혜로 죄인을 구원하는 것입니다. 잘못한 자들에게 벌은커녕, 잘해야 받는 복보다 더 큰 복을 주는 것, 성경은 그 것을 구원이라고 이야기합니다. 구원은 죄지은 자들이 받아야 할 벌에서 면제되는 정도가 아니라, 로마서 3장 23절에 나오는 바와 같이 '모든 사람이 죄를 범하였으매 하나님의 영광에 이르지 못'하자 주어졌습니다. 즉 구원은 하나님의 영광에 이르는 적극적인 것입니다.

예수를 믿는다는 말

성경은 죄를 소극적 관점에서 다루지 않고, 적극적 관점에서 다룹니다. 흠 있고 잘못한 것을 책망하는 대상으로 죄가 등장하는 것이 아니라, 영광스럽고 놀랍고 기쁜 것으로 가지 못하는 것을 죄로 정의합니다. 그러니 죄를 안 짓는 것으로 자기 할 일 다했다고 할 수 없습니다. 죄가 가로막고 있는 걸 넘어 창조가 목적한 자리로 가야 하는데, 가지 못하고 있습니다. 그런데 우리가 건너가지 못하는 자리를 하나님이 넘어오시죠. 믿음으로 넘어오십니다. 율법이 아니고 하나님이 반전을 만들어 내신 파격적인 그 무엇, 그것을 믿음이라고 이야기합니다. 하나님이 예수를 보내 믿음이라는 방법을 동원하여 당신의 영광을 만족시키고 완성하고 충족시키겠다, 이것이 구원입니다. 잘잘못이 아무

상관없다는 이야기가 아닙니다.

우리는 죄가 무엇인지 압니다. 하나님과 분리되면 인간은 가치 있는 일이나 영광스러운 일이나 감사하는 일을 할 수 없는 존재라는 걸 보았습니다. 구원은, 기껏 옛날에 지은 죄를 용서받아 다시는 죄를 짓지 않고 사는 정도의 일을 위해 하나님의 아들이 온 것이 아닙니다. 우리를 창조하신 원래 목적을 이루기 위하여, 그 영광을 완성하기 위하여 주께서 오셨습니다. 이것을 믿음이라고 합니다.

믿음은 은혜에 속한 것입니다. 은혜는 잘 알다시피 일방적인 것입니다. 받는 사람이 조건과 자격을 갖추지 못했어도 용서와 회복을 주는 것이 은혜입니다. 그런데 이런 말을 들으면 얼른 드는 생각이 있습니다. 그렇다면 은혜라고 하면 되지, 왜 믿음이라고 하는가? 이런 질문은 '믿음은 믿을 만한 것에 기대를 걸어 보는 것'이라고 생각하는 데서 나옵니다. 만일에 대비해서 들어 두는 보험과 같은 개념으로 여기는 것이지요.

성경은 '믿음은 책임 있는 반응'이라고 이야기하고 싶어 합니다. 그런데 믿음을 책임 있는 반응으로 인식하게 되면, 은혜가 설 자리는 없다고 생각하게 됩니다. 그렇다면, 은혜라고 해 놓고, 왜 믿음이 들어옵니까? 은혜는 믿음을 만들기 때문입니다. 은혜는 믿음의 시초이고 은혜의 목적은 책임입니다. 책임은 조건으로 작용하지 않고, 결과로 작용합니다.

우리는 영광과 보람과 가치와 명예와는 전혀 동떨어진, 어두움과 못남과 비참함과 비극 속에 살다가 하나님이 예수를 보내 우리를 뒤집어 원래 목적하셨던 세상과 인생을 살게 된 자들입니다. 이 일은 하나님의 은혜로 가능하게 되었습니다. 우리가 현실에서 겪는 일들은 우리가 어떻게 하면 죄를 안 짓느냐, 또 죄를 안 지은 것에 대한 보상을 받느냐와 같은 소극적 안심의 문제가 아닙니다. 우리가 어떤 존재인지를 몰라보는 세상 속에서 하나님 없이 사는 자들이 얼마나 비겁하고 헛되게 사는가를 보며, 하나님이 예수 안에서 우리에게 만들어 주신 것을 훈련하고 구체화하여 모험에 맞서는 기회로 살아야 합니다. 그러니 그들 곧 하나님을 모르는 자들에게 우리는 이해할 수 없는 존재일 것입니다. 세상이 우리에게 보상해 주는 것이 아니라, 하나님이 예수 안에서 우리에게 이 명예, 이 위대한 기회로 보상해 주실 것입니다. 우리만이 세상의 빛입니다. 우리만이 생명입니다. 우리만이 진리입니다. 이것이 성경이 하고 싶은 이야기입니다.

그러니 예수를 믿는다는 말이 무슨 의미인지 이해해야 합니다. 하나님은 하나님의 하나님다우심을 예수를 보내심으로, 우리를 구원하심으로, 우리를 영광의 자리로 불러내심으로써 우리 인생과 존재에 증언하셨습니다. 우리는 영광으로 부름받았습니다. 우리에게 주신 나날은 그 부르심에 매일 순종하여 마침내 책임 있는 자로 실력을 쌓아 나가도록 은혜로 허락된 기회입니다. 좋은 학교에 다닐수록 공부가 힘든 것처럼 우리 인생도 고단합니다. 제일 속 편한 방법은 학교를 안 가는 것입니다. 톰 소여가 제일 부러워하는 사람이 허클베리 핀인 이유도 그것입니다.

공부하는 자리가 지닌 귀함과 멋을 모를 때에는 단추도 풀고, 호크도 뜯고, 책가방 손잡이도 떼어 옆구리에 끼고, 모자도 찢어 버린 다음 꿰매어 쓰고 다녔습니다. 공부는 힘만 들 뿐 명예란 것도 모르겠는데, 학교에 가긴 가야겠으니 지랄을 떨어서라도 시간을 죽이는 것입니다. 만일 다시 고등학교에 다니게 된다면 어떻게 하겠습니까? 가장 단정히 입는 것이 가장 명예로운 것입니다. 하나님이 이 과정을 겪어 깨닫게 하십니다. "실제로 해 봐라. 못나게 굴었던 네 과거가 교훈을 주고, 네가 훌륭하게 되는 일에 손해가 되지 않을 것이다." 이것이 인생입니다.

  모범생으로만 자라 온 사람들은 훌륭함의 가치를 모릅니다. 석차에 대한 상대적 우월감만 있을 뿐입니다. 학창시절에는 공부 잘하는 것이 명예라는 걸 깨닫지 못합니다. 철없는 십대가 무얼 알겠습니까? 부모의 명령을 거역할 수 없어서, 선생님에게 칭찬받으려고 공부했지, 공부를 잘한다는 것이 얼마나 대단한 가치이며 얼마나 인성을 위대하게 만드는가를 아는 때는 육십이 넘어서입니다. 인내해야 하고, 성실해야 하고, 훈련을 반복해야 하고, 하루하루의 공부가 쌓여 일 년이 된다는 걸 아는 때는 제 나이 즈음 되었을 때에야 비로소입니다.

  이 과정을 거치지 않고 나이가 든 사람은 없습니다. 우리는 지난 시절을 다 후회하며 삽니다. 그런데 이 후회가 일을 하게 해야 합니다. 그것이 무엇을 만들려고 준 기회인가를 알아야 합니다. 이 후회가 다시 그 시절로 돌아가 잘못을 만회하고 싶게 한다면 그것은 율법입니다. 후회가 지금을 위대하게 만들어야 합니다. '대학 떨어지고 재수한 것이 결코 손해가 아니었다'를 깨달아야 할 것입니다. 그것이 우리의 현실입니다.

명예롭게 살 위대한 기회

그렇다면, 하나님의 하나님 되심은 무엇을 만들어 냅니까? 하나님이
당신의 아들을 보내어 우리 혼자서는 회복할 수 없고 만회할 수 없고
성취할 수 없는 것을 만들도록 하십니다. 그 아들이 와서 무엇을 합니
까? 그 아들이 오신 것 자체가 구원의 선포입니다. 요한복음 3장 16절
을 봅시다. "하나님이 세상을 이처럼 사랑하사 독생자를 주셨으니 이
는 그를 믿는 자마다 멸망하지 않고 영생을 얻게 하려 하심이라."

　구원은 하나님의 선포입니다. 이것으로 우리가 믿게 되었습니다.
우리의 성취나 노력에 대한 보상으로 받지 않았습니다. 왜 믿는지 우
리는 모릅니다. 그러나 믿게 되었으니 이제 해야 할 일이 있습니다.
자꾸 '내가 어쩌다 믿게 되었을까'로 돌아가지 마십시오. 믿게 되었고
학교에 들어왔으니, 지금 나의 현실과 하나님이 예수를 보내어 허락
하신 위대한 기회를 힘차게 살아가십시오. 하나님이 영광으로 완성시
키기 위하여 일하신 결과가 나라는 존재임을 잊지 마십시오. 우리는
예수가 오셔서 만들어 낸 창조, 용서, 구원, 부활, 영광을 이루는 과정
의 권능에 붙잡혀 있는 존재입니다. 예수께서는 요한복음 13장 34절
에서 이런 명령을 하십니다.

　　새 계명을 너희에게 주노니 서로 사랑하라 내가 너희를 사랑한 것 같
　　이 너희도 서로 사랑하라 너희가 서로 사랑하면 이로써 모든 사람이
　　너희가 내 제자인 줄 알리라 (요 13:34-35)

이것은 강요가 아닙니다. 물론 공갈도 아닙니다. 명예입니다. 예수를 믿지 않고는 사랑을 할 수 없습니다. 사랑이란 하나님에게만 있는 속성이자 특권입니다. 하나님이 우리에게 사랑할 권리를 주십니다. 세상은 왜 사랑을 할 수 없을까요? 예수 없이는 사랑할 수 없기 때문입니다. 하나님만이 사랑이시고, 하나님만이 그걸 우리에게 주실 수 있습니다. 하나님에게서 나오지 않는 한, 그 누구도 사랑할 수가 없습니다.

세상은 사랑에 대해 갈증은 있으나 답을 갖고 있지 않습니다. 유행가에도 있듯, '사랑은 아무나 하나' 하며 한탄합니다. 대중가요에 나오는 사랑 타령을 보면, 사랑은 언제나 회한, 절망, 비극, 비명으로 표현됩니다. 거기에는 참다운 환희가 없습니다. 사랑의 진정한 환희는 하나님에 대한 감사로만 나타납니다. 이렇게 사랑할 수 있는 자격과 특권과 명예를 우리에게 주셨습니다. 그래서 "하나님, 감사합니다"라는 감탄이 나오는 것입니다. 이 감사는 터져 나오는 감사입니다.

히브리서 강해 첫 시간에 함께 외우기로 했던 말씀 기억나실 것입니다. 에베소서 1장 3절에서 6절이죠. 구원이 무엇이며, 하나님의 뜻이 무엇인지 모르면, 현실을 긍정적이고 적극적으로 살아 낼 수가 없습니다.

찬송하리로다 하나님 곧 우리 주 예수 그리스도의 아버지께서 그리스도 안에서 하늘에 속한 모든 신령한 복을 우리에게 주시되 곧 창세 전에 그리스도 안에서 우리를 택하사 우리로 사랑 안에서 그 앞에 거룩하고 흠이 없게 하시려고 그 기쁘신 뜻대로 우리를 예정하사 예수 그리스도로 말미암아 자기의 아들들이 되게 하셨으니 이는 그

가 사랑하시는 자 안에서 우리에게 거저 주시는 바 그의 은혜의 영
광을 찬송하게 하려는 것이라 (엡 1:3-6)

굉장하지 않습니까. 베토벤의 9번 교향곡과도 상대가 안 됩니다. 더
이상의 경이로움을 어떻게 표현할 수 없으니 고함만 질러 댔죠. 음을
더 높여야 하는데, 인간의 목소리로는 더 이상 높일 방법이 없으니 악
을 쓴 최고의 음높이로 "기뻐하고 찬송하라"가 됐죠. 사랑입니다, 사
랑. 보상이 아니라 명예입니다. 인간 된 위대함입니다. 하나님은 어떤
분이시며, 하나님은 당신의 자랑을 어디에서 가장 크게 나타내셨습니
까? 예수로 말미암은 구원에서입니다. 하나님이 우리를 향해 원래 가
지셨던 뜻 곧 창세전에 그리스도 안에서 우리를 택하사 하늘에 속한
모든 복을 받게 하시며, 사랑 안에서 그 앞에 세우기 위하여 우리의
찬송과 항복을 받아 내시는 자리로 우리를 불러내셨습니다. 이것이
창조이며 구원입니다.

　그 모든 초점이 예수에게 있습니다. 하나님이 직접 오셨습니다. 그
가 오셔서 우리의 현실을 사시며 우리가 부딪히는 모든 문제에 대하
여 장애를 제거하시며 새로운 길을 여셨습니다. 우리가 잘 아는 요한
복음 14장 6절을 봅시다. '내가 곧 길이요 진리요 생명이니 나로 말미
암지 않고는 아버지께로 올 자가 없느니라', '예수가 없으면 안 된다'
와 같은 말씀은 부정적이고 배타적인 조건을 말하려고 한 것이 아닙
니다. 예수만이 진리이며 오직 그분만이 창조자임을 말하기 위해서입
니다. 예수만이 창조하십니다. 가치를 창조하시고, 운명을 창조하십
니다. 모든 가치 있고 보람차고 감사할 일은 하나님만이 만들 수 있습

니다. 그 길을 통과하지 않는 구원은 없습니다.

세상 사람들이 종종 '저 사람은 예수 안 믿어도 천국 갈 사람이야' 라고 말하는데, 이는 기독교를 전혀 몰라서 하는 이야기입니다. 착한 것 정도로는 부족합니다. 마음에 거리낌이 없는 정도도 부족합니다. 오히려 거리낌이 많을수록 좋습니다. 대신 훌륭해지십시오. 잘못한 것이 문제가 아닙니다. 그것이 후회가 되고 부끄러움이 되어 갖게 되는 적극적 위대함, 감사와 자랑과 영광으로 가는 인생을 살도록 오늘이 주어져 있음을 기억하십시오.

아무것도 아닌 조건, 모두가 장애물이고 방해가 되고 억울하기만 한 조건 속에서 하나님은 '사랑이란 그 모든 것 위에 있는 것이다'를 어디서 증명하십니까? 예수에게서 증명하십니다. 그가 육체를 입고 이 세상에 와서 오해를 받고 배신을 당하고 수치를 겪으며 채찍에 맞고 '자칭 유대인의 왕'이라는 명패가 붙은 십자가에서 죽습니다. 인간이 만들어 낼 수 있는 최고의 영광은 권력에 불과합니다. 폭력에 불과합니다. 누구를 무릎 꿇려야만 확인할 수 있다면 부끄러워해야 합니다. 우리 자신을 위하여 그렇습니다. 섬길 수 있고 용서할 수 있는 것이야말로 우리 생애의 가장 큰 특권입니다. 또 주께서 오신 바로 그 구원의 길에 하나님이 우리를 동참시키시고 구원과 부활에 우리를 살아 있는 증거와 기적으로 쓰고 있다는 사실로 말미암아 우리의 하루는 감사가 넘치게 됩니다.

요한복음 15장을 봅시다. 성경에 얼마나 놀라운 선언과 약속이 있는가를 확인하여 누리기 바랍니다.

아버지께서 나를 사랑하신 것 같이 나도 너희를 사랑하였으니 나의 사랑 안에 거하라 내가 아버지의 계명을 지켜 그의 사랑 안에 거하는 것 같이 너희도 내 계명을 지키면 내 사랑 안에 거하리라 내가 이것을 너희에게 이름은 내 기쁨이 너희 안에 있어 너희 기쁨을 충만하게 하려 함이라 내 계명은 곧 내가 너희를 사랑한 것 같이 너희도 서로 사랑하라 하는 이것이니라 사람이 친구를 위하여 자기 목숨을 버리면 이보다 더 큰 사랑이 없나니 너희는 내가 명하는 대로 행하면 곧 나의 친구라 이제부터는 너희를 종이라 하지 아니하리니 종은 주인이 하는 것을 알지 못함이라 너희를 친구라 하였노니 내가 내 아버지께 들은 것을 다 너희에게 알게 하였음이니라 너희가 나를 택한 것이 아니요 내가 너희를 택하여 세웠나니 이는 너희로 가서 열매를 맺게 하고 또 너희 열매가 항상 있게 하여 내 이름으로 아버지께 무엇을 구하든지 다 받게 하려 함이라 내가 이것을 너희에게 명함은 너희로 서로 사랑하게 하려 함이라 (요 15:9-17)

사랑하는 일의 명예를 기억하십시오. 우리가 예수를 택한 것이 아니라, 예수가 우리를 택하셨음을 기억하십시오. 우리는 이미 예수를 믿고 있습니다. '어떻게 하면 잘 믿을까' 하는 고민이 안심과 보상으로 가기 위한 것이라면, 부끄러운 일입니다. 사랑은 보상을 원하지 않습니다. 사랑은 그 자체로 영광이기 때문입니다. 하나님이 우리를 만들고 채우고 키우고 완성하시며 동시에 우리와 함께 일하여 이 어두운 세상에 빛으로, 구원으로, 기적으로, 권능으로 임하고 계신 줄 아는 복된 인생을 살기 바랍니다.

기 도

하나님 아버지, 예수를 믿는 것은 기쁨이요, 기적이요, 영광이요, 명예요, 감사입니다. 우리의 믿음이 부족하여 아직도 은혜를 더 많이 구할 수밖에 없지만, 책임 있는 신자로 가는 길임을 기억하여 힘쓰고 헌신하며 오늘 하루를 소중히 살겠습니다. 하나님이 함께하심과 우리를 통하여 일하심을 더 많이 보고 더 널리 나누게 하사 기쁨을 충만하게 하옵소서. 예수님 이름으로 기도합니다. 아멘.

3.

사람이 무엇이기에

5 하나님이 우리가 말하는 바 장차 올 세상을 천사들에게 복종하게 하심이 아니니라 6 그러나 누구인가가 어디에서 증언하여 이르되 사람이 무엇이기에 주께서 그를 생각하시며 인자가 무엇이기에 주께서 그를 돌보시나이까 7 그를 잠시 동안 천사보다 못하게 하시며 영광과 존귀로 관을 씌우시며 8 만물을 그 발 아래에 복종하게 하셨느니라 하였으니 만물로 그에게 복종하게 하셨은즉 복종하지 않은 것이 하나도 없어야 하겠으나 지금 우리가 만물이 아직 그에게 복종하고 있는 것을 보지 못하고 9 오직 우리가 천사들보다 잠시 동안 못하게 하심을 입은 자 곧 죽음의 고난 받으심으로 말미암아 영광과 존귀로 관을 쓰신 예수를 보니 이를 행하심은 하나님의 은혜로 말미암아 모든 사람을 위하여 죽음을 맛보려 하심이라 (히 2:5-9)

이 큰 구원을 받은 자

히브리서는 고난을 당하는 초대교회 성도들을 위로하기 위해 쓴 편지입니다. 이 서신에는 너희 힘들겠다, 잘 견뎌 내라와 같은 이야기는 없습니다. 대신, 너희가 겪는 고난은 예수와 관계있다, 그러니 이 고난을 예수로 말미암은 구원의 관점에서 이해해라, 이 구원은 너무나 큰 것이다, 이 큰 데로 가기 위해서는 고난의 과정을 반드시 겪어야 한다, 이렇게 권면합니다. 쉽게 고난을 면제해 주거나 해결해 주지 않고 이 고난은 당연한 과정이라고, 하나님의 능력이자 하나님의 방법이라고 소개합니다.

히브리서는 먼저 구원의 규모를 이야기합니다. 이 구원은 천사를 보낸 것과 다르고 모세를 세운 것과 다른, 성자 하나님이 직접 오셔서 행하신 것이라고 합니다. 하나님이 친히 오신 사실만으로도 놀라운데, 십자가를 지고 죽으심으로써 이룬 일이라고 이야기하여 얼마나 큰 구원인가, 구원을 이루신 분이 하나님이니 얼마나 놀라운가, 죽음을 불사하는 길을 걸어 이루신 구원이니 얼마나 굉장한가, 생각해 보라고 이야기합니다.

구원에 대한 이러한 감탄은, 그 구원의 대상이 도대체 어떤 가치와 운명을 지닌 존재란 말인가 하는 데까지 생각하게 합니다. 본문 5절을 보면, '하나님이 우리가 말하는 바 장차 올 세상을 천사들에게 복종하게 하심이 아니'라고 나와 있습니다. 하나님은 앞으로 올 세상을 천사들의 지배 아래에 두신 것이 아니라는 이야기입니다. 바로 우리에게 복종하게 하려고 주신 구원인 것입니다. 천사들이 하나님의 후계자가 되는 것이 아니라 우리 인류가 하나님의 후계자가 되는 것, 이것이 구원이라고 이야기합니다. 만만치 않은 대목입니다.

히브리서는 우리가 하나님의 후사다, 즉 이 세상에서 우리가 통치자다, 라며 하나님의 통치를 물려받은 자녀의 지위를 이야기하여 구원이 다만 지옥 가지 않고 천국 가는 것이라고 말하는 정도로는 비교할 수 없는 것이라고 증언합니다. 그러니 본문 6절에 인용된 "그러나 누구인가가 어디에서 증언하여 이르되 사람이 무엇이기에 주께서 그를 생각하시며 인자가 무엇이기에 주께서 그를 돌보시나이까"라는 고백은 굉장히 놀랍습니다. "아, 이렇게 큰 구원, 이렇게 놀라운 구원으로 대접해 주시다뇨. 제가 그런 존재라도 된다는 말입니까?"라고 충격에 빠질 만한 약속이며, 이것이 우리를 창조하신 목적이라고 말씀합니다.

하나님보다 조금 못하게 하시고

인간이란, 대개 우리가 생각하는 수준의 그저 예의 바르고 똑똑하고 남에게 시빗거리가 되지 않을 정도의 도덕성이나 유용성을 갖춘 것으로는 설명할 수 없는 가치를 가졌다고 성경은 말씀합니다. 이런 이야기를 들으면 사실 놀랍습니다. 이 놀라운 구원에 대한 성경의 적극적인 설명이나 약속은 사실 우리에게는 뜬구름 잡는 이야기 같아서 실감이 잘 안 납니다. 인간이 굉장한 존재라는 언급은 구약성경에도 이미 나와 있습니다. 다윗이 한 "사람이 무엇이기에 주께서 그를 생각

하시며 인자가 무엇이기에 주께서 그를 돌보시나이까"(시 8:4)라는 고
백에서 알 수 있습니다. "아니, 대체 제가 뭐라고 이렇게 모든 정성과
능력을 쏟아 부으십니까?"라는 고백이죠. 이 고백이 얼른 와닿지 않
는다면, 제가 다른 구절로 이해시켜 드리겠습니다. 욥기 7장입니다.

> 사람이 무엇이기에 주께서 그를 크게 만드사 그에게 마음을 두시고
> 아침마다 권징하시며 순간마다 단련하시나이까 주께서 내게서 눈
> 을 돌이키지 아니하시며 내가 침을 삼킬 동안도 나를 놓지 아니하시
> 기를 어느 때까지 하시리이까 사람을 감찰하시는 이여 내가 범죄하
> 였던들 주께 무슨 해가 되오리까 어찌하여 나를 당신의 과녁으로 삼
> 으셔서 내게 무거운 짐이 되게 하셨나이까 주께서 어찌하여 내 허물
> 을 사하여 주지 아니하시며 내 죄악을 제거하여 버리지 아니하시나
> 이까 내가 이제 흙에 누우리니 주께서 나를 애써 찾으실지라도 내가
> 남아 있지 아니하리이다 (욥 7:17-21)

우리가 자라면서 다 한 번씩 해 본 말입니다. 예전 철없던 시절에 부
모에게 이런 으름장을 놓은 적 있을 것입니다. "그러니 누가 낳아 달
랬어? 나 집 나갈 거니까 찾지 마." 안 해 본 표정을 짓고 계시는데, 혹
시 여러분의 자녀들은 이런 말 안 하던가요? 우리가 늘 하는 푸념입
니다. 우리의 소원은 전부 '생각하지 않고 살게 해 주십시오'입니다.
이때 생각은 물론 고민입니다. '고민과 고통 없는 삶을 주십시오. 그
냥 흙이 되고 물이 되고 바위가 되기를 원합니다.' 문득 유치환 시인
의 〈바위〉라는 시가 생각납니다. '꿈꾸어도 노래하지 않고 두 쪽으로

깨트려져도 소리하지 않는 바위가 되리라.' 물론 이 시에서는 전혀 다른 의미로 바위를 노래한 것이지만 말입니다. 우리가 하나님에게 원망하는 모습을 떠올려 봅시다. 대개 "왜 저를 인간으로 만드셨어요? 왜 생각은 하게 하셨어요? 도대체 이 일은 무엇입니까?"라는 부르짖음입니다. 이런 절규는 우리 현실 속에 늘 있고, 매일 우리가 경험하는 일입니다.

이것이 우리가 자신에 대해 가장 부정적인 관점에서 발견하게 되는 모습일 것입니다. 성경이 말하는 차원에서 보면, 구원은 우리의 상상을 뛰어넘는 약속을 가장 적극적으로 표현한 것입니다. 즉 '너희는 신과 방불한 존재다. 너희를 하나님보다 조금 못하게 만들었다'라고까지 말씀하셨습니다. 여기서 '조금'은 격차를 드러내는 정도를 표현한 말이 아니라, '차이가 없는, 거의 같은'이라는 의미입니다. 어떤 의미에서 차이가 없을까요? 신분과 지위에서 그렇습니다.

존재론적으로 보면, 창조주와 피조물은 동등할 수 없습니다. 그러나 하나님은 우리의 기대와 상상을 초월한 목적을 우리에게 두고 계시다고 말씀합니다. 그것이 이렇게 굉장한 이야기라는 것을 무엇으로 확인할 수 있습니까? '구원을 성취하기 위해서 하나님의 아들을 직접 보내시고, 그 아들이 친히 십자가의 수치와 죽음을 감수하였다'는 데서 보통 일이 아니라는 것을 알 수 있습니다. 이것이 예수를 믿는다, 십자가를 지셨다, 우리를 사랑하신다,라는 말의 근거이자 힘이며 증언입니다.

공포가 없는 자리

이런 의미에서 우리는 성경이 하는 이야기를 이해할 수 있습니다. 예를 들면 로마서 8장입니다.

> 너희는 다시 무서워하는 종의 영을 받지 아니하고 양자의 영을 받았으므로 우리가 아빠 아버지라 부르짖느니라 성령이 친히 우리의 영과 더불어 우리가 하나님의 자녀인 것을 증언하시나니 자녀이면 또한 상속자 곧 하나님의 상속자요 그리스도와 함께 한 상속자니 우리가 그와 함께 영광을 받기 위하여 고난도 함께 받아야 할 것이니라
>
> (롬 8:15-17)

고난이 따라오는 것이 싫을 뿐이지, 영광이나 사랑에 대해서는 양손 들어 환영할 것입니다. 하나님은 우리의 아버지이십니다. 여느 인간 관계와 달리, 부모 자식 간에 가장 두드러진 특징은 거기에는 공포가 없다는 점입니다. 혹 매를 들어도 죽으라고 때리는 것이 아니고, 화를 내도 저주하려고 욕하는 게 아닙니다.

그래서 성경은 두려워하지 말라고 이야기합니다. 기독교 신앙의 어떤 영역에도 공포는 존재하지 않습니다. 진정성과 공포는 다릅니다. 진지한 것과 죽이려고 덤벼드는 것은 다릅니다. 그런데도 우리는 삭발하거나 혈서를 써야 진정성이 증명된다고 이해하는 바람에 진심을 이야기할 때면 화를 내거나 울부짖거나 자폭하는 태도를 보입니다. 그래야 인정받는 사회에 살고 있습니다. 진정성과 공포가 맞물려

있는 세상입니다.

　요즘 제 얘기를 하면, 저는 냉면에 대해 이런 바람이 있습니다. 물냉면은 우선 육수가 좋아야 하고 다음으로 면발이 좋아야 하는데, 그걸 잘 만들어 낼 실력이 없으면 물냉면 대신 비빔냉면을 내놓게 됩니다. 비빔냉면은 매우면 그만입니다. 매우면 뭘 먹었는지 정신이 하나도 없습니다. 그냥 땀만 쫙 빼고 나면 맛있게 잘 먹은 기분이 듭니다. 속에서 불이 나니까 그렇습니다. 우리가 생각하는 진정성이 이와 비슷합니다. 우리의 진정성은 맛도 없고 내용도 없고 감사도 없고 항복도 없고 그저 무시무시하기만 합니다. 이것으로 우리는 자신의 가치와 존재감과 안심을 확보하려 듭니다.

　성경은 '예수의 죽음은 공포를 제거한 것이다. 사랑이 공포를 삼켰다'라고 이야기하는데, 우리의 이해력이 여기에 못 미치고 있습니다. '하나님이 우리를 사랑하신다. 하나님이 우리에게 아버지이시다'라는 말을 히브리서는 새롭게 이해하라고 강조합니다. 심지어 다른 성경에서는 이렇게까지 설명합니다. 에베소서 1장입니다.

우리 주 예수 그리스도의 하나님, 영광의 아버지께서 지혜와 계시의 영을 너희에게 주사 하나님을 알게 하시고 너희 마음의 눈을 밝히사 그의 부르심의 소망이 무엇이며 성도 안에서 그 기업의 영광의 풍성함이 무엇이며 그의 힘의 위력으로 역사하심을 따라 믿는 우리에게 베푸신 능력의 지극히 크심이 어떠한 것을 너희로 알게 하시기를 구하노라 그의 능력이 그리스도 안에서 역사하사 죽은 자들 가운데서 다시 살리시고 하늘에서 자기의 오른편에 앉히사 모든 통치와 권세와 능력과 주권과 이 세상뿐 아니라 오는 세상에 일컫는 모든 이름 위에 뛰어나게 하시고 또 만물을 그의 발 아래에 복종하게 하시고 그를 만물 위에 교회의 머리로 삼으셨느니라 교회는 그의 몸이니 만물 안에서 만물을 충만하게 하시는 이의 충만함이니라 (엡 1 : 17-23)

부모 자식 간이라는 말로 부족해서 '너희는 내 몸이다'라고 이야기합니다. 교회로 모인 우리를 그리스도의 몸이라 하셨습니다. 머리와 몸은 분리될 수 없죠. 이어서 무엇을 이야기합니까? 교회의 충만으로만 완성되는 하나님의 충만을 이야기합니다. "교회는 그의 몸이니 만물 안에서 만물을 충만하게 하시는 이의 충만함이니라"(엡 1:23). 하나님의 충만은 우리의 충만으로만 가능하고, 또 우리의 충만으로만 완성된다고 선언하십니다. 우리 없이는 하나님 홀로 충만해지거나 홀로 만족하지 않으시겠답니다. 자식을 길러 보면 누구나 공감하는 대목입니다. '자식이 행복할 수 있다면, 무슨 손해라도 볼 수 있다' 그러는 것이 부모입니다.

　성경이 이렇게 이야기하는데도 우리는 못 알아듣습니다. 그래서 우리 믿음은 늘 아슬아슬합니다. 하나님이 안심을 주지 않으시기 때문입니다. 왜 그렇게 하실까요? 바보로 놔두지 않으시려는 것입니다. 그래서 고난이 들어옵니다.

길이 된 울타리

다시 본문 말씀으로 돌아오면, 이 약속은 예수 안에서 어떻게 성취되었다고 합니까? 예수께서 통치자로서의 지위를 회복하고 승리하여 하나님에게 인정받아 하늘 보좌 우편에 앉으셔서 성취하셨다고 합니다. 하지만 여전히 세상은 하나님에게 항복하지 않고 있습니다. 왜 그럴까요?

　예수의 승리는 그가 인간의 몸을 입고 와 십자가를 지셔서 이룬 승리입니다. 인류의 대표로 오신 예수의 승리는 인류의 승리가 됩니다. 그러나 그렇게 인류의 대표자가 이뤄 낸 승리라고 해서 우리를 도매금으로 엮어 가지 않으십니다. 그 승리가 각각의 삶과 존재와 경우에서 각자의 실력이 되게 하기 위하여 인생을 허락하십니다. 그래서 고난이 필요합니다. 우리는 여기가 어렵습니다. 예수님이 구원을 죽음으로 이루신다는 것도 선뜻 이해하기 어렵습니다. 우리가 겪는 고통에는 외적 불만만 있는 것이 아니라 내적 불만도 못지않게 있습니다. 자책, 후회, 연민, 원망, 이런 것들은 없어도 되는, 아니 없어야 더 좋을 것 같은 정말 아무것도 아닌 것들인데, 왜 이런 것들을 사용하시며 왜 이런 과정을 밟게 하시는가 하는 생각이 듭니다.

　우리의 이해를 도울 아주 좋은 시를 하나 발견하였습니다. 함민복 시인의 〈섬〉[3]이라는 시입니다.

---

3)　함민복 지음,《말랑말랑한 힘》(문학세계사), 97쪽.

물 울타리를 둘렀다
울타리가 가장 낮다
울타리가 모두 길이다

우리의 현실이니 이해가 될 것입니다. 바다 때문에 육지와 떨어져 있
어 아무도 갈 수 없으나 물 때문에 모두가 갈 수 있었죠. 구별하고 분
리하자고 만든 울타리가 모두가 드나드는 길이 된 것입니다. 이 시를
읽고 뭔가 깨달을 수 있으면 대단한 신자일 거라 생각합니다.

성경이 하는 이야기가 이것입니다. 세상에서 죽음은 끝입니다. 죽
음은 존재의 소멸이며, 가치의 실패이며, 소망의 단절입니다. 그러나
물로 육지와 섬을 단절시켜 놓은 것이, 오히려 육지에 있는 수많은 길
보다 더 많이, 아니 이 모든 물을 길이 되게 하는 것 같이 예수님은 죽
음의 길을 걸어 들어가 그것으로 영광과 부활의 문을 만드셨습니다.
이것이 성경이 이야기하는 구원입니다.

우리에게 일어나는 모든 고난은 결국 우리를 죽음으로 내몰면서
위협합니다. 그런데 '너는 쓸데없어. 너는 끝이야. 그래 봐야 아무것
도 아니야'라고 우리를 위협하고 짓누르는 것들이 마침내 우리를 만
들어 갈 것입니다. 왜냐하면 하나님이 거기에 문을 달아 놓을 것이기
때문입니다. 세상 사람들에게는 고통이 고통으로 끝날 뿐입니다. 그
러나 우리는 예수로 말미암아 그 많은 고통이 우리를 만들어 가며 생
각하게 할 것입니다. '인생은 무엇이며 나는 누구인가.' 하나님이 대
답하십니다. "나는 네 아버지다." 이 선포에 우리의 인생이 달라지죠.
부모가 있는 자녀와 고아는 다릅니다. 소망이 다르고 자신감이 다릅

니다. 그래서 성경은 우리에게 마음껏 이 약속을 합니다. 이런 약속은 로마서 8장에 잘 나와 있습니다. 우리가 어떤 고난을 받든지 간에 부모의 보호 아래 있으며 더 큰 하나님의 날개 아래 있다면, 넉넉할 수 있다고 성경은 힘써 강조합니다.

> 그러므로 이제 그리스도 예수 안에 있는 자에게는 결코 정죄함이 없나니 이는 그리스도 예수 안에 있는 생명의 성령의 법이 죄와 사망의 법에서 너를 해방하였음이라 (롬 8:1-2)

위협과 공포와 절망이 쳐들어와도 그것이 승리하지 못한다, 오히려 너는 생각하게 되고 각성하게 되고 더 크고 유익하게 될 것이다, 생명의 성령의 법이 죄와 사망의 법을 이길 것이다, 그러니 걱정하지 마라, 이렇게 이야기합니다. 그래도 마음이 안 놓이거든 26절로 가 봅시다.

> 이와 같이 성령도 우리의 연약함을 도우시나니 우리는 마땅히 기도할 바를 알지 못하나 오직 성령이 말할 수 없는 탄식으로 우리를 위하여 친히 간구하시느니라 (롬 8:26)

신이 자기를 경배하는 자들을 위하여 간구하다니요. 자기에게 경배하는 자들을 위하여 간구하는 신은 어디에도 없습니다. 우리에게만 있습니다. 부모라면 다 아는 것입니다. 부모가 자식한테 빌죠. 부모가 고함만 지릅니까? 자식한테 빌지 않는 부모가 어디 있습니까? 이 얼마나 굉장한 자리인가요? 하나님이 그렇게 하시고, 우리를 그 마음과 자리로 부르십니다. 그저 사랑을 받고 혜택을 누리는 것과는 비교할 수 없는, 섬기고 사랑하는 부모의 자리 말입니다. 또 있습니다. 38절로 가면 안전장치가 하나 더 나옵니다.

> 내가 확신하노니 사망이나 생명이나 천사들이나 권세자들이나 현재 일이나 장래 일이나 능력이나 높음이나 깊음이나 다른 어떤 피조물이라도 우리를 우리 주 그리스도 예수 안에 있는 하나님의 사랑에서 끊을 수 없으리라 (롬 8:38-39)

사랑이란 무엇일까요? 사랑은 포기하지 않는 정열이자 조건 없는 의지입니다. 포기가 없고 조건이 없는 것, 이것이 사랑이며 기독교이며 예수를 믿는다는 것입니다. 믿음이란 무엇입니까? 믿음은 하나님이 당신의 영광을 궁극적 승리로 이끄실 것이라고 기대하는 것입니다. 하나님의 영광은 무엇입니까? 우리의 영광을 만들어 내는 것입니다. "자, 봐라. 얘가 내 자식이다." 이것이 하나님의 영광입니다. 하나님이 영광을 받으시기 위하여 우리를 무릎 꿇리거나 써 먹지 않습니다. 우리를 영광스럽게 하는 것이 하나님의 영광입니다. 하나님이 기꺼이 우리에게 비시고 우리 손에 죽으십니다. 그러실 수 있습니다. 굉장합니다. 우리에게 주어진 각자의 영광을 제대로 안다면 감히 방심할 수 없을 것입니다. 이 위대함을 살아 내는 귀한 인생이길 바랍니다.

기 도

하나님 아버지, 따지고 보면 감사할 것 밖에 없습니다. 우리가 살아 내는 어둠의 시간이, 통과하는 막막한 길이 너무 넓고 깊고 커서 우리가 다 알지 못하는 것뿐입니다. 우리가 길을 잃은 것이 아니며 버려진 것이 아니라고 확신합니다. 그러니 하나님이 우리를 사랑하시고 함께하시는 그 능력과 가치 속에서 우리의 책임을 마땅히 행하는 자랑스러운 자녀들이 되게 하여 주시옵소서. 예수님 이름으로 기도합니다. 아멘.

4.
오직 아브라함의 자손을 붙들어 주려

──────

…… 9 오직 우리가 천사들보다 잠시 동안 못하게 하심을 입은 자 곧 죽음의 고난 받으심으로 말미암아 영광과 존귀로 관을 쓰신 예수를 보니 이를 행하심은 하나님의 은혜로 말미암아 모든 사람을 위하여 죽음을 맛보려 하심이라 10 그러므로 만물이 그를 위하고 또한 그로 말미암은 이가 많은 아들들을 이끌어 영광에 들어가게 하시는 일에 그들의 구원의 창시자를 고난을 통하여 온전하게 하심이 합당하도다 …… 14 자녀들은 혈과 육에 속하였으매 그도 또한 같은 모양으로 혈과 육을 함께 지니심은 죽음을 통하여 죽음의 세력을 잡은 자 곧 마귀를 멸하시며 15 또 죽기를 무서워하므로 한평생 매여 종 노릇 하는 모든 자들을 놓아 주려 하심이니 16 이는 확실히 천사들을 붙들어 주려 하심이 아니요 오직 아브라함의 자손을 붙들어 주려 하심이라 (히 2:8 - 16)

죽음을 넘어

히브리서는 초대교회 시대에 고난받는 공동체에 보낸 위로의 서신입니다. 여기 나온 위로는 단지 '힘내라. 다 잘될 것이다'라는 막연한 격려가 아닙니다. 예수를 믿는 것은 현실에서 당하는 비극이나 재앙으로 방해할 수 없는, 그런 모든 것들을 넘어서 있는 귀한 일이라는 답으로 격려합니다. 본문 말씀은 '예수께서 우리를 위하여 죽으셨다. 예수의 십자가는 죽음을 통하여 죽음의 세력을 가진 마귀를 멸한 행위다'라고 이야기함으로써, 결국 현실에서 만날 수 있는 최고의 재앙인 죽음이 진정한 재앙일 수 없다는 이야기까지 가는데, 우리는 이 점이 의아스럽습니다.

죽음이 재앙이 아니라면 우리의 현실에 죽음이 공포로 다가오지 않으며 죽음의 세력이 우리를 불편하게 하지 않아야 옳은데, 여전히 현실은 죽음이 최고 권력으로 자리 잡고서 우리에게 공포와 위협을 가하고 있습니다. 그러나 신자에게 죽음이 재앙이 아니라는 말의 의미를 성경을 따라 깨닫는다면, 히브리서가 말하는 위로는 누구도 빼앗을 수 없는 위로라는 것을 깨달을 것입니다. 기억해야 할 것은 본문 말씀 바로 앞인 히브리서 2장 5절 이하입니다.

하나님이 우리가 말하는 바 장차 올 세상을 천사들에게 복종하게 하심이 아니니라 그러나 누구인가가 어디에서 증언하여 이르되 사람이 무엇이기에 주께서 그를 생각하시며 인자가 무엇이기에 주께서 그를 돌보시나이까 그를 잠시 동안 천사보다 못하게 하시며 영광과

존귀로 관을 씌우시며 (히 2:5-7)

인생에 고난이 있는 것은 하나님이 우리를 우리의 기대보다 더 높게 목적하고 계시기 때문입니다. 우리는 종종 이런 타협을 시도합니다. "하나님, 저도 포기할 테니 하나님도 이쯤에서 그만하시죠." 여기에 대해 하나님은 "그렇지 않다. 아니, 그럴 수 없다"라고 하십니다. 그래서 고난이 있습니다. 우리를 부르신 목적은 얼마나 클까요? 하나님은 당신이 지으신 세상을 다스리는 일에 우리를 후사로 부르셨습니다. 이 세상을 천사들에게 물려줄 생각이 없고 우리에게 물려줄 것이라고 하셨습니다. 놀랍습니다.

그런데 우리는 무엇을 소원합니까? 그저 천사처럼 살고 싶어 합니다. 앞서 우리가 천사를 부러워하는 이유를 무엇이라고 했습니까? 천사는 도덕적 흠이 없으며 실수가 없습니다. 무엇보다 진흙탕에 손 담그지 않아도 되고 지지고 볶으며 살지 않아도 되기에 천사를 흠모하는 것입니다. 그런데 하나님은 "천사는 내 시종에 불과하지만, 너희는 내 상속자다. 너희는 여기까지 와야 한다"라고 하십니다. '여기까지'란 어디까지를 가리키는 걸까요? 예수가 오셔서 십자가를 지고 죽으심으로써 이루신 영광과 존귀의 자리를 말합니다. 그러나 우리는 정신이 없습니다. 영광과 존귀는 우리도 원하는 바이지만, 그 길이 고난을 받고 십자가를 지는 길이라면 싫습니다.

그런데 성경은 하나님이 우리를 당신의 상속자로 부르셔서 결국 이루고자 하시는 목적에 고난은 필수라고 합니다. 이를 잘 표현한 구절이 앞에서 보았던 시편 8편입니다. "사람이 무엇이기에 주께서 그를 생각하시며 인자가 무엇이기에 주께서 그를 돌보시나이까 그를 하나님보다 조금 못하게 하시고 영화와 존귀로 관을 씌우셨나이다"(시 8:4-5). 영화와 존귀로 관을 씌우신 목적을 이루기 위하여 우리를 하나님보다 조금 못하게 하셨다고 합니다. 이게 말이 됩니까? 말이 됩니다. 예수가 친히 그 일을 완성하셨기 때문입니다. 인간의 몸을 입고 오셔서 인간의 손에 죽으셨습니다. 수치와 고통 속에 죽음이라는 최고의 재앙, 최고의 불행, 최고의 비극을 살아 내셨습니다. 그런데 그 죽음으로 부활을 만들어 '부활의 영광은 이런 과정 없이는 만들어지지 않는다'를 증언하셨습니다. 이것이 성경이 주장하는 역사적 증거이자, 하나님이 친히 이루신 진실 그리고 운명입니다. 그러나 우리는 전부 이 자리 즉 '예수님이 수난과 모욕과 고통을 감수하여 죽음을 통과하셨고, 이 죽음을 영광과 존귀의 과정으로 겪어 내셨다'라는 데를 넘어가지 못하고 있습니다. 죽음이란 우리가 잘 알듯, 소멸되는 것입니다. 그리고 헛된 것입니다.

세상의 자랑과 명예에는 승리가 없습니다. 그것들은 결국 다 소멸되기 때문입니다. '영생'이라는 단어는 '생명이 영원히 지속되다'라는 시간적 개념보다 '그 가치가 영원하다'라는 측면이 더 강조되어야 합니다. 그래서 '예수를 믿으면 영생을 얻는다'라는 말에는 '죽음의 헛됨이 우리에게 미치지 않는다. 죽음의 비극이 우리를 침범할 수 없다'라는 뜻이 담겨 있습니다. 이런 영생을 우리가 소유하고 있습니다. 영생을 이렇게 이해하게 되면, 우리가 인생에서 재앙으로 여기는 고난 그래서 신자가 되었음에도 여전히 현실에서 우리에게 큰 짐으로 남아 있는 이 원망, 잘해야 체념에 불과한 신앙 현실을 새롭게 바라보도록 우리의 자리를 확인시켜 줍니다. 부활로, 명예로, 소망으로 그리고 믿음으로 나아가도록 우리를 회복시켜 줍니다. 좀 더 나아가 봅시다.

사람이 무엇이기에

시편 8편에서 보듯, 하나님은 사람을 어떻게 대접하십니까? "그를 하나님보다 조금 못하게 하시고 영화와 존귀로 관을 씌우셨나이다"(시 8:5)라는 고백은 도대체 무슨 뜻일까요? 기왕 영광과 존귀가 허락된 신자의 운명이라면, 왜 여기에 잠시 동안은 하나님보다 조금 못해지는 현실, 아니 좀 더 터놓고 이야기하면, 고난과 비명과 분노가 이글거리는 현실을 걸어야 할까요? 시편 8편에 있는 '사람이 무엇이기에'라는 구절이 인간의 운명과 존재의 가치에 대한 환희가 감사로 터져나온 고백이라면, 욥기 7장에 있는 '사람이 무엇이기에'는 통한의 감정에서 터져 나오는 비명입니다.

> 사람이 무엇이기에 주께서 그를 크게 만드사 그에게 마음을 두시고 아침마다 권징하시며 순간마다 단련하시나이까 주께서 내게서 눈을 돌이키지 아니하시며 내가 침을 삼킬 동안도 나를 놓지 아니하시기를 어느 때까지 하시리이까 사람을 감찰하시는 이여 내가 범죄하였던들 주께 무슨 해가 되오리이까 어찌하여 나를 당신의 과녁으로 삼으셔서 내게 무거운 짐이 되게 하셨나이까 (욥 7:17-20)

욥의 비명은 통한의 심정에서 비롯한 것이었습니다. 욥기를 읽어 보면, 이 비명이 터져 나오게 된 사연을 자세히 알 수 있습니다. 욥은 의인이었습니다. 하나님을 잘 섬기고 죄도 안 짓고 혹시라도 자녀들이 죄를 지었을까 염려하여 미리미리 제사를 지내고 늘 주의하며 살아온 사람입니다. 욥은 하나님이 복을 베풀어 주셔서 그간 잘살아왔습니다. 그러던 어느 날 하늘에서 열린 회의에 사탄이 등장했는데, 하나님이 사탄에게 어딜 다녀오느냐고 물으십니다. 땅을 두루 돌아다녔다고 사탄이 대답하자 하나님은 "너는 내 종 욥을 주의하여 보았느냐? 그처럼 온전하고 정직한 자는 없다"라며 욥에 대한 자부심을 드러내십니다. 이에 사탄이 반론을 제기합니다. "하나님이 잘해 주시니까 그렇죠. 잘해 주시지도 않는데, 하나님한테 잘하는 사람이 어디 있습니까?"라고 대들자, 하나님이 사탄에게 "그래? 그럼 이디 내기 한번 해 보자"라며 뜻밖의 제안을 하십니다. '하나님이 잘해 주지 않아도 욥이 믿음을 지킬 것인가'라는 주제로 내기가 걸린 것입니다.

이에 사탄은 기세등등하게 욥을 찾아가 괴롭힙니다. 욥의 자녀들과 재산을 다 치고 또 욥의 몸에 악창이 나게 하여 그를 괴롭힙니다. 욥은 영문을 모르는 재앙 속에서 울부짖습니다. 욥의 세 친구가 욥의 소식을 듣고 위로하러 왔으나 그의 처참한 상황을 보고는 위로할 말을 찾지 못합니다. 일주일을 그저 욥의 곁에서 함께 있어 줄 뿐입니다. 그런데 시간이 흐르자 친구들은 하나 둘 욥에게 충고하기 시작합니다. "너 빨리 회개해라. 잘못했다고 빌면, 하나님이 다 용서해 주시고 다시 복을 주실 것이다." 욥의 억울함은 이것이었습니다. "나는 잘못한 것이 없다. 회개할 것이 없다. 나는 이 모든 일이 왜 일어났는지 영문을 모르겠고 당황스러울 뿐이다"라고 하자 친구들이 공격합니다. "네가 아무 잘못이 없다고? 그럼, 하나님이 잘못된 벌이라도 네게 내리셨단 말이냐? 말도 안 된다. 네가 그렇게 말하는 것만 봐도 너는 문제가 있다. 어찌 네가 하나님보다 낫겠느냐? 하나님은 공평하시고 엄정하신 분인데, 어찌 네가 하나님의 뜻을 다 헤아리겠느냐?" 연이은 그들의 비난에 욥은 펄펄 뜁니다. "그렇지 않다. 나는 이 문제를 하나님께 물어봐야겠다. 이건 말이 되지 않는다." 이것이 욥의 시험이었습니다.

결국 하나님은 나중에 욥을 만나 주십니다. 욥기는 총 42장으로 되어 있는데, 38장에 이르면 하나님이 욥에게 나타나시는 장면이 등장합니다. 하나님이 나타나 욥을 항복시키십니다. 천하 만물을 보이시며 창조 세계의 신비와 위엄과 아름다움을 소개하자, 욥은 항복합니다. 우리는 쉽게 '하나님의 크심을 보자 욥은 할 말이 없어졌다'라는 식으로 결말을 끌고 가는데, 실은 그보다 더 깊습니다.

하나님의 동역자인 인간

하나님이 나타나 욥에게 하신 말씀은 이것입니다. "너는 이 장엄한 창조 세계를 나와 함께 다스려야 하는 내 후사다. 이 놀라움에 대하여 너는 깊은 이해를 갖고 하나님의 자녀라는 긍지를 누리는 지위와 실력에 이르러야 한다." 이 말에 욥이 거꾸러졌습니다. 쉽게 풀어 말하면, 욥을 향한 하나님의 말씀은 이런 뜻입니다. "너는 창조 세계를 나와 함께 다스려야 하는 나의 동역자다. 너는 다만 네 일신의 안위만 걱정하고, 잘못을 안 저지르면 그만인 인생으로 만족해서는 안 되는 존재다." 이런 말을 하면, 여러분은 "아이고, 하나님, 그런 고급한 길은 우리 목사님더러 걸으라고 하시고 우리는 그냥 좀 봐 주시죠"라고 다 떠넘길 것입니다. 그래서는 안 됩니다. 사탄은 항의를 제기했는데, 하나님은 당신의 명예를 욥에게 거셨습니다. 하나님이 사탄의 제의를 승낙하신 데는 단지 욥이 신앙을 지키느냐 안 지키느냐를 시험하는 문제가 아니라, 훨씬 더 큰 문제가 걸려 있었던 것입니다.

어떤 문제일까요? 사탄이 내건 시험으로 미루어 보면, 사탄은 욥을 대단하게 여기고 있지 않는 것이 분명합니다. 사탄에게 욥은 그저 하나님한테 잘 보여서 잘 먹고 잘사는 게 전부인 사람에 불과합니다. 그러나 하나님의 답변에 담긴 의미는 이렇습니다. "나는 인간을, 한갓 등 따시고 배부르면 만족하는 그렇고 그런 존재로 만들지 않았다. 내가 창조주로서 어떤 실력과 영광과 대단한 목적을 가지고 이 세계를 만들고 다스렸는지 아느냐. 내가 인간에게 무엇을 주었는지 아직도 모르겠단 말이냐? 그럼 어디 한번 해 보자."

그래서 욥은 시험을 받습니다. 잘못한 게 없으나 달달 볶입니다. 우리 현실에서도 마찬가지로 일어나는 일입니다. 우리가 잘못한 게 뭐가 있습니까? 예수를 믿고 있고, 교회도 잘 다니고 있고, 헌금도 잘 하고 있고, 혹시나 까먹은 헌금은 나중에 배로 바치고 있습니다. 우리가 잘못한 게 별로 없는 것 같은데, 하나님은 도대체 왜 우리를 볶으시는 걸까요? 세상의 것으로 만족하려는 우리를 깨트리는 하나님의 도전이 우리를 쉬지 못하게 해서 그렇습니다. 욥에게 그랬듯이 말입니다.

우리는 하나님에게 자꾸 묻습니다. "하나님, 원하는 것이 있으면 빨리
말씀하십시오. 갚을 것 다 갚고, 낼 것 다 낼 테니 이제 더 이상 고민하
지 않는 여생을 주십시오." 이것이 우리의 소원입니다. 하나님은 그렇
게는 안 하시겠다는 것입니다. "너희는 사탄이 평가한 정도에 머물러
있을 존재가 아니다. 그건 내가 목적한 인간에 대한 가치가 아니다."

  하나님이 욥기를 통해 말하고자 하신 것은 이것입니다. "너는 이
것보다 더 나아가야 한다." 하나님이 죽음을 뚫으신다는 말은 무엇일
까요? 소멸이나 비극을 뚫어 단지 그것으로 힘을 못 쓰게 없애고 묻
어 버리는 방식으로 해결한다는 의미가 아니라, 그 길을 실제로 걷도
록 우리를 계속 인도하고 계신다는 것입니다. 죽음이라는 자리는 다
만 소멸되어 끝장나 버리는 헛된 것이었으나, 그 죽음이 우리에게 '너
희는 이것으로 끝장나면 안 된다'라고 예수를 통하여 보여 주신 것입
니다. 그리하여 우리 마음속에 일어나는 '죽으면 그만이다. 우리는 다
만 일회성으로 끝나는 인생이다'라는 체념에서 비롯한 타협에 맞서
게 하는 것입니다.

  죽음이 있다, 그런데 그 죽음이 끝일 수 없다, 그 죽음이 끝이라면
나는 창조주의 명예를 내놓겠다, 창조가 죽음으로 끝나고 말게 하는
그런 신을 하나님이라고 부를 수 있느냐, 이렇게 도전해 오는 것이 욥
의 시험이고, 예수의 시험입니다. 죽음이 모든 것을 삼키고 끝장내는
것 같지만, 실제로는 그것이 우리의 소원과 기대를 넘어서게 하는 자
리라는 것을 우리로 깨닫게 하는 것입니다. '이렇게 살면 뭐해? 고생
하면 뭐해? 자식 키우면 뭐해? 오래 살면 뭐해? 성가대 잘하면 뭐해?
아멘도 안 하는데'라고 하는, 죽음이 어른거리는 그런 모든 자리에서

이렇게 타협으로 주저앉은 우리를 끌어 일으키는 것입니다.

하나님의 후사인 인간

죽음이 끝이라면 하나님이 창조주로서 체면이 서겠느냐, 그래 놓고
예수를 보낸 건 무엇이겠느냐, 예수가 십자가를 지고 죽었다는 것은
무슨 말이냐, 라고 우리에게 물어 오십니다. 체념으로 끝나는, 너희의
기대로 만족하고 마는 것이 너희의 최고 소원이고 기쁨인 인생으로
나는 너희를 주저앉힐 수 없다, 라고 인류와 역사를 강력하게 흔들어
댄 사건이 십자가죠. 그러니 더 생각하십시오. 하나님이 실패나 타협
이나 체념으로 끝낼 수 없는 인간을 목적하셨기 때문에 당신의 아들
까지 보내신 것입니다. 우리의 체념과 한계를 무너뜨리는 자리로 죽
음을 치워 버리고 없애 버리는 것이 아니라, 그 죽음의 자리에서 새로
운 문을 향하여 열어 가도록 우리의 불만, 우리의 재난, 우리의 고난
을 가지고 하나님이 일하십니다. 그래서 우리의 인생과 역사가 주어
져 있습니다. 이래도 만족하지 않는다면, 다시 본문 말씀으로 돌아와
봅시다.

> 자녀들은 혈과 육에 속하였으매 그도 또한 같은 모양으로 혈과 육을
> 함께 지니심은 죽음을 통하여 죽음의 세력을 잡은 자 곧 마귀를 멸
> 하시며 또 죽기를 무서워하므로 한평생 매여 종 노릇 하는 모든 자들
> 을 놓아 주려 하심이니 이는 확실히 천사들을 붙들어 주려 하심이

아니요 오직 아브라함의 자손을 붙들어 주려 하심이라 (히 2:14-16)

천사들이 하나님의 후사가 아니고 인간이 후사입니다. 인류가 하나님의 자녀입니다. 그래서 아브라함의 자손들을 붙들어 주려는 것입니다. 그런데 왜 하필 여기에 아브라함의 자손이 등장할까요? 아브라함이 믿음의 조상이기 때문에 그렇습니다.

로마서 4장으로 갑시다. 믿음의 조상으로 기억되는 아브라함의 인생이 우리에게 중요한 이유가 이렇게 소개되어 있습니다.

> 그러므로 상속자가 되는 그것이 은혜에 속하기 위하여 믿음으로 되나니 이는 그 약속을 그 모든 후손에게 굳게 하려 하심이라 율법에 속한 자에게뿐만 아니라 아브라함의 믿음에 속한 자에게도 그러하니 아브라함은 우리 모든 사람의 조상이라 기록된 바 내가 너를 많은 민족의 조상으로 세웠다 하심과 같으니 그가 믿은 바 하나님은 죽은 자를 살리시며 없는 것을 있는 것으로 부르시는 이시니라 (롬 4:16-17)

아브라함은 믿음의 조상입니다. 하나님이 그에게 이 약속을 하십니다. "너는 많은 민족의 조상이 될 것이다. 내가 내 백성을 하늘의 별같고 바다의 모래같이 모을 것이다. 이 일을 바로 네게서부터 시작할 것이다." 그런데 아브라함이 믿은 하나님은 없는 것을 있는 것 같이 부르시며, 죽은 자를 살리신 창조와 부활의 하나님입니다. 그러니 기억하십시오. 아브라함은 믿음이 좋거나 신앙이 훌륭한 사람이 아니라는 사실을 말입니다. 그저 아브라함은 없는 것에서 있는 것을 만드시는 하나님의 일하심의 첫 번째 수혜자일 뿐입니다.

아브라함이 믿음의 조상이 된 것은, 그가 믿음이라는 방법을 동원한 하나님의 은혜를 입은 첫 사람으로 믿음의 복을 누린 자이기 때문입니다. 그러니 우리도 '아브라함과 같이 되자'라는 구호를 외쳐 아브라함을 믿음의 영웅으로 치켜세우려 들지 마십시오. 단지 아브라함은 스스로 만들지 않은 것을 받은 자라는 점을 기억해야 합니다. 하나님이 우리를 아브라함의 후손으로 부르셨습니다. 그래서 우리도 하나님의 은혜와 믿음과 권능의 수혜자라고 소개되는 것입니다. 재미있는 점은 아브라함이 창조의 은혜를 받았을 뿐만 아니라, 부활의 은혜도 받은 자라는 것입니다.

그런데 부활의 은혜가 나타난 가장 좋은 증거는 이삭에게서 발견됩니다. 아브라함은 많은 민족의 조상이 되며, 하나님이 아브라함으로 말미암아 이후 당신의 백성을 셀 수 없이 부를 것이지만, 뜻밖에도 아브라함에게는 자식이 없었습니다. 하나님이 아브라함에게 "내가 네게 무슨 복을 줄까?"라고 묻자, 아브라함은 "하나님이 이 많은 민족의 조상으로 저를 세워 주셨으니 이제 와서 무슨 복을 바라겠습니까? 엘리에셀이나 후계자로 잘 기르게 해 주십시오"라고 합니다. 그러자 하나님이 "네 몸에서 날 자로 네 후손을 세울 것이다"라고 답하십니다.

하지만 사라는 아이를 낳지 못하는 사람입니다. 사라는 자기 여종인 하갈을 통해 아이를 낳자고 합니다. 그렇게 이스마엘을 얻습니다. 그런데 하나님이 오셔서 "이스마엘은 너의 후사가 아니다. 사라가 낳은 자식이어야 한다"라고 하지만, 그때는 사라의 나이가 구십 세였습니다. 출산할 나이가 한참 지났습니다. 그런데도 사라가 낳은 아이로

후사를 세울 것이라는 약속이 '내년에 네가 아들을 안을 것이다'라고
더 구체적으로 주어지자, 사라가 문 뒤에서 웃습니다. 하나님이 "사라
야, 네가 웃었다"라고 하시자 사라는 "안 웃었습니다"라고 우깁니다.
그러자 하나님이 "아니다. 너 웃었다. 내가 봤다. 네가 아들을 낳으면
이름을 웃음이라고 지어라"라고 하십니다. 사라의 웃음은 비웃음이었
죠. 말이 안 된다고 생각해서 나온 웃음이었을 것입니다. 그런데 일 년
있다가 사라는 아이를 낳습니다.

창조와 부활의 증거인 이삭

창조입니다. 가질 수 없는 아들을 낳았으니 창조입니다. 이처럼 이삭
은 존재 자체로 중요한 증언을 한 셈입니다. 하나님이 비웃음을 웃음
이 되게 하셨습니다. 그렇게 아브라함의 신앙은 깊어집니다. 그러자
무슨 요구가 들어오죠? 하나님이 '네 아들을 잡아서 나에게 바치라'
라고 하십니다. 이 명령을 들은 아브라함은 아들을 데리고 모리아 산
으로 갑니다. '아브라함이 아들을 바칠 만큼 믿음이 있었다. 아브라함
은 이삭도 바쳤는데, 너는 고작 건축 헌금도 못 내느냐?'라고 적용하
는 것은 곁길로 빠진 것입니다. 더 중요한 걸 놓친 겁니다.

　하나님은 창조의 증거인 이삭을 왜 잡으라고 했을까요? 우리의 현
실이 그렇기 때문에 잡으라고 한 것입니다. 우리가 실패했거든요. 하
나님이 창조하신 그 목적을 만족시켜야 하는 믿음에서 우리가 실패
했습니다. 실패하여 자유와 책임으로 가지 못했습니다. 하나님이 이

삭을 잡으라고 하십니다. 즉 창조를 잡으라고 하십니다. 결국 그렇게 하실 거였다면, 하나님은 왜 이삭을 주셨을까요? 하나님은 다 없애 버린 다음 새로 만들지 않으시고, 우리가 저지른 일까지 포함하여 부활을 만드십니다. 바로 이것을 이삭을 바친 사건에서 보여 주십니다. "이삭을 잡아라." 아브라함이 잡죠. 그런데 하나님이 "멈춰라. 네가 여기까지 따라왔으니 됐다"라고 하십니다. 이 자리까지 이르러야 합니다.

창조가 죽음을 불렀습니다. 모든 목적을 가지고 우리의 영광이 되게 한 가장 중요한 일을 실패한 것입니다. 그런데 하나님이 그걸 되살리십니다. 어떻게 되살리십니까? 우리의 실패가 우리에게 보여 준 결과를 지나오게 함으로써, 십자가를 지고 가는 예수 그리스도의 생애에서뿐만 아니라 우리 생애에서 일어나는 것을 통하여 죽음이 우리에게 들이대는 위협과 우리가 하나님을 따라가지 못해 자초한 이 재앙들을 통과하게 하십니다. 창조가 원래 목적했던 것을 이루기 위하여 우리의 실패까지 담아내어 부활로 끌고 가십니다.

그래서 이삭에게는 창조와 부활이 있습니다. 하나님은 우리 생애에 창조를 허락하시고 우리가 실패하여 자초한 모든 재앙들을 뒤집으셔서 우리를 다시 한번 더 하나님의 자녀 된 영광으로 이끌어 가십니다. 즉 하나님이 개입하신 십자가와 부활로 말미암아 우리 생애는 영광과 자랑의 자리에 이르는 과정을 가지게 된 것입니다.

자기를 부인하고

이 과정에 제자도가 있습니다. '제자도'라는 주제로 자주 암송했던 구절을 한번 떠올려 봅시다. 마태복음 16장 24절입니다. '누구든지 나를 따라오려거든 자기를 부인하고 자기 십자가를 지고 나를 따를 것이니라.' 여기서 '자기 부인'이 무엇일까요? 욥의 불만에서 볼 수 있었죠. "하나님, 나 같은 것이 무슨 가치가 있기에 이처럼 귀히 여기셔서 저를 못살게 구십니까? 나 까짓것 하나 잘못한들 하나님께 무슨 누가 됩니까? 그냥 절 좀 내버려 두십시오." 하나님이 말씀하시죠. "그렇게는 못한다. 넌 나에게 중요한 존재다. 네 실패는 창조주인 나에게 모욕이 된다." 이것이 공포로 이해됩니까, 감사로 이해됩니까? "네가 타협하고 앉아 있는 꼴을 나는 못 보겠다. 이것이 네게 괴로움이냐? 이것이 네게 재앙이냐? 너희 하늘 아버지가 널 포기하지 않는다는 말을 모르겠느냐."

여기가 우리의 고난입니다. 우리는 원망하죠. 원망하는 자리에서 돌아설 수 있습니까? 문제를 해결해 줘야 돌아오겠습니까? 그것이 우리에게 무얼 만드는지 모르겠습니까? 우리의 소원이 기껏 안심에 있거나 '이렇게 한 번 누리고 살다 죽으면 그만이다'에 불과하다면 얼마나 가난한 신앙입니까? 하나님의 창조와 우리를 향한 사랑을 얼마나 축소하여 자신의 현실을 비난하고 원망하고 분노하고 있습니까? 여기를 건너오는 것, 이것이 하나님이 우리 현실 속에서 일하신다는 하나님의 임재입니다. 우리가 늘 품넘하는 '전능하신 하나님이 왜 나를 울게 놔두시는가? 왜 분노하게 두시는가?'에 대하여 로완 윌리엄스는 이렇게 풀어냈습니다. '하나님의 전능하심이란 인간의 마음과 씨름하고 함께 협력하여 어떤 대가를 치르고서라도 끊임없이 그것을 돌파해 나가는 힘이다. 인간을 하나님의 영광과 기쁨으로 만드시는 하나님의 힘이다.'[4] 아멘입니다.

기 도

하나님 아버지, 우리 인생에 하나님의 임재는 너무나 분명합니다. 문제는 우리 자신입니다. 하나님은 고난을 통해 우리가 타협과 체념으로 가는 것을 막아 주셨습니다. 죽음이 입을 연 그 앞에 죽음을 돌파하여 부활로 나가는 길이 열려 있음에도 불구하고 우리는 언제나 도망가고 말았습니다. 이런 우리의 모습을 하나님은 보고 계십니다. 부끄러운 일입니다. 그러나 또한 감사한 일입니다. 우리로 그 모든 길을 이겨 내게 하옵소서. 문제가 해결되어서가 아니라, 하나님의 진정성으로 말미암아 자신의 정체와 지위와 운명을 아는 자답게 살아가게 하옵소서. 예수님 이름으로 기도합니다. 아멘.

---

4) 로완 윌리엄스 지음, 김병준·민경찬 옮김,《신뢰하는 삶》(비아), 41쪽.

5.
그가 시험을 받아 고난을 당하셨은즉

······ 18 그가 시험을 받아 고난을 당하셨은즉 시험 받는 자들을 능히 도우실 수 있느니라 3:1 그러므로 함께 하늘의 부르심을 받은 거룩한 형제들아 우리가 믿는 도리의 사도이시며 대제사장이신 예수를 깊이 생각하라 2 그는 자기를 세우신 이에게 신실하시기를 모세가 하나님의 온 집에서 한 것과 같이 하셨으니 3 그는 모세보다 더욱 영광을 받을 만한 것이 마치 집 지은 자가 그 집보다 더욱 존귀함 같으니라 4 집마다 지은 이가 있으니 만물을 지으신 이는 하나님이시라 5 또한 모세는 장래에 말할 것을 증언하기 위하여 하나님의 온 집에서 종으로서 신실하였고 6 그리스도는 하나님의 집을 맡은 아들로서 그와 같이 하셨으니 우리가 소망의 확신과 자랑을 끝까지 굳게 잡고 있으면 우리는 그의 집이라 (히 2:11-3:6)

이해할 수 없는 구원

기독교 신앙의 핵심은 예수입니다. 예수는 우리의 구원을 위하여 육신을 입고 이 땅에 오셔서 우리와 같은 생애를 살다가 십자가에 죽으시고 부활하신 분입니다. 기독교가 말하는 구원이 우리의 예상과 달리 복잡한 방법, 다시 말해 우리로서는 선뜻 이해가 가지 않는 방법으로 이루어지는 이유는 무엇일까요? 그리고 예수를 믿고 난 후에도 신앙생활이 우리의 기대와 다르게 펼쳐지는 이유는 무엇일까요? 이런 질문은 히브리서의 중요한 주제입니다. 귀신을 쫓아내시고 죽은 자를 살리시며 바다를 잠잠케 하시고 죽음에서 부활하신 예수께서 왜 당신의 백성들을 박해와 고난 속에 놔두시는지에 대한 답을 히브리서가 제시합니다.

물론 구원에는 우리가 금방 이해할 수 있고 예상할 수 있는 답도 있습니다. 우선, 눈물이 없고 고난이 없고 죽음이 없는 천국으로의 부름이 구원입니다. 그런데 우리가 기대하는 이 구원은 좀 더 여러 매듭을 풀어야 하는, 간단하지 않은 이야기입니다. 마태복음 16장에 나오는 예수님의 질문인 "너희는 나를 누구라 하느냐"에 대해 베드로가 한 "주는 그리스도시요 살아계신 하나님의 아들이시니이다"라는 고백은 그리스도의 신성을 말한 것입니까, 인성을 말한 것입니까? 신성을 말한 것입니다. 그런데 신성을 지니신 하나님이 굳이 제자들에게 "너희는 나를 누구라고 생각하느냐"라고 물었다는 것은 무슨 뜻일까요? 예수가 도무지 하나님이신 것 같아 보이지 않는 형편 속에 있다는 뜻입니다. 그래서 베드로의 고백이 중요한 의미를 지니는 것입니다. 인간의 몸을 입고 오셔서 실제로 먹고 마시고 걷고 피곤해하고 힘들어하고 주무시는 하나님에 대해 "주는 하나님의 아들입니다"라고 답한 것이기 때문입니다. 참 하나님이신 예수는 또한 참 인간으로서 제자들에게 그런 질문을 하셨고, 그 질문에 대해 "당신은 하나님이십니다"라는 베드로의 고백을 성경이 굳이 남겨 놓고 있습니다.

마태복음 16장을 보며 예수의 인성과 신성, 이렇게 접근하는 것은 학문적 연구에서 등장하는 주제이고, 우리가 하게 되는 것은 '도대체 신이 인간으로 올 필요가 무엇이냐? 신이면 모든 문제를 해결할 수 있어야 할 것 아니냐? 창조와 부활의 권능으로 기적을 일으키실 수 있는 분, 그런 하나님이 굳이 인간의 몸을 입고 들어오실 필요가 있는가? 그렇게 구차하게 인간이 되어 들어와 구원을 이야기하고 복음을 이야기하는 것은 어찌 보면 불필요한 이야기가 아니겠는가?'와 같은 질문입니다. 이런 질문은 '죽음을 이기고 모든 권세를 가지신 신이 우리를 불렀는데, 왜 우리는 아직 고난 속에 있으며 비명을 지르는 현실을 살아야 하는가?'라는 데로 이끌어 갑니다. 이에 대해 성경은 이미 답을 했는데, 우리가 아직 못 알아듣고 있습니다.

모든 사람이 죄를 범하였으매

하나님이 인간을 찾아오시고 인간에게 구원을 베푸셔야 했던 중요한 이유를 로마서 3장에서는 이렇게 이야기합니다.

모든 사람이 죄를 범하였으매 하나님의 영광에 이르지 못하더니
(롬 3:23)

하나님이 목적하신 뜻을 둔 창조의 자리, 영광의 자리에 우리가 이르지 못했다, 우리가 죄를 지었기 때문이다, 이런 관점에서 죄를 말하고 있습니다. 그런데 여기서 죄란 '영광에 이르지 못한 것, 영광에 미흡한 것'이지 '도덕성의 결핍'을 그 본질로 하고 있지 않습니다. 도덕성의 결핍은 죄의 증상 중 하나일 뿐, 핵심은 도덕적 흠결이 아니라 영광에 미달하는 것입니다. 따라서 '죄 없음'은 도덕을 비켜 가는 것이 아니라, 도덕을 넘어서는 것이죠. 도덕성은 죄가 무엇인지에 대한 소극적이고 부정적 기준으로 제시한 잣대일 뿐이고, 영광은 도덕성이 이룰 수 없는 더 높은 목적지입니다. 영광에 이르지 못한 인간의 현실이 어떠하느냐를 로마서 1장 28절 이하에서는 이렇게 이야기합니다.

> 또한 그들이 마음에 하나님 두기를 싫어하매 하나님께서 그들을 그 상실한 마음대로 내버려 두사 합당하지 못한 일을 하게 하셨으니 곧 모든 불의, 추악, 탐욕, 악의가 가득한 자요 시기, 살인, 분쟁, 사기, 악독이 가득한 자요 수군수군하는 자요 비방하는 자요 하나님께서 미워하시는 자요 능욕하는 자요 교만한 자요 자랑하는 자요 악을 도모하는 자요 부모를 거역하는 자요 우매한 자요 배약하는 자요 무정한 자요 무자비한 자라 그들이 이같은 일을 행하는 자는 사형에 해당한다고 하나님께서 정하심을 알고도 자기들만 행할 뿐 아니라 또한 그런 일을 행하는 자들을 옳다 하느니라 (롬 1:28-32)

인간이 자신의 정체나 실체를 드러낸 것은 모두 다 영광에 미치지 못한, 영광과는 상당한 거리가 있는 최악의 내용뿐이었다고 성경은 역사를 통해 증명합니다. 32절에 있는 바와 같이, 우리가 지금도 종종 하는 말인 "너 그렇게 살면 안 돼. 양보하면 안 돼. 진심을 들키면 안 돼. 악착같이 살아야 돼. 지지 마"와 같은 이야기가 여전히 유효한 곳이 우리의 현실입니다. "예수 믿는 건 믿는 거고, 사는 건 다른 거야." 이런 말은 우리가 자녀들에게 자주 하는 말입니다. 이것도 여전한 현실입니다. 우리는 신앙이라는 명분으로 안심을 확보하지도 못하고 그렇다고 이 세상을 살아가는 자세에서도 우월하지 못하다는 걸 잘 압니다. 그래서 인류가 역사 내내 저질렀던, 영광에 미흡했던 현실을 여전히 옹호하며 살아갑니다. 로마서 3장에 가 봅시다.

그러면 어떠하냐 우리는 나으냐 결코 아니라 유대인이나 헬라인이나 다 죄 아래에 있다고 우리가 이미 선언하였느니라 기록된 바 의인은 없나니 하나도 없으며 깨닫는 자도 없고 하나님을 찾는 자도 없고 다 치우쳐 함께 무익하게 되고 선을 행하는 자는 없나니 하나도 없도다 그들의 목구멍은 열린 무덤이요 그 혀로는 속임을 일삼으며 그 입술에는 독사의 독이 있고 그 입에는 저주와 악독이 가득하고 그 발은 피 흘리는 데 빠른지라 파멸과 고생이 그 길에 있어 평강의 길을 알지 못하였고 그들의 눈 앞에 하나님을 두려워함이 없느니라 함과 같으니라 (롬 3:9-18)

하나님을 떠나 죄 가운데 빠진 인간의 현실을 말해 주는 본문입니다.

세상이 하는 이런 이야기를 들어 본 적 있을 것입니다. "기독교는 하나님을 내세워 자기네들의 종교적 주장을 보편적 진리인 양 이야기한다." 괜찮습니다. 세상의 평가는 아무래도 좋습니다.

영광을 만들어 낼 수 없는 인간

여기서 잠깐 인문학이 내린 진단을 살펴볼까요? '인간에게 의로움이란 없다. 인간은 악함 밖에 선택할 여지가 없는 존재이다.' 인문학이 인간에 대해 내린 결론은 정확합니다. 인문학이란 인류의 정체성과 가치와 운명을 연구하는 학문입니다. 이것이 인문학 즉 문학, 역사, 철학의 주제이고, 그 주제에 대해 인문학이 낸 답은 '공포'입니다. 이는 인류에 대한 역사의 증언을 통해 객관적으로 내린 답입니다. 그것이 공포인 것은, 인간은 인간이 항복할 만한 명예와 가치를 만들어 낼 수 없더라, 꿈을 가지고 기대를 가지고 이상을 가졌다고 해서 할 수 있는 게 아니더라, 못하더라 하는 사실을 확인했기 때문입니다.

좀 더 깊은 가치를 추구하는 일에 문학과 철학이 몸부림을 치고 있지만, 문학과 철학을 존립하게 하는 근본은 역사입니다. 역사란 무엇일까요? 진실입니다. 아니, 역사까지 거슬러 올라갈 것 없이 우리 현실이 그렇습니다. 인생에서 발견되는 진실이 무엇입니까? 우리는 꿈을 가졌으나 꿈을 이룰 실력이 없다는 것입니다. 만일 신문에 '진돗개가 명견인 이유는 말을 할 줄 알기 때문이다'라는 기사가 났다면, 아마 우리는 웃을 것입니다. 개가 말을 한다는 것은 있을 수 없는 일입니다.

셰퍼드도 못했고 도베르만도 못했고 콜리도 못했습니다. 말은 인간만이 할 수 있습니다. 진돗개는 말을 하는 것이 아니라 신호를 보낼 뿐입니다. 개는 말을 하지 못하며 사색하지 못합니다. 인간은 사색할 수 있고 말할 수 있지만, 그렇다고 영광을 만들어 내지는 못합니다.

인간이 인간의 가치와 영광을 만들어 내기 위해 요구되는 이상은 인간이라는 존재가 그의 생애에 걸쳐서 만들어 내고 실체화해야 하는 본문입니다. 이 '본문'이라는 단어를 말하려고 이렇게 긴 이야기를 펼쳤습니다. 그러니 서두에도 언급했듯이, 하나님이 우리에게 호의를 갖고 계시고 구원을 베푸실 거라면 그냥 신적 능력을 발휘하면 되는 것이지, 구차하게 인간의 몸을 입고 오셔서 세상에 좋아 들어 올 필요가 있었냐는 것입니다. 쉽게 말해서 인간이 죄를 지었으면 심판해서 다 쓸어버리고 새로 만들면 되지 않는가 하는 생각이 듭니다. 이 방법이 제일 간단합니다.

그런데 하나님은 그렇게 하시지 않고 하나님 당신이 육신이 되어 이 땅에 오십니다. 우리가 하나님에게 간절히 영광을 구하고 좀 더 가치 있는 인물이 되겠다고 결심할 때에 하나님이 오신 것이 아닙니다. '의인은 없나니 하나도 없으며 깨닫는 자도 없고 하나님을 찾는 자도 없고 다 치우쳐 함께 무익하게 되고 선을 행하는 자는 없나니 하나도 없'는 때, 즉 자기가 행한 일이 잘못인 줄 알면서도 그것밖에는 결론을 내지 못하는 그때에 하나님이 인간의 몸으로 세상에 오신 것입니다.

성육신은 하나님의 본문

하나님이 구원을 베풀기 위하여 행하신 방법은 성육신입니다. 즉 하나님이 수치와 실패와 절망과 더러움 속에서, 사망이라는 운명을 기다려야 하는 조건 속에 인간의 몸을 입고 들어오셔서 구원을 이루어 낸 것입니다. 구원에 대해서 우리가 가장 먼저 기억해야 할 것은 하나님이 그 창조 세계에 대해 창조주로서의 책임을 이처럼 진지하게 수행하셨다는 사실입니다.

그러니 성육신은 하나님의 본문이 됩니다. 어떤 본문입니까? 바로 '하나님이 누구시냐'라는 질문에 대한 답이 성육신입니다. '하나님은 어떤 분이냐'라는 질문을 받으면 우리는 어떻게 대답합니까? 흔히 우리가 하는 신앙고백은 '예수를 믿는다'입니다. '예수를 믿는다'라는 말은 사실 하나님을 믿는다는 말인데, '예수를 믿는다'라는 고백에 담긴 깊은 의미는 '하나님의 하나님 되심을, 성육신으로 드러난 본문에 의거하여 하나님을 믿는다'라는 뜻입니다.

하나님은 당신이 만드신 인간, 그러나 아직 영광에 미치지 못하는 우리를 구원하시고 우리가 마땅히 받아야 할 형벌의 문제를 해결하기 위하여 창조의 목적을 포기하지 않으십니다. 하나님은 신적 해결책, 즉 보좌에 앉아 계신 채로 다만 명령을 내리거나 규칙을 바꾸거나 기적을 펼쳐 쉬운 결말로 해결하지 않으십니다. 우리를 항복시키고 납득시키는 방법으로 당신이 기꺼이 오해받으십니다. 편견과 절망 속에서 폭력밖에 휘두를 줄 모르는 자들의 손에 당신의 생애를 맡기는 방법으로 하나님은 당신을 증명하셨습니다. 하나님은 하나님이신 본문을 유한한 육신의 생애와 죄인들의 오해와 폭력 속에 품고 들어와 기꺼이 죽으심으로 당신을 증명하신 것입니다. 이것이 성육신입니다.

성육신이 동시에 구원이 되는 것은 하나님이 인류에게 목적하신 궁극적 자리가 예수 안에서 보이신 승리이기 때문에 그렇습니다. 우리가 하나님을 외면해서 갖게 된 결말은 다 절망뿐이었습니다. 영광을 만들어 낼 실력도, 생명을 복되게 할 실력도 갖지 못해서 요한복음 15장에 나온 대로 가지가 나무에서 분리되면 말라 죽을 수밖에 없는 운명을 갖게 된 것입니다. 예수께서 그 속에 찾아와 하나님이 목적하신 생명과 인간의 정체성이 얼마나 복된가를 몸소 증명하십니다. 절망, 분노, 원망, 더러움, 부끄러움밖에 만들 수 없는 인류에게 여기 한 인간이 모든 인류를 대표하여 하나님이 목적하신 인간의 가치를 드러내십니다. 용서, 구원, 회복, 섬김, 그리고 우리가 만든 죽음을 받아 내셔서 죽음을 뒤집으십니다. 죽음이 끝이 아닌 자리, 죽음을 넘어서 죽음을 반전시키는 부활이라는 영광의 자리까지 인간의 운명을 뒤집으십니다. 그리하여 우리로 하여금 사망이 끝인 인생에서, 원망할 수밖에 없고 절망할 수밖에 없고 체념하거나 자폭할 수밖에 없는 우리의 선택을 뒤집어 사망이 끝이 아니고 사망을 지나 부활이 있다는 약속 속에서 그 선택의 폭을 넓히십니다. 아니 선택의 우위가 생겨나게 하십니다.

사망의 고발

사망은 끝이기만 할까요? 그렇지 않습니다. 사망은 우리에게 와서 이렇게 일합니다. 죽음이 전부가 아닙니다. 세상은 죽음으로 끝날 수밖에 없다는 허무함으로 찾아와서 우리를 절망시킵니다. 이겨 봤자 쓸데없다, 더 살아 봤자 고생이 연장되는 것 말고는 아무것도 아니다, 라는 현실이 우리를 분노하게 합니다. 이것이 세상입니다.

우리가 리우 올림픽 축구 경기에서 독일과 비겼을 때, 기뻐했던 것 기억나십니까? 비겼지만 이긴 것만큼 기뻐했죠. 상대가 독일이기 때문입니다. "세상에! 우리가 독일과 비기다니. 진짜 잘했다." 그런데 그렇게 기뻐하는 중에도 우리는 스스로 찬물을 끼얹는 말을 하곤 했죠. "비기면 뭐해? 8강을 갔어? 독일 사람들이 와서 무릎을 꿇었어? 무슨 이득이 있어?"라고 말입니다. 우리 모두가 알고 있습니다. 세상 그 어떤 승리도 헛되다는 사실을 말입니다. "아시안 게임 축구 종목에서 금메달을 땄습니다"라고 하면, 우리는 금방 "금메달 따면 뭐해? 월드컵 때나 이겼어야지"라고 빈정댑니다. 이렇게 말하는 것은 어떤 경기가 더 가치 있어서가 아닙니다. 이래도 한 세상, 저래도 한 세상이기 때문입니다. 이것이 사망이 하는 일입니다.

사망은 결국 모든 것이 덧없다는 것을 현실에서 늘 우리에게 고발합니다. 세상은 사망을 이길 수가 없습니다. 이 절망에서 '예수를 믿는다'라는 고백은 어떻게 복음이 됩니까? '잘못한 것도 승리로 바꾸시는 그런 운명 속에 우리가 있다'라며 세상을 바꿨다는 데에 기독교 신앙이 복음이라고 지칭되는 이유가 있습니다. 그런데 우리는 지금 무얼 하고 있습니까? 구원은 얻었으나 사망은 여전히 우리 앞에 현실적 대적이자 공포의 대상입니다. 우리는 실제로 죽습니다. 또 실제로 모든 일에서 구원받은 사람다운 행동보다는 옛날에 못난 짓하던 본성이 더 많이 드러나는 인생을 삽니다. 그래서 우리는 전부 이런 질문에 매달리게 됩니다. "하나님, 하나님이 예수를 보내서서 우리 대신 십자가에 죽게 하셨고 부활시키셨는데, 왜 우리 현실은 어렵습니까?" 하나님의 대답은 이것입니다. "구원은 이 모든 못난 것을 포함하여 뒤집는 데에 핵심이 있다. 너희에게 아무 생각도, 도전도, 갈등도, 긴장도 없는 상태를 만들어 주려는 것이 구원의 목적이 아니다. 너희가 저지른 후회스러운 일들이 어떻게 명예스러운 일로 반전될 수 있는가를 너희가 겪어 보고, 너희 스스로 이 약속에 참여하는 선택과 책임과 명예를 누려라." 이것이 기독교가 말하는 신앙 인생입니다.

　앞에서 말씀드린 대로, 세상에는 죽음의 공포가 넘실대서 신자답게 정직하고 겸손하게 살았다가는 하루도 버틸 수 없는 현실을 맞게 됩니다. 우리가 바른 신앙을 갖고 살면, 세상이 변화되고 사람들이 우리를 다르게 대접할 것 같습니까? 그렇지 않습니다. 그래서 우리는 신앙생활을 할 것인가 말 것인가 하는 기로에 늘 섭니다. 그런데 우리가 신자답지 않게 살았던 세월, 그럴 수 없었던 실패한 나날들이 일을 합니다. 왜 그렇습니까? 잠시 타협하고 세상이 하자는 대로 해 봤던 일은 결국 아무 소용이 없다는 것을 아는 자리까지 하나님이 우리를 이끌고 가시기 때문입니다. 이것 역시 하나님이 우리에게 허락하신 선택의 기회입니다.

본문을 담는 자리

지금 우리의 실력으로 예수님같이 될 수 있으리라고 생각하지 마십시오. 더더욱 놀라는 것은 예수님같이 굴어도 세상은 우리를 십자가에 못 박는다는 사실입니다. 그런데 왜 자꾸 아무 갈등도 일어나지 않는 상태를 원하느라 지금 해야 하는 일, 지금 발휘해야 할 나의 실력, 지금 살아 내어 직면해야 할 현실을 외면합니까? 아무 일도 일어나지 않을 조건을 원한다면, 결국 할 수 있는 일은 자살밖에 없습니다.

"네가 죽어야 돼. 네가 죽으면 온갖 번뇌가 없어진다"라고 다른 종교에서는 말하죠. 정직한 지적입니다. 그러나 여기에는 인간됨의 적극적인 가치가 없습니다. 기독교는 우리를 다그쳐서 완벽한 사람으로 만들려고 하지 않습니다. 오히려 넘어져 보라고 합니다. "네 진실을 바주하고 세상의 진실에 직면하여라. 왜 하나님이 자신의 본문을 성육신과 십자가에 담았는지 생각해 보아라." 그렇게 이야기하는 것입니다. 고난이 고난으로 끝나지 않는, 그 쓴 경험이 일을 하는, 그래서 정말 원숙해지는 자리에 가는 것이 기독교 신앙이 요구하는 길입니다.

후회할 과거가 없다고 말하는 사람을 보면, 다 바보입니다. 제정신이면서 후회할 과거가 없다고 말하는 사람은 없습니다. 우리가 변명하며 얼버무릴 뿐이지, 후회할 과거 없이 만족한 인생이라면 더 이상 진전이 없는 인생입니다. 지금도 죽음이 늘 곁에 와 있습니다. "이렇게 사는 게 전부인가? 나는 무엇인가?" 이런 질문을 계속해야 합니다. 더 가야 해서 그렇습니다. 예수님마저 이렇게 기도하셨습니다. "아버지여, 이만하면 되지 않습니까?" 그러자 하나님이 "아니다. 더 가자"

라고 하십니다. "아버지, 더 가면 아버지에게 수치가 되지 않습니까?" 이것이 겟세마네 기도입니다. "신이 인간의 손에 죽는다면, 아버지의 영광을 가리는 것이 아닙니까?" "괜찮다. 더 가자." 이것이 겟세마네 기도요, 십자가의 길입니다.

우리 인생에 일어나는 불만이나 원망이나 분노가 일을 할 것입니다. 그 모든 것이 손해가 아닙니다. 우리에게 유익하게 작용할 것입니다. 하나님은 당신을 무엇으로 증명하셨습니까? 우리 인생에 친히 들어오신 것으로 하나님이 당신의 본문을 삼으셨습니다. "나는 이런 하나님이다." 우리는 어떻게 해야 할까요? 거기 들어오셔서 만들어 낸 부활과 영광을 보며 섬기는 영광, 용서하는 영광, 감사하는 영광으로 가야 합니다. "맞아. 이것이 인간의 정체성이어야 해"라는 자리에 가야 하는 것입니다.

우리가 얼마나 그럴듯하게 위대한 일을 했고 업적을 남겼는가는 중요하지 않습니다. 그런 자리가 아니라 진정 위대한 자리에 가야 합니다. 많은 눈물과 후회를 건너 이 자리에 이르라고 합니다. 세상은 결국 우리에게 단물을 다 빨아먹었으니 꺼지라고 말하는 것이고, 하나님은 우리에게 '다 망쳐도 좋으니 완성에 이르는 길을 가라'라고 이야기합니다.

탕자의 비유에서도 보았죠. 아버지의 품을 떠나 재산을 다 탕진한 작은아들이 돌아옵니다. 탕자는 무엇을 깨닫고 돌아옵니까? 아버지가 누구인가를 알고, 자기가 누구인가를 압니다. 아버지 밑에서 아들로 존재하는 것이 얼마나 귀한가를 깨닫습니다. 그래서 뭐라고 합니까? "아버지, 저는 아들이라는 이름을 감당할 수 없습니다. 저를 품꾼의 하

나로 보옵소서." "무슨 소리냐. 인마, 너는 내 자식이다." 이것이 하나
님이 우리 인생에 하시는 말입니다. 로마서 8장 1절과 2절은 우리에게
신자의 자유와 구원을 명쾌하게 선포합니다.

그러므로 이제 그리스도 예수 안에 있는 자에게는 결코 정죄함이 없
나니 이는 그리스도 예수 안에 있는 생명의 성령의 법이 죄와 사망의
법에서 너를 해방하였음이라 (롬 8:1-2)

기 도

하나님 아버지, 믿음이 부족하고 자주 실패하는 우리 인생이 뭐 그리 자랑스
럽겠습니까? 그러나 하나님은 대강 건너뛰어 쉽게 결론 내는 것을 거부하셨
습니다. 하나님은 언제나 저희에게 "너희는 내 자녀이고 내 영광에 참여할
귀한 존재이다. 너희 마음, 너희 영혼, 너희 정체성은 내가 만족하기까지 타
협할 수 없다"라고 말씀해 주십니다. 그래서 우리에게 이런 고난이 있음을
고백합니다. 이 세상과 현실은 우리에게 주신 귀한 기회입니다. 우리의 눈물
과 한탄은 헛되지 않을 것입니다. 그러니 믿음을 가지고 힘내서 오늘을 살게
하옵소서. 우리의 실패를 감수하게 하옵소서. 예수님 이름으로 기도합니다.
아멘.

6.
너희 마음을 완고하게 하지 말라

······ 12 형제들아 너희는 삼가 혹 너희 중에 누가 믿지 아니하는 악한 마음을 품고 살아 계신 하나님에게서 떨어질까 조심할 것이요 13 오직 오늘이라 일컫는 동안에 매일 피차 권면하여 너희 중에 누구든지 죄의 유혹으로 완고하게 되지 않도록 하라 14 우리가 시작할 때에 확신한 것을 끝까지 견고히 잡고 있으면 그리스도와 함께 참여한 자가 되리라 15 성경에 일렀으되 오늘 너희가 그의 음성을 듣거든 격노하시게 하던 것 같이 너희 마음을 완고하게 하지 말라 하였으니 16 듣고 격노하시게 하던 자가 누구냐 모세를 따라 애굽에서 나온 모든 사람이 아니냐 17 또 하나님이 사십 년 동안 누구에게 노하셨느냐 그들의 시체가 광야 에 엎드러진 범죄한 자들에게가 아니냐 ······ (히 3:7-19)

순종과 시간

본문 말씀에서는 출애굽 사건을 예로 들어 히브리서의 수신인 곧 박해와 어려움 속에서 당황하고 실족하고 머뭇거리는 초대교회 교우들을 힘 있게 격려하고 있습니다. 여기서 주목할 내용은 출애굽 당시, 큰 기적 속에 구원을 얻은 이스라엘 선조들이 광야 생활을 하는 동안 불순종하여 가나안에 들어가지 못하고 광야에서 죽어 나갔다는 사실입니다.

순종은 예수를 믿는 사람들에게 늘 요구되는 성경의 명령입니다. 흔히들 '믿음이 없어서 순종하지 못했다'라는 말을 씁니다. 순종은 분명 믿음의 행위이고, 믿음은 순종으로 드러납니다. 그런데 많은 경우에 그렇듯이, 당연한 결론을 강조한다고 해서 반드시 사람이 그렇게 하지는 않습니다. 당연한 결론을 자기 것으로 만드는 데에 수많은 시행착오가 필요합니다.

이 일을 위해 성경은 시간과 과정과 훈련이 필요하다고 말씀하는데, 성도 대부분은 시간이 안 드는 판별이나 결론, 보상 같은 것을 원합니다. 그런데 시간성을 외면하면, 시간과 과정이 만들어 내려는 것이 무엇인지 놓치게 되고 깊은 안목을 기를 수 없게 됩니다. 순종해야 하는데 순종하지 못할 때, 눈앞의 도전을 극복할 정도로 믿음을 동원할 수 없는 현실에 부딪쳤을 때, 안목이 필요합니다. 이런 안목 없이 이스라엘 백성의 실패를 논하는 것은 아무런 의미가 없습니다. 그래서 본문 14절에 있는 "우리가 시작할 때에 확신한 것을 끝까지 견고히 잡고 있으면 그리스도와 함께 참여한 자가 되리라"라는 권면은 당연하면서도 어렵습니다.

　첫사랑, 첫 믿음, 첫 다짐, 첫 마음과 같은 단어가 있는 것은 인간이 한결같지 않아서입니다. 늘 변하고, 또 변하기 쉬운 존재라는 사실을 우리 자신이 잘 압니다. 본문이 인용한 출애굽 사건을 보면 더욱 이해가 됩니다. 하나님은 이스라엘 백성을 애굽에서 꺼내신 것이지, 그들에게 애굽을 주신 것이 아닙니다. 아마 이스라엘 백성들은 여기서부터 일이 꼬였다고 느꼈을 것입니다. 우리 생각에는 하나님이 바로를 죽이신 다음, 이스라엘 백성 중 그들 편에 서서 잘 대변해 줄 수 있는 권력자를 세워 고충을 해결해 주고 비옥한 땅에서 잘 먹고 잘살게 했으면 문제가 없었을 것 같습니다. 그런데 하나님은 애굽을 주시는 대신 약속의 땅으로 가라고 하십니다.

　애굽에서 약속의 땅 가나안까지는 거리가 상당히 떨어져 있습니다. 그 사이는 광야 지대인데, 이스라엘 백성이 이 광야를 지나 가나안으로 들어가는 동안에 여러 일을 겪습니다. 여행의 고단함, 광야 생활의 불편함, 먹을 것과 마실 것이 없는 삶, 기약 없는 막막함 같은 것이 이스라엘 백성에게 큰 시험거리가 됩니다. 그래서 이스라엘 백성은 큰 기적을 본 후 해방되어 찬송과 기쁨으로 출애굽 여정을 시작했으면서도 계속 푸념과 절망을 늘어놓고 비명을 질러 댑니다. "우리를 왜 꺼내 쳤느냐? 거기서 종살이하는 게 나았다." 이는 굉장한 대답입니다. '무엇으로부터의 해방'이 '무엇을 위한 해방'으로 마무리되지 않으면, 자유라는 것은 사실 덧없습니다. 공포나 압제로부터의 해방은 당연하지만, 공포와 압제에서 벗어나 만족할 수 있는 자랑스러운 자리로 가는 해방이 아니라면, 그런 구원이 아니라면, 그런 자유가 아니라면, 전보다 나을 것이 없습니다.

　순종해야 한다, 열심히 믿어야 한다, 모두 맞는 말입니다. 그런데 믿음을 동원하여 순종하고 무지와 거역, 비열함과 죄악된 생각들을 끊고 헌신했음에도 애굽에서 구원을 받아 옮겨진 곳이 광야에 불과하다면, 우리는 자신의 믿음이 잘못된 건지, 믿는 것이 무슨 소용인지 막막하기만 할 것입니다. 그러니 이 사건에 대해 좀 더 깊게 질문할 필요가 있습니다. 성경에서 가장 중요한 선언인 '예수를 믿으면 구원을 얻는다'라는 말이 은혜로 다가오는가, 그렇지 않으면 책임으로 다가오는가 하는 질문입니다. 아니면, 이렇게 질문할 수 있습니다. '예수를 믿으라'라는 말은 책임입니까, 은혜입니까? 우리 한번 옆 사람한테 물어볼까요? '예수'가 나오면 무조건 은혜에 관한 이야기입니다. 당연합니다. 그러면 왜 '예수로 말미암는 은혜를 받으라'라고 이야기하지 않고 '예수를 믿으라'라고 이야기할까요? 믿음은 은혜에 속한 것으로 보입니까, 책임에 속한 것으로 보입니까? "목사님, 제발 질문 좀 하지 마세요. 제가 안심을 얻고 평안을 얻으려고 교회 왔지, 뭘 따지려고 나왔겠습니까?"와 같은 얼굴로 앉아 있으면 곤란합니다.

믿음, 책임과 은혜

믿음은 우리에게 어떤 뉘앙스로 다가옵니까? 책임입니까, 은혜입니까? 대답하기 어려운 이유는 뻔한 질문은 의심해 보라는 교육을 받아 왔기 때문인지도 모릅니다. 틀림없이 함정이 있을 거라 여기는 것입니다. 은혜가 무엇인지는 우리 모두 압니다. 그러나 성경은 예수를 말하면서 '은혜를 받으면'이라고 표현하지 않고, '믿으면'에 연결하여 책임의 요소가 있음을 분명히 밝히고 있습니다. 그러니 책임을 논하면 은혜가 없어지고, 은혜를 말하면 책임이 없어지는 이 문제가 사실은 신앙생활에서 우리를 당황스럽게 합니다. 모순에 빠지게 하고, 자가당착에 빠지게 하고, 막막하게 합니다.

믿음은 '은혜가 책임을 요구한다'라는 말에서 나온 단어입니다. 은혜와 책임 중 어느 쪽 역할이 많은가를 동일한 평면에 놓고 분할하자는 것이 아닙니다. 은혜로 시작했는데 은혜는 책임을 목적하고 있습니다. 믿음에는 분명히 책임적 요소가 있는데, 책임은 하나님이 시작하신 일이 만들어 내는 궁극적 목적지입니다. 출애굽 사건을 예로 들어 설명하면, 구원은 애굽에서 해방되어 가나안에 들어가 하나님 나라를 건설하는 것입니다. 그런데 애굽에서 꺼내는 일은 백 프로 은혜로 이루어집니다. 하나님이 다 하시죠. 열 가지 재앙을 내리고, 홍해를 가르고, 반석에서 물을 내고, 만나를 먹이셨습니다. 그러나 가나안에 들어가는 일만큼은 순종이 있어야 가능합니다. 놀랍지 않습니까? "아니, 애굽을 다 작살내고 꺼내셨으면, 그냥 보따리에 싸서 가나안에 택배로 부쳐 버리시지, 좀 불순종했다고 광야에서 다 죽여 버리시는 겁니까? 무섭게." 이런 이스라엘 백성의 불평에 대해 하나님이 말씀하십니다. "그때 내가 진노했다. 너희는 그 땅에 못 들어간다고 내가 맹세했다."

그러니 이 책임을 우리가 이해하기 쉽게 '너희가 책임져라'라는 식으로 이야기하지 않고 '믿음'이라고 이야기함으로써, 은혜와 믿음이 어떻게 시작과 결론으로 묶여 있는가를 신비하게 풀어냅니다. 그래서 책임은 가나안에 들어가는 조건보다 더 큰, 가나안에 들어가는 일의 본질이 됩니다.

하나님이 예수를 보내어 당신이 누구시며, 하나님이 인류에게 두신 목적이 무엇인지를 증명하셨습니다. 이것이 성육신입니다. 하나님은 우리를 위하여, 우리의 하나님이신 당신이 누구인가를 분명히 납득시키기 위하여, 우리와 방불한 모습으로 우리의 조건 속에 우리의 가장 막다른 골목까지 내려오실 수 있는 그런 하나님입니다. 우리에게 그렇게 찾아오신 것은 하나님의 자기 증명을 위해서가 아닙니다. 우리의 영광과 운명의 승리를 위하여, 우리라는 존재의 가치와 정체성을 알려 주기 위해 성육신을 택하신 것입니다. 그분이 우리에게 은혜를 베푸시는 것은 우리로 하나님의 자녀답게 하려고 당신의 모든 능력을 동원하시는 것이지만, 동시에 그것은 우리에게 하나님의 영광이 되라는 것입니다. 이 영광의 최고 내용이 무엇입니까? 책임입니다. 책임이라는 말은 어려운 단어입니다. 자신의 능력과 자랑을 이야기하는 자리가 아닙니다. 우리라는 존재가 자발성을 가지고 하나님에 대한 항복과 기쁨과 순종을 자신의 가장 중요한 본질로 가지겠다는 자리를 성경은 '책임'이라고 말합니다.

자유와 책임

그래도 책임이라는 단어에는 여전히 의심의 찌꺼기가 남아 있으니 이렇게 생각해 봅시다. 인간의 자유와 책임이라는 것이 지니는 명예를 인류 역사와 인문학에서는 어떻게 결론 내렸는지 살펴봅시다.

'서구 역사의 최고 공헌은 시민 정신을 발견한 것이다'라는 말이 있습니다. 한 나라의 구성원인 국민들은 자유로워야 하고 그 자유에는 책임이 따른다는 것을 알아야 합니다. 이것이 시민 정신입니다. 굉장하죠. 인간은 자유로워야 하고, 자유에는 책임이 따름을 이해해야 합니다. 서구에서 시민 정신의 발현이 있었다면, 동양에는 윤리가 있었습니다. 역시 굉장합니다. 서구는 시민 정신을 깨닫는 데까지 역사가 흘러왔고, 동양은 윤리라는 책임이 있다는 걸 깨닫는 데까지 왔습니다.

자유와 책임 그 자체에 구체적인 승리와 영광은 없습니다. 그런데 하나님은 우리에게 이렇게 이야기하십니다. '내가 너희를 흙으로 만들었지만, 너희라는 존재는 나와 믿음을 나누고 사랑을 나누고 책임을 나누는 경지까지 이르도록 내가 목적하였다.' 이것이 기독교입니다. 하나님은 우리에게 질문하시고 또한 우리로 답하게 하십니다. 우리더러 해결하라는 것이 아닙니다. 하나님의 질문과 도전에 답을 해야 하는데, 그 답은 내가 만들 수 있는 것보다 큽니다. 그러나 우리는 그 답을 알고 싶어 하지 않습니다.

이스라엘 백성이 약속의 땅 가나안으로 가는 초입에서 홍해를 건넜을 때, 출애굽기 15장에서 보듯 영광의 찬송과 고백을 할 수 있었던 것은 자기네를 붙잡고 있던 권력이 깨지고, 거기서 그들을 꺼내신 하나님의 권능을 실컷 보았기 때문입니다. 열 가지 재앙과 홍해가 갈라지는 사건이 그들을 감격하게 했던 것입니다.

그랬던 그들이 광야에서는 불순종합니다. 광야에서 이 고생을 하며 사느니 옛날의 삶이 더 나았다는 것입니다. 그때는 좀 밑지고 살면 그만이었습니다. 전쟁이나 정치는 윗사람들에게 맡기고, 먹고 사는 일은 각자 알아서 하고, 그냥 괄시 받고 좀 힘들게 살면 됐거든요. 그런데 애굽에서 나왔더니 매일매일이 고단합니다. 만나를 한꺼번에 줘서 창고에 쌓아 두지도 못하고, 물도 풍족하게 마실 수 없습니다. 빌고 아우성쳐야 바위에서 겨우 한 모금 마실 물이 나오는 이런 현실을 이스라엘 백성은 이해할 수 없었던 것입니다. 앞날을 예측할 수 없기 때문입니다.

애굽에서는 어땠습니까? 앞날을 예측할 수 있었고 나름 보장되어 있었습니다. 거기서 사백 년이나 살아서 익숙합니다. 그래서 안일해졌죠. 우리가 흔히 하는 기도와 같습니다. "하나님, 제가 뭘 더 바라겠어요? 그저 우리 자식들 남한테 흉이 되지 않고, 돈 걱정 안 하고 살다가 그냥 빨리 곱게 죽으면 그만입니다." 우리가 지금 있는 곳이 광야입니다. 이런 우리에게 하나님이 분노하시죠. "이 자식들아, 내가 너희 애비인데, 도대체 날 뭘로 아는 거냐? 뭐 곱게 살다가 그냥 죽게 놔두라고? 너 정말 죽어 볼래?"라고 한 것이 출애굽 이야기입니다.

고난과 하나님의 진정성

도대체 예수를 믿는다는 말이 무엇이냐, 하나님이 얼마나 큰 진심으로 우리를 만드셨고 우리 인생에 개입하고 계시느냐, 역사가 무엇이

냐, 인생이 무엇이냐, 현실이 무엇이냐에 대해서 우리는 밤낮 하나님
한테 "하나님, 이게 뭐예요? 차라리 돌아가는 게 낫잖아요. 왜 괜히 불
러내서는 이렇게 고생시키세요?" 하며 불평합니다. 옆에 앉은 교우들
의 얼굴 좀 보세요. 괜찮은 표정이 없습니다. 다 짜증이 나 있고, '이게
뭔가?' 하는 얼빠진 표정이죠. 명예를 모르면 그런 얼굴이 됩니다. 인
간이라는 존재와 운명이 가지는 명예를 아직 몰라서 그렇습니다. 하
나님이 전심을 기울여 우리를 만들어 가고 기르고 채우고 있다는 생
각을 안 하기 때문입니다. 쉬운 걸로 때우고 대강 살다가 체념하고 맙
니다.

　이스라엘 백성이 가나안에 들어가서는 어떻게 됩니까? 거기서는
우상을 섬기다가 망합니다. 우상숭배란 단지 하나님 외에 다른 신을
섬겨 벌 받는 문제가 아닙니다. 본질적으로 말해 '우상숭배란 쉬운 것
으로 타협하겠다'라는 생각입니다. 쉬운 것으로 타협하려는 우리에게
하나님은 '그럴 수 없다. 너희는 마음껏 영광을, 명예를, 승리를 구가
할 수 있는 존재다. 그런 나라를 만들어라. 그리고 그런 존재로 살아
라'라고 말씀하시는데, 우리는 거부합니다. 등 따시고 배부르면 그만
이기 때문입니다. 하지만 그러면 안 됩니다. 총기가 흐려집니다. 다들
정신 차리기 바랍니다. 예수를 믿는다는 게 무엇입니까? 예수를 믿으
면 형통하고 좋은 일에 둘러싸여 어물어물 그렇게 사는 것이 아닙니
다. 절대로 그렇게 살지 못하게 하십니다. 하나님이 박살을 내십니다.
이것이 고난입니다.

　성경은 예수의 고난에 대해 이렇게 선언합니다. '그가 아들이시면
서도 받으신 고난으로 순종함을 배워서 온전하게 되셨'(히 5:8-9 상)다

고 합니다. 예수님도 당하신 고난입니다. 이처럼 고난은 크고 놀라운 것입니다. 단지 무엇 때문에 겪어야 하는 소극적 관점에서가 아니라, 이것을 통해 만들어지게 될 적극적이고 구체적인 관점에서 고난을 바라보아야 합니다. 우리의 정체성을 발견하려는 도전과 시험을 뿌리치고 최소한의 안심과 확인에 만족하려는 우리를 일깨우는 것이 고난입니다.

예수님은 사역 초기에 광야에서 기도하고 준비하는 중에 시험을 받습니다. 이 돌들로 떡덩이를 만들어라, 성전에서 뛰어내려 보아라, 사탄에게 절해라와 같은 시험입니다. 예수님은 모두 거부하십니다. 떡에 매인 인생을 거부하시고, 진정한 목적과 내용은 외면한 채로 모든 문제를 해결하라고 아우성치는 거짓과 기만에 붙잡힌 것들을 거부하십니다. 그래서 어떻게 됩니까? 하나님의 일이 한개뿐인 정황과 조건 속에서 이루어지는 것을 감수하십니다.

'내게 절하면 천하 만물을 주겠다'라는 사탄의 제안을 다만 거부하는 정도에 그친 것이 아니라, 그렇게 도전하고 위협하는 존재를 놔 둔 채, 그 조건과 정황 속에서 아버지의 일을 하십니다. 여러 가지 시험을 다 받으시고 고난을 당하십니다. 예수에게 와서 죽이겠다고 덤비고, 조롱하고, 기어코 예수를 팔아넘겨 채찍질하고 놀리고 십자가에 달아매는 세상에서 말입니다. 그 모든 것이 다만 해결되는 것으로 끝나지 않고 우리의 상상을 벗어난 더 놀라운 일로 하나님이 예수 안에서 증언하셨습니다. 이 일은 그 모든 것보다 크고 그 모든 것에 답하는 것으로도 답할 수 없는 일입니다. 하나님이 우리 인생에서 지금도 그 일을 하고 계십니다.

그런데 우리의 기도는 어떻습니까? "하나님, 괜히 저 같은 것 때문에 고생하지 마세요. 물론 저도 고생시키지 말아 주시고요." 이런 기도 말고 해 본 기도가 무엇입니까? 우리가 나라를 위해서 기도하는 이유가 무엇입니까? 사실 나라를 위해 기도할 틈이 없어야 정상입니다. 그런데 실제적 신앙생활에 직면하지 않으니 무슨 기도를 해야 하는지도 모르고 삽니다. 어쩌면 우리 마음 하나 편하려고 나라를 위해 기도하는지도 모릅니다. 우리의 현실을 직면하지 못하고 어물어물 넘어가느라 체념하며 사는 거죠. 하나님이 일하신다는 걸 안 믿는 것입니다. '하나님, 너무 힘듭니다. 하나님이 원망스럽습니다. 하나님은 대체 뭐 하시는 것입니까? 제 기도를 듣기만 하시고 맙니다. 제 기도 암만 들어야 소용없습니다. 그러실 거면 차라리 관두세요." 그렇게 기도하고 나서는 그래도 또 아예 그만둘 수는 없어서 기껏 이제 나라가 좀 안정되기를 기도합니다. 비도 좀 그만 오게 해 달라는 기도만 읊조릴 뿐입니다. 이런 우리를 향해 하나님은 말씀하십니다. "너희가 이스라엘 백성처럼 겨우 그 정도에서 헤매고 있으니 가나안에 못 들어가고 거기서 다 죽은 것이다. 정신 차려라. 하나님이 지금 네 인생에 일하고 있다."

믿음은 무엇이라고 했습니까? 은혜는 우리를 어디로 이끈다고 했습니까? 책임으로 가게 합니다. 하나님이 도전해 오시는 "너는 어떤 존재냐? 너는 무엇으로 만족할래? 네 가치는 어디까지냐? 네 기대는 무엇이냐? 네가 소원하는 것과 내가 너를 통해 이루려는 것의 차이가 무엇이냐?"라는 물음에 대해 우리는 "하나님, 저 죽을 것 같습니다"라며 엄살 부리기 일쑤입니다. "너희는 아느냐. 내 아들을 내가 못 박

왔다. 나와 너희 중에 누가 더 진정성을 가진 것 같으냐? 억울한 것으로 치면 누가 더 억울할 게 많을 것 같으냐? 내가 너희에게 언제 대가를 요구한 적 있더냐? 다 너 훌륭해지라고 이러는 것이다. 나는 이 일을 절대 타협하지 않는다. 아직도 모르겠느냐. 너 죽어 볼래? 너는 죽고 싶어도 맘대로 죽지 못하는 존재다. 기억해라." 이런 하나님의 진심을 기억하십시오.

그래서 우리가 예수를 믿습니다. 이는 우리의 자랑이자 명예입니다. 이 자리를 바로 이해하지 못하면, 우리는 실제로 신앙생활을 할 수도 없고, 평안한 얼굴을 만들 다른 방법이 없습니다. 그건 우리에게 손해입니다. 자신의 인생을 살아 내지 못하는 아무것도 아닌 존재가 됩니다. 그런 망신일랑 당하지 말고, 주어진 위대한 인생을 사는 하나님의 자녀가 되십시오.

기 도

하나님 아버지, 우리가 가져야 할 건 믿음입니다. 하나님이 우리에게 모든 것을 주셨다는 사실과 지금 일하고 계시다는 사실 속에서 하나님의 자녀답게 선택하고 순종하게 하옵소서. 혹 실패하는 날이 있더라도 다음에는 더욱 나아져 가게 하옵소서. 우리의 실패가, 우리의 타협이 그것으로 끝나지 않게 하시는 하나님의 일하심을 믿습니다. 그러니 다시 힘내어 살아 가게 하시고 승리하도록 붙들어 주시옵소서. 예수님 이름으로 기도합니다. 아멘.

7.
우리가 저 안식에
들어가기를 힘쓸지니

······ 9 그런즉 안식할 때가 하나님의 백성에게 남아 있도다 10 이미 그의 안식에 들어간 자는 하나님이 자기의 일을 쉬심과 같이 그도 자기의 일을 쉬느니라 11 그러므로 우리가 저 안식에 들어가기를 힘쓸지니 이는 누구든지 저 순종하지 아니하는 본에 빠지지 않게 하려 함이라 12 하나님의 말씀은 살아 있고 활력이 있어 좌우에 날선 어떤 검보다도 예리하여 혼과 영과 및 관절과 골수를 찔러 쪼개기까지 하며 또 마음의 생각과 뜻을 판단하나니 13 지으신 것이 하나도 그 앞에 나타나지 않음이 없고 우리의 결산을 받으실 이의 눈 앞에 만물이 벌거벗은 것 같이 드러나느니라 (히 4:1-13)

순종과 믿음

히브리서는 초대교회의 박해기에 어려움을 겪고 있는 성도들에게 보
낸 편지입니다. 정치적 위협과 사회적 위협, 게다가 동족 유대인들에
게조차 핍박을 받는 현실이 너무 힘들어 신앙의 침체 속에 빠진 성
도들을 격려하기 위해 편지를 보낸 것입니다. 이 편지에 담긴 격려는
'고난은 당연한 것이다. 그러니 잘 견뎌야 한다' 하는 데에 초점이 맞
춰져 있습니다. 본문 바로 앞에 있는 3장 17절 이하의 말씀을 보면 이
렇습니다.

> 또 하나님이 사십 년 동안 누구에게 노하셨느냐 그들의 시체가 광야
> 에 엎드러진 범죄한 자들에게가 아니냐 또 하나님이 누구에게 맹세
> 하사 그의 안식에 들어오지 못하리라 하셨느냐 곧 순종하지 아니하
> 던 자들에게가 아니냐 이로 보건대 그들이 믿지 아니하므로 능히 들
> 어가지 못한 것이라 (히 3:17-19)

출애굽 한 이스라엘 백성은 가나안 땅에 들어가는 일에 실패하여 하
나님의 진노를 받아 광야에서 죽어 나갔습니다. 그들이 순종하지 않
았기 때문입니다. 본문 7절에서는 '오늘 너희가 그의 음성을 듣거든
광야에서 시험하던 날에 거역하던 것 같이 너희 마음을 완고하게 하
지 말라'라고 권면합니다.

   방금 전에 읽은 19절 말씀 "이로 보건대 그들이 믿지 아니하므로
능히 들어가지 못한 것이라"에서도 보듯, 성경은 순종을 믿음과 결부

하여 언급합니다. 또한 본문에서도 "그러므로 우리는 두려워할지니 그의 안식에 들어갈 약속이 남아 있을지라도 너희 중에는 혹 이르지 못할 자가 있을까 함이라 그들과 같이 우리도 복음 전함을 받은 자이나 들은 바 그 말씀이 그들에게 유익하지 못한 것은 듣는 자가 믿음과 결부시키지 아니함이라"(히 4:1-2)라는 말씀을 보면, 순종은 믿음과 긴밀한 관계가 있다고 생각합니다.

　얼핏 생각하기에 순종은 시키는 대로 그저 순순히 따르면 되는 것 같지만, 믿음은 개념에서부터 책임의 요소가 강하게 느껴집니다. 예수 믿는 사람들을 가리킬 때에도 그냥 '믿는 사람들'이라고 지칭하지, '예수에게서 은혜받은 사람들'이라고 표현하지는 않습니다. '예수 믿는 사람'이라는 말과 '은혜받은 사람'이라는 말은 분명 그 내용에 차이가 있습니다. 그렇다고 구원을 얻는 일에 믿음이 조건으로 작용한다거나 우리가 구원을 선택할 수 있다는 의미는 아닙니다. 구원은 하나님의 은혜로 받았다는 사실을 성경이 이야기하고 우리도 알고 있습니다. 그러나 '은혜로 구원을 얻었다'라는 말은 믿음을 설명하려고 동원한 말이지, 하나님 앞에 구원받은 사람들을 이야기할 때는 '은혜를 입었다'라는 표현보다는 언제나 믿음이라는 단어를 앞세웁니다. 물론 믿음에는 은혜의 요소가 있지만, 책임의 요소 역시 있습니다. 말하자면 은혜는 우리를 책임으로 이끕니다.

　책임은 구원받는 조건이 아니고 구원의 목적입니다. 그러니 출애굽 사건을 논할 때에 이 점을 주의해야 합니다. 출애굽은 구원의 완성이 아니라 시작이며, 가나안에 들어가는 것이 구원의 완성입니다. 그러면 '가나안에 들어가지 못하고 중간에 광야에서 죽으면 지옥에 가는

가?' 하고 물을 수 있겠지만, 이런 이야기를 하려고 꺼낸 말이 아닙니다. 구원의 목적이 가나안에 들어가는 데에 있음을 말하고 싶었습니다. 이것이 바로 구원의 완성입니다. 히브리서 4장에서는 이를 '안식에 들어간다'라고 표현합니다. '너희는 안식에 들어갈 약속이 남아 있는 도상에 있다. 그러니 순종해라. 구원이 완성되는 자리까지 자라 가라'라고 권면합니다.

창조와 구원

이제 출애굽 사건을 하나님의 창조와 연결하여 생각해 봅시다. 본문에도 등장하듯이, 하나님은 엿새 동안 천지를 창조하시고 제칠 일에 안식하셨습니다. 창조를 이루시고 안식의 자리에 들어가신 것입니다. 그런데 이스라엘 백성은 출애굽 하여 구원을 얻었으나, 안식의 자리에는 들어가지 못했습니다. 성경은 그들이 안식에 들어가지 못한 이유를 불순종이라고 지적합니다. 그렇다면, 이런 질문이 등장합니다. '구원이 불완전한 상태로 끝날 수 있는가?' 그럴 수 없습니다. 하나님이 안식하셨으므로 우리에게 주시려는 안식도 취소되지 않습니다. 그러면 이스라엘 백성이 가나안에 들어가지 못한 것을 어떻게 이해해야 하는가 하는 문제가 남습니다.

구원을 이루시는 일에 하나님이 모세를 세우시고 열 가지 재앙으로 바로를 꺾으시고 홍해를 가르시고 반석을 깨트려 물을 내시고 만나와 메추라기를 먹이시며 구름기둥과 불기둥으로 인도하셨습니다.

하나님이 다 하셨습니다. 그런데 특이하게도 가나안에 들어가는 일만은 백성들의 선택에 맡기셨습니다.

하나님은 안식하고 계십니다. 창조를 이루셨고, 당신의 아들을 보내어 구원을 이루셨습니다. 그 아들이 우리를 위하여 십자가를 지고 부활하셨습니다. 그런데 희한하게도 순종과 책임이라는 역할은 우리에게 남겨 두셨습니다. 순종은 시키는 대로 따르면 그만인 것, 책임은 선택하여 맡으면 되는 것 같은 종교적 윤리나 명분이 아니라 우리 인생과 인류 역사에 반복하여 나타나는 하나님의 구원 사역에서 우리에게 요구하시는 것이 순종이며 책임이라고 성경은 이야기합니다.

우리 인생에서 보다시피 신자의 인생에서 반드시 겪게 되는 과정은 무엇일까요? 구원은 받았으나 안식에는 이르지 못한 현실입니다. 하나님이 우리 인생에 고난을 두신 이유를 성경이 푸는 대로 이해하지 못하면, 사실상 우리는 신앙 인생을 살아 내지 못합니다. 체념하고 변명하거나 외면하고 얼버무리고 말 것입니다. 히브리서는 지금 여기를 찌르고 있습니다. 본문의 결론에 해당하는 12절과 13절에서는 하나님의 말씀은 어떤 검보다도 예리하여 우리의 생각을 찌르고 쪼개며 판단하신다고 합니다. 함께 읽어 봅시다.

하나님의 말씀은 살아 있고 활력이 있어 좌우에 날선 어떤 검보다도 예리하여 혼과 영과 및 관절과 골수를 찔러 쪼개기까지 하며 또 마음의 생각과 뜻을 판단하나니 지으신 것이 하나도 그 앞에 나타나지 않음이 없고 우리의 결산을 받으실 이의 눈 앞에 만물이 벌거벗은 것 같이 드러나느니라 (히 4:12-13)

구원받은 삶에서 고난을 이해하여 살아 내지 못하고, 변명하고 타협하고 외면하고 책임을 집어던지는 것은 하나님을 속이며 하나님의 뜻을 벗어나는 일이다, 그러니 고난을 제대로 살아 내라, 순종해라, 책임을 져라, 이렇게 말씀합니다. 순종하고 책임을 지는 일이 얼마나 어려운가는 우리가 매일 드리는 기도만 봐도 알 수 있습니다. "하나님, 제 뜻대로 마시고 주의 뜻을 이루시옵소서. 만일 주께서 원하지 않으시는 길을 제가 가려고 하거든 제 다리몽둥이를 부러뜨려 주옵소서." 그런데 하나님은 이런 기도에는 응답해 주지 않으십니다. 우리가 몰라서 잘못 가는 것뿐만 아니라, 알면서도 바르게 행하지 못하고 실패를 반복합니다. 그러다가 결국 우리는 하나님에게 원망을 던집니다. 이것이 신앙 현실입니다. "하나님, 왜 이런 인생을 살게 하십니까?" 하나님은 그런 인생을 우리에게 살아 보라고 하십니다. 여기에 고난의 신비가 있습니다.

순종할 수 있는 구체적 존재

순종이나 믿음은 현실적이고 구체적인 고난 속에 우리를 몰아넣으시는 하나님이 이를 통해 당신의 구원을 완성하시는 방법이라고 이해해야 합니다. 그러니 체념하며 원망하느라 망연자실하는 삶이 답이 될 리 없습니다. 성경은 이에 대해 어떻게 답했는지 찾아봅시다. 순종과 책임은 우리에게 어떤 의미이고, 어떤 요구사항인가를 마태복음 7장에서 확인해 봅시다.

거짓 선지자들을 삼가라 양의 옷을 입고 너희에게 나아오나 속에는
노략질하는 이리라 그들의 열매로 그들을 알지니 가시나무에서 포
도를, 또는 엉겅퀴에서 무화과를 따겠느냐 이와 같이 좋은 나무마다
아름다운 열매를 맺고 못된 나무가 나쁜 열매를 맺나니 좋은 나무
가 나쁜 열매를 맺을 수 없고 못된 나무가 아름다운 열매를 맺을 수
없느니라 아름다운 열매를 맺지 아니하는 나무마다 찍혀 불에 던져
지느니라 이러므로 그의 열매로 그들을 알리라 나더러 주여 주여 하
는 자마다 다 천국에 들어갈 것이 아니요 다만 하늘에 계신 내 아버
지의 뜻대로 행하는 자라야 들어가리라 그 날에 많은 사람이 나더
러 이르되 주여 주여 우리가 주의 이름으로 선지자 노릇하며 주의
이름으로 귀신을 쫓아 내며 주의 이름으로 많은 권능을 행하지 아니
하였나이까 하리니 그때에 내가 그들에게 밝히 말하되 내가 너희를
도무지 알지 못하니 불법을 행하는 자들아 내게서 떠나가라 하리라

(마 7 : 15-23)

사람들이 "주여, 주여"를 부르며, 주의 이름으로 선지자 노릇을 하고,
주의 이름으로 귀신을 쫓아내는 큰일을 이뤄 냈음에도 예수님은 "내
가 너희를 도무지 알지 못한다"라고 말씀하실 수 있다고 합니다. 앞
뒤 문맥을 살펴볼까요. 무슨 이야기 중에 나온 말씀입니까? 어떤 나
무가 좋은 나무이고, 어떤 나무가 못된 나무인가를 이야기하다가 나
온 말씀입니다. 좋은 나무와 못된 나무는 무엇으로 알 수 있다고 합니
까? 그 열매로 알 수 있다고 합니다. 좋은 나무가 아름다운 열매를 맺
고 못된 나무가 나쁜 열매를 맺습니다. 여기서 열매는 나무의 속성을

비교하게 하는 시금석일 뿐, 본질은 아닙니다.

　이 비유에서 중요한 대목입니다. 선지자가 아니어도 선지자 노릇을 할 수 있으나 그가 선지자다운가는 다른 문제라는 것입니다. 순종은 윤리이고 명분이라서 신자에게 요구되는 것이 아닙니다. 순종할 수 있는 구체적 존재가 되라는 것입니다. 인간이라는 존재의 위상과 경지와 속성이 기꺼이 순종을 해내는 실체로서의 믿음을 요구하고 있습니다. 그러니 순종은 구호나 강요나 명분으로 행해질 수 있는 것이 아닙니다. 자신이 만들어 내야 하는 것인데, 순종을 만들어 낼 수 있으려면 우선 자신이 커야 합니다. 순종은 법칙이나 수단이 아니기 때문입니다. 우리 자신이 기꺼이 순종할 수 있는 실력을 갖추도록 내가 성장하기를 바라서 요구되는 주님의 명령인 것입니다.

열매가 아니라 존재

군대에 가면 가장 많이 요구되는 것이 충성입니다. 시키는 대로 하라는 것이죠. 부대마다 구호가 다를 수 있지만, 대개 경례와 함께 '충성!'이라는 구호를 붙입니다. 무엇에 대한 충성일까요? 당연히 나라에 대한 충성입니다. 국토방위를 맡고 있기에 나라에 충성해야 합니다. 그런데 충성에는 조건이 있습니다. 그것은 충성을 맹세하는 자가 실력을 갖추고 있어야 한다는 점입니다. 어리바리한 허깨비 같은 사람들이 아무리 "충성! 충성!"을 외쳐 봤자 별 소용이 없습니다. "충성!"이라고 외치는 자가 국방의 주요한 부분을 감당할 수 있는 자라야 충성이 의미 있습니다.

하나님이 이스라엘 백성을 애굽에서 꺼낸 다음 가나안으로 들어가는 일에 그들의 결단이나 책임을 요구하신 이유가 무엇일까요? 왜 하나님은 바로를 깨고 홍해를 갈라 이스라엘 백성을 강권했던 방법으로 그들을 가나안에 집어넣지 않으셨을까요? 가나안은 다만 지리적 목적지가 아니라, 실력을 갖추어야 이를 수 있는 곳이라고 성경은 말하고 싶은 것입니다. 실력을 갖춘 자가 되어야 들어갈 수 있는 문제 즉 아름다운 열매를 맺기 위해 먼저 좋은 나무가 되어야 하는 문제입니다. 이는 다만 열매를 많이 맺는 실천에 관한 싸움이거나 명분에 관한 싸움이 아니라, 우리 존재 자체 즉 우리 자신이 목적인 것입니다. 구원의 목적은 그런 열매를 만들어 낼 수 있고 그런 책임을 질 수 있는 우리 자신입니다. 이 일을 이루기 위하여 하나님은 우리의 수많은 시행착오를 기다려 주십니다. 반복되는 실패에도 불구하고 될 때까지 시간을 주십니다.

이런 역사를 요셉에게서 발견합니다. 요셉은 형들의 미움을 받아 애굽으로 팔려 갑니다. 거기서 종노릇하다가 옥에 갇히기까지 했으나 마침내 총리가 됩니다. 잘못 이해하면 요셉을 입지전적 인물로 착각할 위험이 있습니다. 그러나 요셉은 결단코 그런 성공 신화의 주인공으로 등장한 것이 아닙니다. 요셉이 걸은 길이 우리의 기대와 얼마나 다른 길이었는지를 성경에서 확인한 바 있습니다. 시편 105편에 요셉을 묘사한 대목이 나옵니다. "그가 한 사람을 앞서 보내셨음이여 요셉이 종으로 팔렸도다 그의 발은 차꼬를 차고 그의 몸은 쇠사슬에 매였으니 곧 여호와의 말씀이 응할 때까지라 그의 말씀이 그를 단련하였도다"(시 105:17-19).

대개 우리는 현실을 인과법칙으로 이해하는 편이라서 요셉의 성공은 그에게 남다른 조건이나 자격이 있었기 때문이라고 결론짓습니다. "곧 여호와의 말씀이 응할 때까지라 그의 말씀이 그를 단련하였도다"(시 105:19)라는 말씀을 '요셉은 고난 중에도 말씀을 붙들며 믿음을 지켰다'라고 해석해 버리는 것입니다. 이는 요셉의 실상과 전혀 거리가 먼 생각입니다.

요셉은 자신의 현실과 인생에 대하여 넋이 빠져 있었습니다. 그런데 느닷없이 총리가 됩니다. 총리에 오른 요셉은 자기 가족을 구하고 애굽을 구하고 세상까지 구합니다. 자기를 팔아넘긴 형들이 마침내 자기에게 무릎 꿇고 절하는 자리까지 이릅니다. 그때 깨닫습니다. 자기 인생이 운명의 장난에 휘둘렸던 것이 아니라, 하나님이 준비하시고 간섭하신 생애였음을 말입니다. 어떻게 알게 되었을까요? 요셉이 어렸을 때 꾼 꿈을 통하여 알게 됩니다. 형들이 거둔 곡식단들이 자기한테 절하는 꿈을 꿨는데, 그때는 무슨 꿈인지도 모르고 그냥 개꿈 같아서 형들 앞에서 이야기했죠. 형들은 안 그래도 아버지의 사랑을 독차지한 꼴 보기 싫은 놈이 그런 꿈까지 자랑하듯 떠벌려 대니 얼마나 미웠겠습니까? 그래서 요셉을 죽이려 들었죠. 그는 형들에 의해 팔려 억울하게 옥에 갇힙니다. 그것도 가장 혹독한 옥에 갇혀 쇠사슬에 묶이는 자리까지 내려갑니다.

요셉은 자기 인생을 이해할 수 없었을 것입니다. 그런데 성경은 그 이해할 수 없는 인생이 하나님이 그를 단련하고 붙드셨기 때문이라고 말씀합니다. 나중에 형들이 와서 자기에게 절하는 모습을 보고 깨닫습니다. 이 모든 일의 배후에 하나님이 계셨음을 깨달은 요셉은 이런 말로 형들을 안심시킵니다. "형님들, 두려워하지 마십시오. 이곳에 나를 보낸 것은 형님들이 아니라 하나님이십니다. 우리 가족을 구하고 세상을 구한 것은 하나님의 일하심 때문이었습니다. 나는 내 존재와 생애를 이제야 이해하게 되었습니다. 하나님이 나를 창조와 구원 역사에 동역자로 동참하게 해 주셨다는 것을 이제 알게 됐습니다." 바로 여기에 순종과 책임이 신자 된 속성과 본질로 작용하는 것을 보여 주는 역사적 증거가 있습니다. 여기서 '아멘' 안 하면 대체 어디서 '아멘' 하실 겁니까? '그런 건 아무래도 좋다. 그냥 하루만 편하게 살게 해 주십시오'와 바꿔 먹겠다는 생각입니까?

연합과 순종

성경은 예수님에 대해서도 순종이라는 단어로 설명합니다. 히브리서 5장 8절 이하의 말씀은 꼭 기억해야 할 구절입니다. '그가 아들이시면서도 받으신 고난으로 순종함을 배워서 온전하게 되셨은즉'입니다. 왜 고난을 받으셔야 했고 이 고난으로 순종을 배우셔야 했을까요? 고난으로 순종을 배워 온전하게 되셨다는 말은 무슨 뜻일까요? 예수님마저도 친히 걸어야 했고 또 걸으신 길이니 당연히 우리에게도 요구되는 고난이며 순종의 길일 것입니다. 요한복음 17장으로 가 봅시다.

아버지여, 아버지께서 내 안에, 내가 아버지 안에 있는 것 같이 그들
도 다 하나가 되어 우리 안에 있게 하사 세상으로 아버지께서 나를
보내신 것을 믿게 하옵소서 내게 주신 영광을 내가 그들에게 주었사
오니 이는 우리가 하나가 된 것 같이 그들도 하나가 되게 하려 함이
니이다 곧 내가 그들 안에 있고 아버지께서 내 안에 계시어 그들로
온전함을 이루어 하나가 되게 하려 함은 아버지께서 나를 보내신 것
과 또 나를 사랑하심 같이 그들도 사랑하신 것을 세상으로 알게 하
려 함이로소이다 (요 17:21-23)

성부 하나님과 긴밀한 연합 가운데에 계신 성자 하나님, 곧 예수께서
하나님을 외면하고 도망간 우리를 찾으러 오셨습니다. 그분의 찾아
오심은 우리에게 구원을 베풀고 다만 천국을 보내 주고 마는 정도가
아닙니다. 성부 하나님과 성자 하나님이 하나인 것 같이, 가장 긴밀한
연합으로 우리 또한 부르고 계십니다. 여기서 하나라는 것은 가장 긴
밀한 연합을 의미합니다. 그러니까 예수님의 성육신은 하나님이 우리
의 형편과 자리에 찾아오셔서 더 이상 우리가 혼자가 아니며, 우리가
있는 자리는 하나님이 늘 함께하신다는 것을 증명해 줍니다. 말도 안
되는 자리까지 오셨습니다. 우리를 위해 십자가까지 지셨으니 말입니
다.

　우리가 잘못을 저지를 때마다 하나님도 나를 외면하실 거라고 생
각하는 것은 십자가를 부인하는 것과 같습니다. '예수님은 십자가
를 지실 필요가 없었다'라고 이야기하는 것은 하나님과 함께하지 않
는 경우를 우리가 만들어 낼 수 있다는 의미입니다. 그런 경우란 없습

니다. 그런 장소도, 그런 시간도 없습니다. 모세가 하나님에게 제기했던 반문을 기억하십니까? "하나님, 당신은 누구십니까? 지난 사십 년 동안 뭐하고 계시다가 이제 나타나셨습니까?" 하나님이 말씀하셨죠. "나는 스스로 있는 자다." 전에 이 말을 이렇게 풀어 드린 적이 있습니다. '나는 하나님이기를 중단한 적이 없다. 네가 혼자 있던 시간은 없었다. 죽어나고 잊혔다고 생각했던 날들이 너를 만들고 있었다.'

모세도 요셉도 자기 인생을 이해할 길이 없었을 것입니다. 선택의 여지가 없는 길로 붙들려 왔으니 말입니다. 그러나 그 길은 모두를 구원한 최고의 시간이었습니다. 예수님은 자발적으로 오셨습니다. 성부 하나님과 성자 하나님이 하나인 것 같이, 우리와 하나가 되려고 찾아오신 것입니다. 이런 표현이 어떨지 모르겠지만, 말하자면 하나님은 우리에게 순종하신 것입니다. 세상에서는 낮은 자가 높은 자에게 순종하지만, 성경에서 말하는 순종은 사랑하는 자가 그 사랑하는 대상에게 하는 것입니다. 하나님은 우리가 있는 자리라면 어디까지나 내려오셔서 우리에게 마음을 달라고 하십니다. 그리고 우리에게도 순종을 요구하십니다. 이 순종은 구호나 명분이나 수단이 아닙니다. 우리와 이심전심이신 하나님이 사랑과 창조와 부활의 자리로, 아니 사랑하는 아들을 통해 부른 이 자리로 오라고 하신 초대인 것입니다.

진정성과 순종

책임이란 우리 편에서는 조건이고 수단이지만, 하나님 편에서는 우리

를 향해 가지신 목적입니다. 그러니 스스로를 돌아보십시오. 지금 우
리는 히브리서 3장과 4장에 걸쳐 순종에 관한 경고를 내내 듣는 중입
니다. "오늘 너희가 주의 음성을 듣거든 너희 선조들이 므리바에서 한
것 같이 완악한 마음을 가지고 거역하지 마라. 그들은 그렇게 하는 바
람에 광야에서 다 죽어 나갔다. 누가 죽었느냐? 애굽에서 나온 자들
이 다 거기서 죽었다. 너희는 그러지 마라." 이 구절들만 보면, 굉장히
무서운 경고 같습니다. 그러나 그렇지 않습니다. 히브리서 3장과 4장
이 여러 번 반복해서 인용한 시편 95편을 봅시다.

> 너희는 므리바에서와 같이 또 광야의 맛사에서 지냈던 날과 같이 너
> 희 마음을 완악하게 하지 말지어다 그 때에 너희 조상들이 내가 행
> 한 일을 보고서도 나를 시험하고 조사하였도다 내가 사십 년 동안
> 그 세대로 말미암아 근심하여 이르기를 그들은 마음이 미혹된 백성
> 이라 내 길을 알지 못한다 하였도다 그러므로 내가 노하여 맹세하기
> 를 그들은 내 안식에 들어오지 못하리라 하였도다 (시 95:8-11)

이 말씀이 무섭게 들립니까? 언뜻 읽으면, '너희 말 안 들으면 죽여
버릴 수 있다'라는 경고 같습니다. 그러나 95편은 그런 시가 아닙니
다. 1절부터 보면 알게 됩니다.

> 오라 우리가 여호와께 노래하며 우리의 구원의 반석을 향하여 즐거
> 이 외치자 우리가 감사함으로 그 앞에 나아가며 시를 지어 즐거이 그
> 를 노래하자 여호와는 크신 하나님이시요 모든 신들보다 크신 왕이

시기 때문이로다 땅의 깊은 곳이 그의 손 안에 있으며 산들의 높은
곳도 그의 것이로다 바다도 그의 것이라 그가 만드셨고 육지도 그의
손이 지으셨도다 오라 우리가 굽혀 경배하며 우리를 지으신 여호와
앞에 무릎을 꿇자 그는 우리의 하나님이시요 우리는 그가 기르시는
백성이며 그의 손이 돌보시는 양이기 때문이라 (시 95:1-7 중)

그러니 너희는 오늘 그의 음성을 듣거든 거역하지 마라, 이런 맥락에
서 이어진 경고입니다. 하나님이 우리를 향하여 가지신 진정성이 느
껴집니까? 우리가 겪는 고난 속에서 하나님이 무엇을 만들고자 하시
는지 짐작됩니까? 하나님은 홀로 다 하실 수 있는 분이지만, 그렇다
고 우리를 조종하거나 강제로 굴복시키려 하지 않으십니다. "내가 너
희를 사랑하고 너희에게 순종한 것처럼 너희도 나에게 마음을 다오.
우리 같이 가 보자. 될 때까지 가자. 너희 잘못이 그것으로 끝이 아니
다. 나는 너희 하나님이고 너희는 내 사랑하는 자녀다. 내가 어찌 너
희를 포기하겠느냐? 나는 타협하거나 체념하거나 외면할 수 없다. 너
희도 그렇다." 이런 하나님의 초청이 들립니까? 여러분의 고난에 찬
인생을 하나님의 목적을 이루어 내는 기회로 여기고, 하루만큼 커 가
는 나날이 되기 바랍니다.

기 도

하나님 아버지, 은혜를 감사합니다. 우리는 하나님의 백성이며, 하나님은 창
조주요 구원자요 우리를 사랑하는 아버지이십니다. 하나님은 우리에게 명예

를 허락하시며 우리의 위대한 반응을 요구하십니다. 그 사랑을 받은 줄 아는 인생으로 살게 하사 우리로 하나님의 거룩함에 담대히 참여하게 하여 주옵소서. 매일 한 걸음씩 나아가게 하여 주옵소서. 예수님 이름으로 기도합니다. 아멘.

8.
우리에게 큰 대제사장이 있으니

14 그러므로 우리에게 큰 대제사장이 계시니 승천하신 이 곧 하나님의 아들 예수시라 우리가 믿는 도리를 굳게 잡을지어다 15 우리에게 있는 대제사장은 우리의 연약함을 동정하지 못하실 이가 아니요 모든 일에 우리와 똑같이 시험을 받으신 이로되 죄는 없으시니라 16 그러므로 우리는 긍휼하심을 받고 때를 따라 돕는 은혜를 얻기 위하여 은혜의 보좌 앞에 담대히 나아갈 것이니라 ······ 5 : 7 그는 육체에 계실 때에 자기를 죽음에서 능히 구원하실 이에게 심한 통곡과 눈물로 간구와 소원을 올렸고 그의 경건하심으로 말미암아 들으심을 얻었느니라 8 그가 아들이시면서도 받으신 고난으로 순종함을 배워서 9 온전하게 되셨은즉 자기에게 순종하는 모든 자에게 영원한 구원의 근원이 되시고 ······ (히 4:14-5:11)

나를 따르라

히브리서는 구원받은 초대교회 성도들이 처한 현실을 다룹니다. 이들이 고난 속에 있는데, 이 고난은 필요한 것이라고 이야기합니다. 본문 말씀을 보면, 우리의 대제사장이신 예수님은 하나님의 아들이시면서도 받으신 고난으로 순종함을 배워서 온전하게 되셨다고 합니다. 고난으로 순종을 배웠고, 그 순종으로 온전하게 되신 것입니다.

지난 장에서도 출애굽 사건을 상기해 보았지만, 하나님은 애굽에서 노예로 살던 이스라엘 백성에게 모세를 보내어 열 가지 재앙을 내리고 홍해를 갈라 그들을 구원하십니다. 또한 구름기둥과 불기둥으로 인도하시고 만나와 메추라기를 주시며 반석에서 샘물을 내 주셨습니다. 이처럼 하나님이 하실 일은 다 하셨습니다. 그런데 가나안에 들어가는 일만은 하나님이 대신 해 주지 않으시고 이스라엘 백성이 선택하고 순종해야 했습니다. 우리는 이스라엘 백성들을 보며 '쉬워 보이는데, 그들은 왜 순종하지 못했을까?'라고 생각하지만, 그렇게 간단한 문제가 아닙니다. 더 나은 길을 알고 항복해야 하는 문제인데, 거기까지는 우리가 다 알지 못합니다. 우리 인생에서도 무엇이 나은 길인지, 무엇이 가치 있는지를 아는 데에 한평생이 걸리는 것과 같습니다.

본문 말씀에서는 예수님의 대제사장적 사역을 언급합니다. 예수님은 구원을 이루실 때에 기적을 베푸시듯 단번에 결과물을 우리에게 던져 주신 것이 아닙니다. 긴 시간에 걸쳐 예수님 당신이 친히 빚어내시는 작품으로 우리에게 구원을 허락하셨습니다. 우리에게 주신 구원도 그 구원이 목적하는 바를 이루기 위한 시작이라고 예수님의 대제사장 직무는 이야기해 줍니다. 예수님은 십자가를 지실 때뿐만 아니라, 승천하여 하늘 보좌 우편에 계신 지금도 우리를 위하여 기도하고 계십니다. 이 사역을 본문에서는 '그가 아들이시면서도 받으신 고난으로 순종함을 배워서 온전하게 되셨은즉 자기에게 순종하는 모든 자에게 영원한 구원의 근원이 되'셨다고 말씀합니다. 그러니 여기 나온 순종은 쉽게 선택하는 정도의 덕목이 아닙니다. 선택보다 더 큰 내용이 있다는 것인데, 순종을 이해하려면 먼저 고난에 대해 이해해야 합니다. 고난은 단지 고통에 불과한 것이 아닙니다. 이를 잘 드러내는 말씀을 함께 찾아봅시다.

마태복음 16장으로 가면, 예수님이 베드로의 고백을 듣고 이 고백 위에 교회를 세울 것이라는 영광스러운 약속을 하신 다음 당신의 수난을 예고하시는 장면이 등장합니다. "이제 나는 죽으러 간다. 내가 죽어야 한다"라고 말씀하시자 베드로가 만류합니다.

이 때로부터 예수 그리스도께서 자기가 예루살렘에 올라가 장로들과 대제사장들과 서기관들에게 많은 고난을 받고 죽임을 당하고 제삼일에 살아나야 할 것을 제자들에게 비로소 나타내시니 베드로가 예수를 붙들고 항변하여 이르되 주여 그리 마옵소서 이 일이 결코 주께 미치지 아니하리이다 예수께서 돌이키시며 베드로에게 이르시되 사탄아 내 뒤로 물러 가라 너는 나를 넘어지게 하는 자로다 네가 하나님의 일을 생각하지 아니하고 도리어 사람의 일을 생각하는도다 하시고 이에 예수께서 제자들에게 이르시되 누구든지 나를 따라오려거든 자기를 부인하고 자기 십자가를 지고 나를 따를 것이니라 (마 16:21-24)

예수님 자신이 고난을 받고 죽임을 당하게 될 것이라고 한 선언은 제자들에게 굉장히 충격적이고 모순적으로 들렸을 것입니다. 죽은 자를 살리고 바다를 잠잠케 하고 모든 병자를 고치신 하나님, 인류의 구원을 위하여 오신 메시아가 죽어야 하는 당위성을 그들은 납득하기 어려웠을 것입니다. 이에 우리와 비슷한 성정을 지닌 베드로가 예수님을 말립니다. "그럴 수 없습니다. 주님, 결코 그런 일이 있어서는 안 됩니다. 무슨 위험한 일이 생기면 제가 주를 보호하겠습니다"라는, 사실 인간적인 면에서 볼 때 상당히 의리 있는 발언을 합니다. 그러나 예수님은 베드로를 '사탄'이라고 꾸짖습니다. 여기서 사탄은 단순히 하나님의 일을 반대하고 우리를 괴롭히고 유혹하는 그런 영적인 차원에서 악역을 맡은 것보다 더 큰 차원에서, 하나님이 인류를 향해 가지신 목적을 이룰 수 없도록 타협하게 하는 자를 의미합니다.

그래서 예수님은 베드로를 사탄이라고 꾸짖으신 것입니다. 예수님의 말에 담긴 의미는 무엇일까요? 문둥병을 고치고 귀신을 쫓아내고 물로 포도주를 만드는 기적으로 너희가 최상의 존재가 되는 것이 아니다, 구원은 겨우 그 정도가 아니다, 내가 하려는 일은 너희로 자기를 부인하고 자기 십자가를 지고 나를 따르게 하는 것이다, 라는 말씀입니다.

그런데 우리가 생각하는 자기 부인은 무엇입니까? 자신의 기대치를 좀 낮추고 소원을 내려놓는 정도에 불과합니다. 우리가 늘 하는 기도를 떠올려 보십시오. 자신의 소원을 관철하기 위해 자기가 가진 것을 양보하듯 기도합니다. "하나님, 이번에 제 아들 좋은 대학에 꼭 붙여 주십시오. 그렇게만 해 주신다면 제가 외제 차도 안 뽑고 사치도 안 부리고 평생 죽은 듯이 살겠습니다." 하나님이 이런 기도를 들으시면 뭐라고 하실까요? "내가 너희에게 겨우 그 정도 해 주려고 너희를 만들고 내 아들을 보내어 모욕을 당하게 하고 십자가를 지게 한 것 같으냐? 내가 너희를 구원하기 위하여 한 일을 보면 모르겠느냐. 도대체 구원이 무엇이기에 이렇게 긴 역사와 이 많은 비극 속에 내 아들을 보내어 그 짐을 지게 하고 그 수모와 오해를 받게 했는지 한번 생각해 봐라." 그렇게 말씀하실 것입니다.

하나님은 우리를, 우리가 만들 수 있는 최상이 아니라 하나님이 만드실 수 있는 최상의 존재로 다듬어 가려고 하십니다. 그러니 나를 넘어서야 합니다. 극기나 무아지경에 이르러야 한다든가 완벽히 정의롭고 사심 없는 사람이 되라는 소극적 의미가 아닙니다. 인간의 생각으로는 상상할 수 없는 존귀한 존재, 하나님이 당신의 자녀라고 부르는 영광스러운 존재, 하나님이 사랑하시고 또한 사랑을 요구하시는 존재가 되는 적극적이고 긍정적인 의미의 '자기 부인'입니다. 다만 거짓말 안 하고 욕심 안 내는 것과는 차원이 다른 요구인 것입니다. 우리 각각이 그렇게 되어야 합니다. 명분이자 구호로서가 아니라, 존재 자체가 그렇게 되어야 합니다.

예수는 인간의 몸으로 오셨습니다. 예수의 손바닥에 있는 못 자국에서 알 수 있습니다. 죽음 아래에 사는 육신의 수치와 고통을 몸에 지니신 것입니다. 부활하신 예수님의 옆구리에도 창 자국은 여전히 있습니다. 예수님은 승천하셨으나 인간으로 오신 표징을 영원히 갖기로 하신 것입니다. 굉장하지 않습니까? 예수의 몸에 새겨진 창 자국과 못 자국이 예수에게 흠이 될 수 없는 것처럼, 신자의 자기 부인과

십자가를 지는 과정에서 일어나는 모든 실수와 실패와 눈물과 한숨
도 신자의 인생에 손해가 되지 않는다고 하십니다. 이것이 우리에게
요구되는 '나를 따르라'에 담긴 의미입니다.

위대한 존재

우리는 하나님이 펼치신 모든 권능을 보았습니다. 바로가 깨지고 홍
해가 갈라졌습니다. 만나와 메추라기가 내리고 구름기둥과 불기둥이
나타났습니다. 이스라엘 백성이 애굽에서 나오는 일에 하나님이 하
셔야 할 일은 모두 펼쳐 주셨습니다. 그러나 마음만은 잡아 주지 않으
셨습니다. 그 일은 우리더러 해 보라고 하십니다. 틀리면 꾸중도 듣고
스스로 민망해하기도 하면서 후회하는 경험을 하게 될 것입니다. 갈
라디아서 5장에 가면, 유명한 대조를 확인해 볼 수 있습니다.

내가 이르노니 너희는 성령을 따라 행하라 그리하면 육체의 욕심을
이루지 아니하리라 육체의 소욕은 성령을 거스르고 성령은 육체를
거스르나니 이 둘이 서로 대적함으로 너희가 원하는 것을 하지 못하
게 하려 함이니라 너희가 만일 성령의 인도하시는 바가 되면 율법 아
래에 있지 아니하리라 육체의 일은 분명하니 곧 음행과 더러운 것과
호색과 우상숭배와 주술과 원수 맺는 것과 분쟁과 시기와 분냄과 당
짓는 것과 분열함과 이단과 투기와 술 취함과 방탕함과 또 그와 같은
것들이라 전에 너희에게 경계한 것 같이 경계하노니 이런 일을 하는

자들은 하나님의 나라를 유업으로 받지 못할 것이요 오직 성령의 열매는 사랑과 희락과 화평과 오래 참음과 자비와 양선과 충성과 온유와 절제니 이같은 것을 금지할 법이 없느니라 (갈 5:16-23)

성령을 따르는 삶과 육체를 따르는 삶을 대조하고 있습니다. 바라던 소원이 다 이루어지고, 전부 만족하고, 있는 자존심을 내세웠더니 결국 어떤 열매가 맺히던가요? 나이가 들면 사람은 두 부류로 나뉩니다. 원망하는 자와 감사하는 자입니다. 죽음 앞에 섰을 때, 예수를 믿지 않고는 감사할 수 없습니다. 세상에도 감사하는 자가 있다고요? 아니요. 그들은 감사가 아니라 체념하는 것입니다. '어차피 죽으면 다 없어질 것, 이만하면 됐다'라는 마음에서 그러는 것이지요. 신자가 감사할 수 있는 것은, 나이가 들고 죽음 앞에 서면 하나님이 지금껏 나로 무엇을 만들었는가를 깨닫게 되기 때문입니다. 우리가 상상하지 못했던 인격, 존재, 속성을 만들어 오셨던 것입니다.

이것을 이해하기 쉽게 성경에서는 사랑과 희락과 화평과 오래 참음과 자비와 양선과 충성과 온유와 절제라고 나열해 놓고 있으니 우리에게는 이것들이 마치 명분 같아 보이지만, 사실 성경의 의도는 이런 덕목을 성품으로 지닌 위대한 존재가 되라는 뜻일 겁니다. 그 일이 어떻게 가능할까요? 우리가 생각하기에 이것이 최선이고, 이것만은 꼭 해야 한다는 것의 실체가 무엇인지를 결국에는 마주하게 되기 때문입니다. 그 자랑은 다만 자존심이었고, 경쟁에 불과했고, 상대적 가치밖에 지니지 못해 헛되었음을 깨닫게 됩니다.

그러나 예수 안에서 맺히는 성령의 열매는 정말 값진 것들입니다.

모든 걸 잃어버릴지라도 이것만은 빼앗길 수 없습니다. 그런데 사탄이 밤낮 이것을 두고 타협하라고 합니다. 위협도 하고 미혹하기도 합니다. 그것이 고난입니다. 하나님이 여기에 타협하지 말라고 하시지만, 막상 거룩한 소원을 품고 순종하려고 들면 고난이 덮칩니다. 왜 내가 잘하려고 할 때가 더 어려운가, 그렇다고 누구나 인정해 주는 쉬운 길로 가면 왜 그 결과가 예수 믿는 사람답지 않게 하시는가 하는 물음 속에 내내 붙잡혀 사는 것이 고난입니다. 순종하려면, 결국 육체의 일과 성령의 열매 중 나는 어느 쪽에 속해야 하는지 깨닫고 항복해야 합니다. 그렇지 않으면, 순종은 일어나지 않습니다.

그러니 순종은 일종의 분별이자 안목이고 그것을 행하는 자의 실력이지, 순종했더니 보상으로 가나안에 들어가거나 행복이 주어지거나 하지는 않습니다. 성경은 순종에 대해 무엇이라고 말씀합니까? "너희가 오늘 그의 음성을 듣거든 너희는 므리바에서와 같이 또 광야의 맛사에서 지냈던 날과 같이 너희 마음을 완악하게 하지 말지어다"라고 합니다. 그분을 거절하지 마라, 애굽에서 꺼내어 가나안으로 들여보내려고 너희에게 구원을 주었다, 가나안은 마음의 항복이 있어야 들어갈 수 있는 곳이다, 그러니 너희는 순종하라, 이렇게 말씀하십니다.

고난과 안식

가나안에 들어간다는 것은 히브리서에 나온 표현대로 하면, 안식에 들어간다는 것인데, 이렇게 더 풀어 볼 수 있습니다. 안식은 예수 안에서 약속된 존재로 살아가는 것, 예수에게 항복하리라고 선택하는 것, 그 선택을 기쁜 마음으로 하는 것입니다. 따라서 안식은 순종입니다. 이스라엘 백성들이 그랬듯이, 우리 역시 여러 변명을 늘어놓을 것입니다. 그들은 뭐라고 변명했습니까? 우리도 자주 하는 변명이지요. '이렇게 살 바에야 왜 구원을 주셨나? 애굽에 있던 때가 더 낫지 않았나?' 하나님이 이 과정을 통해 무엇을 만들려고 하시는지 모르니까 자꾸 애굽으로 돌아가자고 하는 것입니다.

히브리서 6장에 가면, '한 번 빛을 받고 하늘의 은사를 맛보고 성령에 참여한 바 되고 하나님의 선한 말씀과 내세의 능력을 맛보고도 타락한 자들은 다시 새롭게 하여 회개하게 할 수 없나니'라는 무서운 경고가 등장하는데, 이 구절은 구원이 취소된다는 이야기가 아닙니다. '나는 궁극적으로 너희를 저곳에 가게 하려고 구원했는데, 뒤로 물러난다는 것이 말이 되느냐?' 이런 이야기입니다. 우리가 가진 소원을 돌아보십시오. 결국 안심 밖에 없습니다. "하나님, 그만 좀 합시다. 뭘 더 원하십니까? 제가 할 일은 다하지 않았습니까?"

하나님은 더 가자고 하십니다. 더 가면 무엇이 있습니까? 고난이 있습니다. 이해되지 않는 고난이 있습니다. "하나님, 왜 이 길을 가야 합니까? 왜 이 고생을 해야 합니까? 나에게 뭘 더 바라십니까?"라는 물음에 하나님은 "그래, 더 바란다. 내가 너희를 구원할 때 내 아들을 보내어 무엇을 이루었나 생각해 봐라"라고 말씀하십니다. 이것이 십자가입니다. 우리는 묻고 싶습니다. "아니, 우리를 구원하는 데 왜 그런 방법을 쓰십니까? 구원을 주시려고 그 많은 기적을 베풀었음에도 왜 사람들에게 채찍으로 맞고, 배신을 당하고, 가시관을 쓰고 십자가에서 죽어야 하는 방법을 쓰십니까?" 그동안 우리는 십자가를 신파적이거나 감정적으로만 생각했을 뿐 그것이 냉정하고 선택의 여지가 없는, 하나님의 진정성이 담긴 방법이라고는 생각해 보지 않았습니다. 우리가 겪는 말이 안 되는 현실이 무엇을 만들어 내기 위하여 주어진 것입니까? 이 현실에서 우리는 무엇을 대면해야 하는 것입니까?

우리 인생에는 성공보다 실패가 많습니다. 하나님은 이 죽을 것 같은 실패가 우리를 만들어 가는 일에 결코 방해나 장애물이 되지 않는다고 말씀하십니다. 잘하면 물론 좋습니다. 그런데 잘못한 것이 잘한 것보다 더 많은 일을 합니다. 그것이 신비입니다. 그러면 잘못해야 잘되느냐? 그렇지는 않습니다. 잘한 건 잘한 것입니다. 잘한 건 명예입니다. 그렇다고 잘못한 사람들을 판단할 필요는 없습니다. 잘못한 것으로 이미 눈물을 흘렸습니다.

예수께서 괜히 피 흘려 죽으신 것이 아닙니다. 그것이 우리에게 양식이 되고 우리 영혼에 진정한 능력이 되듯이, 우리의 고난 역시 이런 가치를 지닙니다. 그래서 여기 나온 경고는 겁을 주기 위한 것이 아닙니다. 너희 핑계 대지 마라, 외면하지 마라, 하나님의 말씀은 좌우에 날 선 검같이 너희 영혼을 찔러 쪼갠다, 너희는 나를 속일 수 없다, 그러니 앞으로 나가라는 격려입니다. 다시 본문으로 돌아와서 예수님의 대제사장직이 얼마나 놀라운 직분인가 확인합시다.

그러므로 우리에게 큰 대제사장이 있으니

> 그러므로 우리가 저 안식에 들어가기를 힘쓸지니 이는 누구든지 저
> 순종하지 아니하는 본에 빠지지 않게 하려 함이라 하나님의 말씀은
> 살아 있고 활력이 있어 좌우에 날선 어떤 검보다도 예리하여 혼과 영
> 과 및 관절과 골수를 찔러 쪼개기까지 하며 또 마음의 생각과 뜻을
> 판단하나니 지으신 것이 하나도 그 앞에 나타나지 않음이 없고 우리
> 의 결산을 받으실 이의 눈 앞에 만물이 벌거벗은 것 같이 드러나느니
> 라 (히 4:11-13)

11절에 나온 '그러므로'는 그 앞에서 "너희들, 내 말 안 들으면 죽어.
하나님은 속지 않아. 그냥 넘어가지 않아"라고 경고한 다음에 등장
한 '그러므로'입니다. '그러므로 이제 말 안 듣는 놈들은 다 죽인다'
가 아니라, '그러므로 우리에게 큰 대제사장이 있다', '그러므로 우리
가 저 안식에 들어가기를 힘쓸지니'에 이어지는 말씀입니다. 그러니
속일 수 없다, 그리고 포기할 수 없다, 하나님은 결코 중단하지 않으
신다, 그러니 가야 한다, 겁을 주려고 하는 말 아니다, 다른 길은 없다,
그렇게 네 인생을 살아라, 예수님이 대제사장으로 지금 보좌 우편에
서 너를 위하여 기도하고 있다, 넌 죽고 싶어도 이제 못 죽는다, 네 인
생은 실패로 끝나지 않는다, 이렇게 말씀하십니다. 마치 하나님이 내
게 큰 잘못이나 한 듯이, 나한테만 너무 많이 요구하시는 것 같은 표
정으로 억울한 하소연을 늘어놓는 것은 기도가 아닙니다. 더 이상 희
망이 없어 보이는 자리에서 기도해야 합니다. "하나님, 맞습니다. 이

것으로 끝일 리 없습니다. 이 정도로 끝날 것이었으면 하나님이 십자가로 구원하시지 않았을 것입니다. 예수님이 피 흘리시지 않았을 것입니다." 그렇게 더 나아가라는 것입니다.

드디어 우리가 진심으로 항복하는 날까지 하나님은 우리를 놓아주지 않으실 것입니다. 놓아줄 것이었다면 예수님이 십자가에 잡히시는 일은 일어나지 않았을 것입니다. 이런 모든 일이 우리에게 만들어 내는 복음은 무엇이며, 구원은 무엇일까요? 복음이란 천국 가는 문제보다 훨씬 큽니다. 하나님은 당신이 목적하시는 자리까지 우리로 자라가게 하는 일을 결코 포기하지 않겠다, 자신이 하나님의 자녀라는 사실에 스스로 항복하고 기뻐하고 자랑하는 자리에 이르기까지 절대 놓아두지 않겠다고 작정하셨다, 이것이 복음입니다. 주께서 모든 시험을 이기고 겟세마네 기도를 통과하여 십자가를 지셨듯이, 우리 역시 지지 않고 이겨서 "맞습니다. 제 인생을 아버지께 바칩니다"라는 결론에 도달하도록 하나님이 우리를 지키실 것이라고 로마서 8장이 말씀합니다.

> 하나님이 미리 아신 자들을 또한 그 아들의 형상을 본받게 하기 위하여 미리 정하셨으니 이는 그로 많은 형제 중에서 맏아들이 되게 하려 하심이니라 또 미리 정하신 그들을 또한 부르시고 부르신 그들을 또한 의롭다 하시고 의롭다 하신 그들을 또한 영화롭게 하셨느니라 (롬 8:29-30)

구원을 시작하셨을 뿐만 아니라, 완성하셔서 우리를 영화롭게 하셨습니다. 예언적 완료입니다. 시간상으로는 아직 일어나지 않았는데, 운명으로는 이미 결론이 났습니다. 그러니 우리는 도망갈 수도 변명할 수도 없습니다. 도망가면 돌아와서 밀린 숙제를 다 해야 합니다. 숙제를 하고 나면 훌륭해집니다. 그래서 이후에 이런 말씀이 나옵니다. 이 말씀 때문에 고난에 찬 현실을 살아 낼 수 있습니다. 죽을 것 같고 이해할 수 없고 실패만 하는 체념과 절망의 공격 아래 있는 우리 인생을 향하여 현실을 살아 내라고 이런 말씀이 주어져 있습니다.

> 그런즉 이 일에 대하여 우리가 무슨 말 하리요 만일 하나님이 우리를 위하시면 누가 우리를 대적하리요 자기 아들을 아끼지 아니하시고 우리 모든 사람을 위하여 내주신 이가 어찌 그 아들과 함께 모든 것을 우리에게 주시지 아니하겠느냐 누가 능히 하나님께서 택하신 자들을 고발하리요 의롭다 하신 이는 하나님이시니 누가 정죄하리요 죽으실 뿐 아니라 다시 살아나신 이는 그리스도 예수시니 그는 하나님 우편에 계신 자요 우리를 위하여 간구하시는 자시니라 (롬 8:31-34)

하나님이 하겠다고 하시면 무엇도 막을 수 없습니다. 우리의 못난 것, 우리의 실패도 이 일을 막을 수 없습니다. 그런데 우리는 이런 말씀을 "은혜가 다 이긴다고 했으니 이제 안심하고 내 멋대로 살아도 된다"라는 식으로 이용합니다. 이 말씀은 '아무리 잘못해도 괜찮다'라는 이야기가 아니라, 하나님이 만들고자 하시는 것을 우리에게서 이루시기까지는 그 일을 쉬지 않을 것이요, 우리를 가만두지도 않겠다는 이야기입니다. 참으로 감사할 일입니다.

우리는 현실의 어려움을 어떻게 이해하고 있습니까? 구원이 무엇이며, 하나님이 나에게 무엇을 목적하고 계시며, 그리고 내 실력은 어느 정도인가를 묶어서 생각해야 합니다. 우리는 어디쯤 와 있을까요? 있어도 그만 없어도 그만인 존재로 살고 있지는 않습니까? "하나님, 제가 뭐 특별히 위인이 될 마음은 없사오니 이 정도에서 봐 주세요. 자존심도 지키고 비명은 지를 일 없는 수준 정도 말입니다" 이렇게 기도하고 있지는 않습니까? 그래도 예수 믿는 게 겨우 이 정도면 스스로 부족하다는 생각에 봉사나 좀 하고, 기회가 있으면 동창에게 '너도 예수 믿어'라고 이야기하는 정도에 머물러 있습니까? 겨우 그 정도를 위해서 하나님이 십자가를 지셨다고 생각합니까? 그렇게 생각하면 안 됩니다. 우리가 얼마나 못났는가를 증명하는 우리의 모든 실패와 당장의 현실이 그 지적을 뒤집어야 합니다. 하나님이 목적하신 자리에 마침내 우리가 이를 때까지 하나님이 일하실 것입니다.

시편을 보십시오. 다윗의 기도는 거의 다 비명입니다. 몰랐을 때 지은 죄에 대한 비명만 있는 것이 아니라, 알고 난 다음에도 비명을 질렀습니다. 우리의 현실은 죄를 씻고 잘못을 지워 버리면 그만인 것이 아니라, 잘못을 저지르고 못난 짓을 한 데서부터 훌륭해지고 위대해지고 거룩해져야 하는 싸움입니다. 그래서 상상할 수 없는 자리까지 내몰립니다. 하나님이 우리에게 약속하셨고 지금도 하시는 일입니다. 우리의 현실입니다.

그러니 스스로 생각해 봅시다. '적어도 신자라면 이쯤 해야 돼'라는 것을 도덕적 명분으로 나열하지 마시고, 각자의 실력을 돌아보십시오. 세상의 위협과 유혹, 그리고 본래 자신이 져야 하는 짐과 억울함에 대하여 우리가 얼마큼 실력이 있는가, 거기서 우리가 예수께서 보이신 것 같은 사랑과 헌신과 섬김과 기다림과 용서를 할 수 있는가를 생각하십시오. 물론 한 번에 되지는 않습니다. 그러나 시도해야죠. 어쩌다 한 번이라도 해야죠. 결국은 연습으로 실력이 쌓이며 우리의 존재가 바뀔 것입니다. 이 일이 완성될 때까지 우리는 죽을 수도 없습니다. 변명하거나 도망갈 수 없습니다. 결국 우리는 훌륭해지고 놀라워져서 먼 훗날 영광의 보좌에 이르러 하나님 앞에 찬송과 감사의 면류관을 드릴 날이 올 것입니다.

기 도

하나님 아버지, 우리의 눈물이 자조가 되지 않게 하여 주십시오. 우리의 비명이 변명이 되지 않게 하옵소서. 우리가 하는 지금의 후회가 운명이 되지 않게 하옵소서. 우리의 못난 것이 확인되거든 분발하게 하옵시고, 세상이 위협하는 것보다 더 큰 하나님의 일하심이 우리 영혼을 소생시키시는 것을 깨닫게 하옵소서. 그리하여 기적을 살아 내는 신자의 기쁨을 누리게 하시고, 주어진 기회마다 더 깊이 생각하고, 살아온 내내 확인한 세상의 못난 것과 하나님의 약속 사이를 분별하는 지혜와 실력이 늘게 하셔서 교회로 모이면 찬송하게 하여 주옵소서. 여기에 모이면 기쁨과 자랑이 넘치게 하여 주시옵소서. 예수님 이름으로 기도합니다. 아멘.

9.

완전한 데로 나아갈지니라

······ 6:1 그러므로 우리가 그리스도의 도의 초보를 버리고 죽은 행실을 회개함과 하나님께 대한 신앙과 2 세례들과 안수와 죽은 자의 부활과 영원한 심판에 관한 교훈의 터를 다시 닦지 말고 완전한 데로 나아갈지니라 3 하나님께서 허락하시면 우리가 이것을 하리라 4 한 번 빛을 받고 하늘의 은사를 맛보고 성령에 참여한 바 되고 5 하나님의 선한 말씀과 내세의 능력을 맛보고도 6 타락한 자들은 다시 새롭게 하여 회개하게 할 수 없나니 이는 그들이 하나님의 아들을 다시 십자가에 못 박아 드러내 놓고 욕되게 함이라 7 땅이 그 위에 자주 내리는 비를 흡수하여 밭 가는 자들이 쓰기에 합당한 채소를 내면 하나님께 복을 받고 8 만일 가시와 엉겅퀴를 내면 버림을 당하고 저주함에 가까워 그 마지막은 불사름이 되리라 ······ (히 5:12-6:12)

순종과 경고

본문에는 중요한 경고가 등장합니다. 히브리서 6장 4절 이하를 읽겠습니다. "한 번 빛을 받고 하늘의 은사를 맛보고 성령에 참여한 바 되고 하나님의 선한 말씀과 내세의 능력을 맛보고도 타락한 자들은 다시 새롭게 하여 회개하게 할 수 없나니 이는 그들이 하나님의 아들을 다시 십자가에 못 박아 드러내 놓고 욕되게 함이라"(히 6:4-6). 이 구절들을 잘 이해하기 위해, 그리고 이런 경고가 우리 현실에 실제로 주어졌다는 점 때문에 히브리서의 집필 의도를 좀 더 진지하게 파악할 필요가 있습니다. 여러 번 이야기했듯이, 히브리서는 박해 속에서 어려운 신앙 현실을 살아 내는 교회를 향하여 주신 권고와 위로의 말씀입니다. 그런데 히브리서가 하는 위로는 좀 다릅니다. 지금 이 경고가 보여 주듯 다른 식의 위로를 주는데, 이 다른 점 때문에 이해하기 어렵습니다.

히브리서를 이해하는 첫 단계는 '예수를 믿는다'라는 고백과 '예수로 말미암은 구원'에 담긴 의미를 깨닫는 일입니다. 예수는 천사와 구별되고, 성경에 나타난 위대한 인물과도 차원이 다른 성자 하나님입니다. 예수로 말미암은 구원이란, 하나님 당신이 직접 와서 친히 행하신 구원입니다. 이 구원은 어떤 특별한 사람들을 위해서가 아니라 아브라함의 자손 즉 인류를 구원하기 위하여 하나님이 친히 오신 사건이요, 약속이다, 그러니 순종해라, 이렇게 된 것입니다. 하지만 순종에 실패할 때마다 본문 4절 이하에 나온 '한 번 빛을 받고 하늘의 은사를 맛보고 성령에 참여한 바 되고 하나님의 선한 말씀과 내세의 능력을 맛보고도 타락한 자들은 다시 새롭게 하여 회개하게 할 수 없나니'라는 무서운 경고에 부딪히게 됩니다. 그런데 순종이란 한 번의 탁월한 선택이기보다 더 깊은 차원에서 접근해야 할 주제입니다.

예수께서 오셔서 우리에게 이루시려는 구원은 어떤 것일까요? 예수로 말미암은 구원의 목적에 대해 히브리서는 시편 8편을 인용하여 이렇게 설명합니다. '사람이 무엇이기에 주께서 그를 생각하시며 인자가 무엇이기에 주께서 그를 돌보시나이까'라는 다윗의 고백을 끌어와서 예수로 말미암은 구원의 궁극적 영광을 다시 선포하는 것입니다.

그런데 이 궁극적 영광 즉 존귀와 영화로 관을 씌우시는 하나님의 구원의 목적이 현실에서는 동일한 내용을 다른 입장에서 고백하게 합니다. 바로 욥기 7장에 나온 고백입니다. "사람이 무엇이기에 주께서 그를 크게 만드사 그에게 마음을 두시고 아침마다 권징하시며 순간마다 단련하시나이까 주께서 내게서 눈을 돌이키지 아니하시며 내가 침을 삼킬 동안도 나를 놓지 아니하시기를 어느 때까지 하시리이까"(욥 7:17-19). "왜 저를 이렇게 못살게 하십니까? 저 까짓것 하나 잘못한들 하나님과 무슨 상관이 있다고 그러십니까? 차라리 저를 죽게 내버려 두십시오"라는 탄식입니다. 이 둘, 앞서 시편 8편을 인용해서 말한 영광스러운 약속과 뒤에 나오는 욥의 고백 속에 담긴 한탄 사이에 순종의 자리가 있다고 이야기할 수 있습니다. '순종하면 영광의 자리에 갈 것이요, 순종하지 않으면 결국 한탄의 자리에 갈 것이다'라고 결론지을 수도 있겠으나 현실은 그렇게 간단하지 않습니다.

순종을 요구하는 성경의 이 권면이 지금 극심한 고난과 절망 속에 있는 신자들을 격려하기 위한 말씀이라는 점에 대해 '순종할 수 있고 믿음이 있으면 됐지, 무슨 격려가 더 필요한가. 다 내 잘못이고 나 하기 나름이지'라는 생각이 들 수도 있을 것입니다. 그런데도 굳이 순종을 들이대어 다시 격려하는 것은 거기에 우리가 지는 책임보다 더 큰 신적 도우심이 있기 때문입니다. 그래서 출애굽 사건 때 가나안 입국 거절로 얻은 실패를 예로 들어 '너희는 너희 선조들이 광야에서 실패한 것 같이 실패하지 마라'로 우리를 권면합니다. 생각으로는 쉽습니다. '그들은 실패했으나 너희는 승리해라' 그러면 간단하지만, 그 사건에는 하나님의 일하심에 대해 우리가 더 이해하고 알아야 할 설명이 내포되어 있습니다.

우상숭배는 타협

이스라엘 백성이 한 실패는 무엇입니까? 출애굽 사건으로 시작된 구원을 보면, 이스라엘 백성이 애굽을 나와 가나안에 들어가기 전까지의 모든 과정을 내내 하나님이 다 이루셨습니다. 열 가지 재앙을 일으키고, 홍해를 가르며, 구름기둥과 불기둥으로 인도하고, 만나와 메추라기를 먹이고, 반석에서 나오는 물을 마시게 하셨지만, 그들 스스로 해야 했던 일이 있었습니다. 가나안에 들어가기로 한 결단과 순종은 이스라엘 백성이 스스로 해야 했습니다. 그러나 이 일에 그들은 실패하고 맙니다. 실패한 그들은 광야에서 다 죽고 이제 그 후손들만 가나안에 들어갑니다. 가나안을 정복하여 그 안에서 살게 된 후손들은 순종하며 살았습니까? 사사기에서 보는 바와 같이 그들은 약속의 땅 가나안에서 또 다시 실패합니다. 가장 두드러지게 실패한 대표적 행동은 무엇입니까? 우상숭배입니다. 우상숭배가 왜 잘못입니까? 약속의 땅에 거주한 그들이 우상숭배로 하나님의 진노를 불러일으킨 이유가 무엇입니까?

우상숭배는 타협이기 때문입니다. 무슨 타협일까요? 하나님이 우리를 향해 가지신 목적을 세상의 가치와 수준까지 끌어내리는 타협입니다. 자신이 원하는 만족, 자신이 적당하다고 생각하는 안심에 머무르고 마는 것, 이런 것이 우상입니다. 하나님이 우상숭배에 그토록 분노하시는 이유는 무엇일까요? 하나님은 우리를 겨우 그 정도로 목적하지 않으셨기 때문입니다. 우리는 더 나아가야 하는 존재입니다.

제가 설교 중에 자주 드는 예화가 있습니다. 초등학교에 다니는 아들이 어느 날 기도원에 다녀와서는 "어머니, 제가 이번에 기도를 많이 하고 와서 깨달은 것이 있습니다. 부모님의 돈을 이렇게 제 교육비로 낭비해선 안 될 것 같습니다. 이제 제가 나가서 껌이라도 팔아 가계에 보탬이 되도록 하겠습니다"라고 한다면, 부모가 어떻게 답하겠습니까? "뭐라고? 내가 널 고작 그런 일 하라고 학교에 보낸 줄 아느냐? 내가 돈을 쏟아붓고 사정해서 학교에 보내는 이유를 아직도 모른단 말이냐?" "아니, 제가 어머니를 위해 나가서 돈을 벌어 오겠다는데, 왜 이러십니까? 고정하시옵소서."

하나님이 진노하시는 이유가 여기 있습니다. 한 번 빛을 받고 하늘의 은사를 맛보고 성령에 참여한 바 되고 하나님의 선한 말씀과 내세의 능력을 맛보게 했는데, 여기서 관두겠다고? 그냥 도시락 까먹고 얼른 끝내자고? 너 정신이 있냐, 없냐? 내가 너와 함께 가려는 곳이 얼마나 큰 데면 내 아들을 보내어 십자가에 매달았겠느냐? 여기 나온 순종하라는 말이 무슨 뜻인지 아직도 모르겠더냐? 이렇게 말씀하십니다. 더 가자는 것입니다. 그런데 왜 우리는 '더 가는 것'이 어려울까요? 모르는 길을 가는 거라서 그렇습니다. 모르는 길을 가는 것은 왜 어렵게 여겨질까요?

가지 않은 길

영화 〈쇼생크 탈출〉을 이야기해 봅시다. 〈쇼생크 탈출〉의 원제는 〈The Shawshank Redemption〉이라고 말씀드린 적이 있습니다. 이 영화는 쇼생크 감옥이 구원받는 이야기입니다. 앤디가 탈옥을 하고 남은 죄수들이 식당에 모여 함께 식사하면서 앤디의 이야기를 하며 웃습니다. 이것이 쇼생크의 구원입니다. 공포의 공간 속에 웃음이 들어와 자리하며 소망이 비집고 들어오는 장면이 구원을 상징해 주는데, 이 영화의 다른 장면에 자유와 관련하여 생각해 볼 대목이 있어서 소개합니다. 예수를 깊이 알려면 〈쇼생크 탈출〉 정도는 교양 필수입니다.

종신형을 선고받고 복역 중이던 레드(모건 프리먼 분)가 가석방되어 출소합니다. 레드 이전에 가석방된 브룩스라는 죄수가 있는데, 이 친구는 출소 후 사회에 적응하지 못해 결국 자살하고 맙니다. 레드가 출소하여 브룩스가 머물렀던 방에 가 봅니다. 대들보에 'Brooks was here'라고 쓴 게 보입니다. 거기서 브룩스가 목을 맸죠. 브룩스가 왜 자살했는지 레드가 출소해서 살아 보니 알게 됩니다.

출소한 레드는 마트의 식품점 계산대에서 페이퍼백에 물건을 담아 주는 일을 하며 근근이 살아갑니다. 자기 인생의 사십 년이나 되는 세월을 교도소에서 보낸 그는 언제나 모든 일을 교도관의 허락 하에 행동해 온 것이 몸에 뱄습니다. 그래서 타인의 허락 없이 자기 스스로 결정하는 삶을 처음 살게 되자 레드는 굉장히 혼란스러워합니다. 마트에서 일하다 말고 레드가 갑자기 손을 듭니다. 매니저가 "뭐야?" 하고 퉁명스레 묻자, 레드는 "저 화장실 좀 다녀오겠습니다"라고 하죠. 매니저는 "자네, 앞으로 화장실 가고 싶으면 내 허락받을 필요 없이 그냥 아무 때나 가"라며 핀잔을 줍니다. 화장실에서 손을 씻으며 레드는 생각합니다. "나는 40년간 누군가에게 허락만 받고 살아와서 그런지 허락이 안 떨어지면 오줌 한 방울도 안 나온단 말이야." 레드의 이 다음 대사를 기억하십시오. "두려움 속에 사는 건 끔찍한 일이다. 내게 익숙한 세계로 돌아가고 싶다." 레드에게는 무엇이 익숙했죠? 명령과 복종이 익숙했습니다. 교도소에서는 선택권이 없었습니다. 선택할 일이 없으니 책임질 일도 없었습니다. 그것은 다 위에서 해 주는 것이니 하라는 대로 하면 되었던 것입니다. 뭐만 포기하면 가능할까요? 자유만 포기하면 되는 일이었습니다.

담벼락 없는 데서 사는 것을 자유라 하지 않습니다. 자신의 인생을 스스로 선택하여 그 선택에 책임을 지며 사는 것이 자유입니다. 선택하고 책임을 지는 삶이란 무엇일까요? 자신이 한 선택으로 때로는 울기도 하고, 책망을 받기도 하지만 그런 과정을 거쳐 성숙하며 인간다워지게 됩니다. 하나님이 우리를 시간 속에 두시는 바람에, 나의 잘못된 선택과 어리석음을 유익하게 하는 오늘과 내일이 우리를 더 나은 사람이 되도록 이끌어 갑니다. 과거로 돌아가 잘못을 만회하여 위대해지라는 말이 아닙니다. 하나님은 우리에게 다시 돌아가 네 생애를 후회 없는 자리로 만회하라고 하지 않으셨습니다. '네 후회가 일하게 하라'라고 하시며 우리를 끌고 가십니다. 매우 중요한 대목입니다.

만회하지 않아도 되는 삶

'비스와바 쉼보르스카'(Wislawa Szymborska)라는 시인이 있습니다. 노벨 문학상을 받은 폴란드 작가인데, 그의 시 〈두 번은 없다〉에 이런 내용이 잘 녹아 있습니다.

〈두 번은 없다〉[5]

두 번은 없다. 지금도 그렇고
앞으로도 그럴 것이다. 그러므로 우리는
아무런 연습 없이 태어나서
아무런 훈련 없이 죽는다.

우리가, 세상이란 이름의 학교에서
가장 바보 같은 학생일지라도
여름에도 겨울에도

---

5)   비스와바 쉼보르스카 지음, 최성은 옮김,《끝과 시작》(문학과 지성사), 34쪽.

낙제란 없는 법...

우리 인생은 실수하면 다시 처음으로 돌아가 삶을 만회하도록 되어 있지 않습니다. 그러니 완벽함을 추구하지 않아도 됩니다. 미리 다 알고 사는 것도 아닙니다. 몰라서 방황하고, 혼란스러워서 도망간 모든 일이 합력하여 일한다는 것을 오늘 깨달았다면 내일을 향한 소망으로 나아가면 됩니다. 살 만해서도 아니고 살 실력이 있어서도 아니라 '살아야 한다'를 아는 것, 그것이 순종입니다.

'모르고 산다'는 것은 실력이나 분별없이 그냥 사는 삶일까요? 그렇습니다. 이것이 잘 드러난 성경의 인물을 예로 들어 보겠습니다. 야곱은 처음부터 억척스러운 사람으로 태어납니다. 차자인데도 장자의 명분을 얻으려고 형과 아버지를 속여 장자가 받을 복을 받아 내고, 이일로 형에게 쫓겨 외삼촌 집으로 도망갑니다. 야곱은 외삼촌 집에서 이십 년 동안 악착같이 일해 거부가 되지만, 거기서도 편히 살지는 못하고 외삼촌에게 쫓겨 다시 고향으로 돌아가게 됩니다. 그런데 야곱이 돌아오고 있다는 소식을 들은 형 에서가 자기를 죽이러 나온다는 이야기를 듣게 됩니다.

얍복 나루에 선 야곱은 자신이 살아온 전 생애에 대해 절망할 수밖에 없었을 것입니다. 그런 그를 하나님이 찾아오셔서 씨름을 거십니다. 야곱은 항복하지 않습니다. 날이 새어 하나님의 사자가 야곱을 케이오시킨 다음 떠나려고 하자, 야곱이 하나님의 사자를 붙잡고 "제게 축복하지 않으면 보내드릴 수 없습니다"라며 애원합니다. 야곱은 무엇을 빌었을까요? 축복해 달라는 게 무슨 뜻이었을까요? "하나님, 이제 형을 만나러 가는 길입니다. 저는 두려움과 절망 속에 있습니다. 저 혼자서는 해결할 수 없습니다. 저를 도와주십시오." 그러자 하나님이 묻습니다. "네 이름이 무엇이냐?" "야곱입니다." 야곱의 이름은 '발뒤꿈치를 잡았다'라는 뜻을 지녔는데, 이 표현은 우리말에 있는 '발목을 잡는다'와 비슷합니다. 이름으로 미루어 보아 야곱은 약탈자이자 날강도인 것입니다. 여기서 약탈자는 무슨 의미죠? 자기 인생을 혼자 책임져야 하는 사람이라는 뜻입니다. 그런 그의 이름을 하나님이 '이스라엘'로 바꿔 주십니다. "네 이름을 다시는 야곱이라 부를 것이 아니요 이스라엘이라 부를 것이니 이는 네가 하나님과 및 사람들과 겨루어 이겼음이니라." 이스라엘, 얼마나 굉장한 이름입니까?

　로마서 8장 1절에 있는 "그러므로 이제 그리스도 예수 안에 있는 자에게는 결코 정죄함이 없나니"에서 '결코'가 얍복나루 사건에서는 이렇게 표현되어 있습니다. "다시는 네 이름을 야곱이라 부르지 마라. 너는 이제부터 이스라엘이다. 너는 하나님과 사람들과 겨루어 이긴 자니라." 사람이 어떻게 하나님을 이길 수 있습니까? 그런데 하나님은 야곱이 당신을 이겼다고 말씀합니다. 하나님이 야곱에게 하신 '네가 나를 이겼다'라는 말씀의 의미가 무엇입니까? 흔히 쓰는 '자식 이기는 부모 없다'라는 말이 있습니다. "나는 네 아버지다. 그러니 다시는 너를 고아라 하지 마라. 너는 혼자가 아니다. 너는 내 아들이다." 복받을 아무런 자격이나 조건도 없고, 복 받을 아무런 준비도 해 오지못했고, 오직 자기 힘으로 비열하고 악착스럽게 산 것밖에 없는 야곱의 인생, 그 결정적인 절망의 자리에서 야곱의 새로운 정체성이 빚어집니다. 하나님이 거기에 담으십니다. 그런데 야곱이 이스라엘로 바꿔기 전에 복을 받을 만큼 잘해 왔다면, 기독교는 그저 '심은 대로 거두는 종교'에 불과할 것입니다. 심은 대로 거두는 것은 한계가 있습니다. 우리는 우리의 최선까지밖에는 못 만듭니다. 이런 역설 속에서 하나님이 우리에게 만드시려는 것이 어떻게 우리의 상상을 넘어선 것인지, 우리가 직면한 절망과 실패와 분노를 어떻게 뛰어넘는 차원의 것인지를 여기서 보이십니다.

가는 길 알지 못해도

한 사람 더 있습니다. 요셉입니다. 요셉은 이상한 꿈을 꾼 일로 형들한테 미움을 사게 되어 죽을 뻔하다가 애굽에 종으로 팔립니다. 팔려간 곳에서 종살이를 하며 정직하게 살아 왔으나, 요셉은 억울한 누명을 쓴 채 감옥까지 들어가 고생합니다. "그의 발은 차꼬를 차고 그의 몸은 쇠사슬에 매였으니 곧 여호와의 말씀이 응할 때까지라 그의 말씀이 그를 단련하였도다"(시 105:18-19). 갖은 고초를 겪은 요셉은 장차 애굽의 총리가 됩니다. 총리가 된 원인이나 조건을 요셉의 이전 삶에서는 발견할 수 없습니다. '그의 말씀이 그를 단련'한 것은 요셉에게는 혹독한 일이었습니다. '그의 몸은 쇠사슬에 매였으니'에서 '몸'의 원어를 찾아보면 '혼'입니다. 그의 혼이 쇠사슬에 꿰인 것입니다. 쉽게 말해 혼비백산입니다. 요셉은 원망하고 분노하고 자폭한 인생을 살았다는 것인데, 그런 인생에 하나님이 영광을 담으십니다. 그는 총리가 되어 임의로 백관을 제어하고 재산을 관리하고 장로들을 교훈하는 경지에 이릅니다. 요셉에게 실력이 생긴 것입니다. 자기가 걸어온 길로는 분명 이런 선한 것을 만들 수 없는 인생이었는데, 아무런 선택도, 대안도, 뾰족한 수도 없는 길을 걸었을 뿐인데, 그 안에 담긴 건 놀라운 것이었습니다. 그러니 순종은 무엇을 하라는 것입니까? 살아 보라는 것입니다. 이런 약속 속에서 말입니다. 로마서 5장을 봅시다.

> 의인을 위하여 죽는 자가 쉽지 않고 선인을 위하여 용감히 죽는 자가 혹 있거니와 우리가 아직 죄인 되었을 때에 그리스도께서 우리를 위하여 죽으심으로 하나님께서 우리에 대한 자기의 사랑을 확증하셨느니라 그러면 이제 우리가 그의 피로 말미암아 의롭다 하심을 받았으니 더욱 그로 말미암아 진노하심에서 구원을 받을 것이니 곧 우리가 원수 되었을 때에 그의 아들의 죽으심으로 말미암아 하나님과 화목하게 되었은즉 화목하게 된 자로서는 더욱 그의 살아나심으로 말미암아 구원을 받을 것이니라 그뿐 아니라 이제 우리로 화목하게 하신 우리 주 예수 그리스도로 말미암아 하나님 안에서 또한 즐거워하느니라 (롬 5:7-11)

어쩌면 우리는 이 본문을 제대로 이해하지 못하는 것일 수 있습니다. 성경이 하고 싶은 이야기는 이것입니다. 너희가 구원받은 것은 죄인이었을 때다, 그때 은혜를 입었다, 그렇다면 구원을 받은 지금의 자리에서는 은혜가 얼마나 더 크겠느냐, 가장 안 좋은 조건에서도 하나님이 너희를 편들어 주셨다면, 구원받은 이후에는 더욱더 편들어 주시지 않겠느냐, 그리스도가 죽음으로써 너희를 구원하고 은혜를 베풀었다면, 그가 부활하여 주시는 은혜는 얼마나 더 크겠느냐, 목숨을 버려 진심을 설명했다면, 생명을 갖고 설명하는 진심은 얼마나 더 크겠느냐, 아멘입니다.

구원받았으나 구원받은 자 같지 않다고 여겨지는 것과 각자의 인생 행로 속에서 자책하고 비명을 지르는 것은 우리가 자라나고 있기 때문에 생긴 의심이요, 두려움입니다. 어떤 길인지 모르고 또 내 실력으로는 갈 수 없는 길에 인도되어 내가 모르는 길, 저만치 더 높은 데를 가고 있기 때문에 생긴 난처함입니다. 마치 어느 날 갑자기 인도받은 높은 자리에 아무런 준비나 실력 없이 가서 앉아 있는 것과 같습니다. 하나님이 우리를 이 새로운 자리로 끌고 가십니다.

그렇게 인도된 대표적 인물이 바로 욥입니다. 욥은 자기가 잘한 것에 보상을 받지 못한 채 계속 시련 속으로 내몰립니다. 친구들이 찾아와서는 "네가 잘못해서 이런 고난이 오는 거다"라며 냉정하게 충고합니다. 그런 비난을 계속 받아냅니다. 나중에 하나님이 나타나셔서 욥에게 어떻게 하십니까? 창조 세계를 보이십니다. 모든 존재와 가치와 영광을 욥에게 설명하십니다. "네가 걸어온 길이 어떤 길인 줄 아느냐. 내가 네게 목적한 것이 무엇인지 아느냐?"

욥기 42장에 나온 욥의 마지막 고백은 이것입니다. "내가 주께 대하여 귀로 듣기만 하였사오나 이제는 눈으로 주를 뵈옵나이다 그러므로 내가 스스로 거두어들이고 티끌과 재 가운데에서 회개하나이다"(욥 42:5-6). 멋있습니다. "하나님은 우리가 생각할 수 없는 일을 하시고, 우리가 상상할 수 없는 영광의 자리로 우리를 인도하는 하나님이심을 이제 내가 깨달았습니다. 그러니 내가 티끌과 재에 불과하다

할지라도 일어나 따라가겠습니다." 이것이 순종입니다.

우리의 신앙은 흠만 제거하려 드느라 자책과 회개에 묶이는 바람에, 오늘을 살아 내거나 내일을 살 용기를 갖지 못합니다. 그저 원망과 자책 속에 갇혀 어떻게 해야 할지 허둥댑니다. 그러니 모르는 자리에 처하게 되면 이런 권면이 필요합니다. "내가 가야 할 믿음의 행보를 나는 알지 못한다. 그러나 우리에게는 십자가라는 증거가 있다. 부활이라는 약속이 있다. 그러므로 나는 살아 내겠다"와 같은 믿음의 격려가 필요합니다. 대개 우리는 대화를 나눌 때에 종종 양보절을 앞에 넣어 말하곤 합니다. '내 신앙이 그리 좋은 것은 아니지만' '내가 다 아는 것은 아니지만' 이런 말을 붙일 필요가 없습니다. 우리가 살아 내고 겪고 감당하지 못하는 모든 것이 하나님의 지혜요, 능력이다, 거기에 하나님이 당신의 영광과 존귀를 담으신다, 이 사실을 믿으면 됩니다. 그러니 우리는 각자 자신의 인생을 살아야겠습니다. 서로 격려해야겠고 돌아봐야겠고 감사와 찬송으로 이어지는 우리가 되어, 이시대와 우리 이웃들 앞에 하나님의 임재를 드러내며 살기 바랍니다.

기 도

하나님 아버지, 우리 인생이 하나님의 지혜이자 능력이요, 명예와 영광을 만드는 과정이요, 깊은 길이라는 것을 배웁니다. 충성하게 하옵소서. 울고 한숨 쉬고 다시 일어나 주께서 인도하시는 길을 따라 걸어 우리 입술로 하나님 앞에 찬송과 감사를 올리는 그 자리까지 서게 하옵소서. 예수님 이름으로 기도합니다. 아멘.

10.
그 뜻이 변하지 아니함을
나타내시려고

---

13 하나님이 아브라함에게 약속하실 때에 가리켜 맹세할 자가 자기보다 더 큰 이가 없으므로 자기를 가리켜 맹세하여 14 이르시되 내가 반드시 너에게 복 주고 복 주며 너를 번성하게 하고 번성하게 하리라 하셨더니 15 그가 이같이 오래 참아 약속을 받았느니라 16 사람들은 자기보다 더 큰 자를 가리켜 맹세하나니 맹세는 그들이 다투는 모든 일의 최후 확정이니라 17 하나님은 약속을 기업으로 받는 자들에게 그 뜻이 변하지 아니함을 충분히 나타내시려고 그 일을 맹세로 보증하셨나니 18 이는 하나님이 거짓말을 하실 수 없는 이 두 가지 변하지 못할 사실로 말미암아 앞에 있는 소망을 얻으려고 피난처를 찾은 우리에게 큰 안위를 받게 하려 하심이라 …… (히 6:13-7:10)

하나님의 불변한 약속

본문은 하나님의 맹세가 불변함과 예수의 대제사장직이 영원함을 이야기합니다. 하나님이 아브라함에게 맹세하셨는데, 그 맹세가 불변한 것임을 당신의 말씀에 근거하여 보증해 주셨다, 그리고 예수를 보내실 때에 '너는 멜기세덱의 반차를 따라 영원한 대제사장이 되라'라고 하셨다, 이것이 본문 말씀입니다.

하나님은 아브라함에게 어떻게 맹세하셨을까요? 창세기 12장을 봅시다. "내가 너로 큰 민족을 이루고 네게 복을 주어 네 이름을 창대하게 하리니 너는 복이 될지라 너를 축복하는 자에게는 내가 복을 내리고 너를 저주하는 자에게는 내가 저주하리니 땅의 모든 족속이 너로 말미암아 복을 얻을 것이라 하신지라"(창 12:2-3). 여기가 시작입니다. 그런데 히브리서 6장에 인용된 맹세는 창세기 22장에 나온 맹세입니다. 창세기 12장의 맹세와 22장의 맹세는 어떤 차이가 있을까요?

창세기 12장에 나온 말씀은 하나님이 아브라함을 그의 고향 갈대아 우르에서 꺼내 가나안으로 부르신 여정 초반에 하신 약속입니다. 이 약속은 창세기 15장에도 나오고 17장에도 반복하여 등장합니다. 그리고 마침내 22장에도 등장하는데, 22장에는 히브리서 6장이 인용한 사건이 나옵니다. 바로 이삭을 바친 사건입니다. 하나님의 사자가 내려와 이삭을 잡으려는 아브라함을 불러 만류합니다. 그런 후 이 약속을 주십니다. 창세기 22장 15절부터 봅시다.

여호와의 사자가 하늘에서부터 두 번째 아브라함을 불러 이르시되

여호와께서 이르시기를 내가 나를 가리켜 맹세하노니 네가 이같이
행하여 네 아들 네 독자도 아끼지 아니하였은즉 내가 네게 큰 복을
주고 네 씨가 크게 번성하여 하늘의 별과 같고 바닷가의 모래와 같게
하리니 네 씨가 그 대적의 성문을 차지하리라 또 네 씨로 말미암아
천하 만민이 복을 받으리니 이는 네가 나의 말을 준행하였음이니라
하셨다 하니라 (창 22:15-18)

아브라함의 순종을 기뻐하신 하나님이 그에게 이런 약속을 주십니다.
'내가 반드시 너에게 복 주고 복 주며 너를 번성하게 하고 번성하게
하리라.' 이 약속에 등장하는 복은 마치 아브라함이 이삭을 바친 순종
때문에 자격이 갖춰져 받게 된 것처럼 읽힙니다. 그런데 아브라함의
생애 전체를 놓고 보면, 훨씬 전 그러니까 이삭을 바치는 것은 고사하
고 이삭을 얻기도 전에 이미 동일한 약속이 주어져 있었다는 것을 알
수 있습니다. 그러니 여기서 '아브라함이 이삭을 바치는 순종을 했기
에 하나님이 복을 약속하셨다'라고 보는 것은 무리가 있습니다.

믿음에 붙잡힌 아브라함

물론 이삭을 바친 아브라함의 행위는 훌륭합니다. 하지만 아브라함의
생애에서 발견되는 하나님의 약속은 이 순종이 있기 전부터 이미 허
락된 것이었습니다. 창세기 12장과 15장, 그리고 17장에서 이를 확인
할 수 있습니다. 15장에서 하나님이 제물을 갈라놓고 그 쪼갠 사이를

횃불로 지나가 '어길 수 없는 약속'임을 친히 보이셨다면, 17장에서
는 아브람의 이름을 아브라함으로 바꾸어 주시면서 앞서와 마찬가지
로 '나는 네 하나님이 되고 너는 내 백성이 될 것이다. 네 후손이 번성
하여 너는 열국의 아비가 될 것이다'라고 약속하시며 언약의 불변성
과 동일성을 강조하셨습니다.

　그렇다면 이삭을 바친 사건은 하나님에게서 복을 받아 낸 조건과
자격으로 제시되어 있다고 짐작한 순종 행위를 넘어선 이야기라는
점을 알 수 있습니다. 아브라함이 이삭을 바쳐서 하나님에게 복을 받
았다는 단순한 이야기가 아닌 것입니다. 본문의 강조점은 '하나님이
아브라함에게 약속하셨고 그 약속을 지키기 위하여 맹세하셨다. 그리
고 아브라함은 모든 믿는 자의 조상이다'라는 점에 있습니다. 하나님
이 당신을 가리켜 맹세하여 복을 주기로 한 근거가 무엇이냐는 질문
에 대해 아브라함이 이삭을 바쳐서 복을 주셨다고 답하는 것은 너무
쉽게 가는 것입니다. 로마서 4장에 가 봅시다. 로마서는 아브라함의
믿음에 대해 좀 더 깊은 관점으로 우리를 인도해 줍니다.

　　아브라함이나 그 후손에게 세상의 상속자가 되리라고 하신 언약은
　　율법으로 말미암은 것이 아니요 오직 믿음의 의로 말미암은 것이니
　　라 만일 율법에 속한 자들이 상속자이면 믿음은 헛것이 되고 약속은
　　파기되었느니라 율법은 진노를 이루게 하나니 율법이 없는 곳에는 범
　　법도 없느니라 그러므로 상속자가 되는 그것이 은혜에 속하기 위하
　　여 믿음으로 되나니 이는 그 약속을 그 모든 후손에게 굳게 하려 하
　　심이라 율법에 속한 자에게 뿐만 아니라 아브라함의 믿음에 속한 자

에게도 그러하니 아브라함은 우리 모든 사람의 조상이라 (롬 4 : 13-16)

하나님은 약속하신 대로 아브라함과 그 후손에게 복을 주기로 하십니다. 그리고 이 복은 율법을 기준으로 하지 않고 믿음을 기준으로 한 것이라고 말씀하십니다. 그렇다면 율법과 믿음의 차이는 무엇일까요? 율법의 기준은 잘잘못입니다. 그런데 적어도 믿음에서는 잘잘못이 기준이 아닙니다. 율법과 믿음이 대조되어 있으니 말입니다. 그렇다면 믿음의 '잘잘못을 넘어선 것'은 율법의 '잘잘못'과 어떤 차이가 있을까요? 믿음은 분명 은혜에 속한 것이고 인과응보는 벗어난 것입니다. 하지만 인과응보라는 잣대를 떠나 잘잘못이라는 기준이 없어진 것에 불과하다면, 우리에게는 '제멋대로 하기'밖에 남은 게 없는데, '제멋대로'라는 건 사실 잘잘못 즉 율법의 기준만도 못한 것입니다.

그렇다면 도대체 믿음은 율법과 어떤 대조를 이루고 있을까요? 율법도 하나님이 주신 것입니다. 그런데 믿음은 율법보다 더 좋은 방책으로 주신 것이죠. 율법은 잘못하지 않게 하는 것일 뿐, 잘하게 하지는 못합니다. 그럼 이제 대조가 드러났죠. 믿음은 잘하게 하는 것이니 말입니다. 그런데 우리는 잘하게 하는 것에 대해서는 잘 모릅니다. 잘못하지 않게는 하나 잘하는 것은 만들어 내지 못하는 율법에서 잘하는 것을 만들어 내는 일에 아브라함이 붙잡혔습니다. 그러니까 아브라함은 잘못하지 않게 하는 것에 붙잡힌 것이 아니라, 잘하게 하는 것에 붙잡힌 것입니다. 그것이 어떻게 나타나죠? 하나님이 아브라함을 불러 그의 생애와 함께하시면서 아브라함이 할 수 없는 것을 주십니다.

첫 번째는 이삭을 낳은 일입니다. 이삭은 어떻게 얻었죠? 나이가 들어서 더 이상 애를 가질 수 없을 때에 이삭을 낳습니다. 성경에는 '없는 것을 있는 것 같이 부르시는 이'라고 나와 있습니다. 이것은 애를 잘 키우고 못 키우고의 이야기가 아닙니다. 만들 수 없는 것을 얻은 것이 아브라함의 인생에서 하나님이 그와 함께하신다는 가장 중요한 증거가 되었습니다.

한 걸음 더 가서, 그렇게 얻은 이삭을 하나님은 아브라함에게 바치라고 하십니다. 아브라함으로서는 감당하기 어려웠을 것입니다. 그런데 아브라함은 어떻게 감당했죠? 앞에서와 똑같은 이유로 순종합니다. 어떤 이유일까요? 아브라함이 99세 때에 하나님이 찾아오셔서 "내년 이 맘 때에 네가 아들을 안으리라"라고 하셨습니다. 아브라함과 사라의 반응이 어땠습니까? 그들은 웃었습니다. 그런데 왜 화는 안 냈을까요? 뭘 화까지 내겠어요? 좋은 소식인데. 하지만 될 리는 없고 그래서 웃었죠. 그러자 하나님이 뭐라 그러셨죠? "너 웃었다." "아닙니다. 웃지 않았습니다." "아니다. 너 웃었다. 너 내년에 아이를 낳거든 이름을 웃음이라고 지어라." 그래서 이름을 이삭으로 짓게 됩니다.

하나님의 약속대로 아브라함이 아들을 얻었습니다. 그런데 그렇게 얻은 이삭을 바치라는 것입니다. 아브라함은 차마 바칠 수 없었을 것입니다. 하지만 하나님이 바치라는데, 달리 선택의 여지도 없었을 것입니다. 이삭을 처음 주실 때와 똑같은 상황입니다. "내년에 네가 아들을 안을 것이다." 그땐 아브라함이 왜 별 말이 없었다고요? 어차피 안 주셔도 아브라함이 손해 볼 건 없으니 그냥 웃고 말았죠. 밑져도 본전이니 말입니다. 그런데 이제는 한 걸음 더 나간 것입니다. 이삭을 바치라는데, 아브라함은 선택의 여지가 없습니다.

선택의 여지가 없는 고난

성경이 순종에 대해 하고 싶은 이야기는 이것입니다. 우리 인생에 선택의 여지가 없는 고난이 있더라는 사실입니다. 잘못해서 벌을 받는 것이 아니라 아무리 잘해도 고난이 떠나지 않습니다. 아브라함이 자신의 인생에서 이 고난을 만납니다. 그는 갈 데가 없습니다. 하나님에게서 도망갈 수 없다는 사실을 압니다. 다른 선택, 타협할 제3의 길이 없습니다. 이삭을 잡을 수밖에 없었죠. 그래서 잡으러 갑니다. 그랬더니 하나님이 "됐다. 너 순종했다"라고 하시는 것이 아니라 잡을 수 있는, 잡으라는 아들을 '됐다'라고 함으로써 아브라함에게 부활을 보이십니다.

이삭은 아브라함이 사녀를 갖지 못했을 때 얻은 아들일 뿐만 아니라 죽음에서 다시 태어난 아들입니다. 죽음도 통과한 자식을 갖게 됨으로써, 아브라함은 중요한 약속에 대한 두 가지 증거를 자신의 생애에 갖게 됩니다. 하나님은 없는 것을 있는 것으로 부르시는 분, 또 죽은 자를 살리신 분이라는 증거입니다. 하지만 이 두 증거에 국한되지 않습니다. 이것이 성경이 하고 싶은 이야기입니다. 죽은 자를 돌려받은 것이 전부가 아닙니다. 없는 것을 있게 만들 수 있고, 죽은 자를 돌려받게 하실 수 있는 하나님이 이러한 증거들로 무한정 열어 놓은 약속이 있었던 것입니다. '너는 복의 근원이 될 것이다. 너는 열국의 아비가 될 것이다'라는 약속입니다. 죽은 자를 돌려받은 것이 전부라면, 열국의 아비가 될 것이라는 약속을 자꾸 놓치게 됩니다.

낳을 수 없는 이삭을 얻고, 그렇게 얻은 이삭을 드렸으나 되돌려 받습니다. 이처럼 아브라함은 창조와 부활의 증거를 가졌으나 그것으로 끝이 아닙니다. 더 나아갑니다. 이 증거들로 성경이 말하는 '하나님의 영광의 찬송, 하나님의 자녀들의 영광의 자유'라는 데로 마음껏 불리어 가는데, 우리가 몰라서 자주 놓칩니다. 고난이 우리를 '왜 나를 예수 믿게 하고 감동하게 해 놓고서는 이런 어려운 길로 인도하는가'라는 시험과 원망에 사로잡히게 함으로써 더 가야 하는 길을 놓치곤 합니다. 우리는 이러한 증거들에 그저 만족하고 말지만, 낳을 수 없던 아이를 얻게 되고, 죽었던 아이를 돌려받는 이런 일은 하나님이 하시고자 하는 일의 일부라는 점을 기억해야 합니다. 하나님은 이보다 더 큰일을 하신다는 사실을 기억하십시오. 로마서 4장을 이어서 읽어 보겠습니다.

> 기록된 바 내가 너를 많은 민족의 조상으로 세웠다 하심과 같으니 그가 믿은 바 하나님은 죽은 자를 살리시며 없는 것을 있는 것으로 부르시는 이시니라 (롬 4:17)

없는 것이 있게 되고, 죽은 것이나 실패한 것도 돌려받는 일은 시작에 불과합니다. 우리 자신이, 하나님이 당신의 자녀라 부르기에 부족함이 없을 만큼 그분이 기뻐하시고 만족하시는 존재로의 운명과 목적을 가지며, 그러기 위하여 순종과 고난이라는 현실이 있다고 성경은 이야기합니다. 히브리서 2장에 가면,

> 자녀들은 혈과 육에 속하였으매 그도 또한 같은 모양으로 혈과 육을

함께 지니심은 죽음을 통하여 죽음의 세력을 잡은 자 곧 마귀를 멸하시며 또 죽기를 무서워하므로 한평생 매여 종 노릇 하는 모든 자들을 놓아 주려 하심이라 이는 확실히 천사들을 붙들어 주려 하심이 아니요 오직 아브라함의 자손을 붙들어 주려 하심이라 그러므로 그가 범사에 형제들과 같이 되심이 마땅하도다 이는 하나님의 일에 자비하고 신실한 대제사장이 되어 백성의 죄를 속량하려 하심이라 그가 시험을 받아 고난을 당하셨은즉 시험 받는 자들을 능히 도우실 수 있느니라 (히 2:14-18)

하나님이 돕고 계십니다. 그런데도 우리는 고난이 싫습니다. 힘들게 살고 싶지 않기 때문입니다. 하지만 하나님은 우리를 고난이라는 방법으로 만들어 가십니다. 왜 고난이 있을까요? 하나님은 고난으로 일하시기 때문입니다. 결코 값싼 것이 아닙니다. 우리를 구원하시는 일에 자신의 아들을 보내어 십자가에 매다신 하나님이 예수의 부활로 보이신 증거로 간단히 이야기해 버릴 수 없는 무언가 더 굉장한 것을 만들어 내기 위하여 역사가 이어지고 있고, 우리 인생이 있고, 오늘의 한숨과 고민이 있습니다. 이 일을 위해 십자가에 달려 죽고 부활하신 예수가 하늘 보좌 우편에 앉아 지금도 우리를 편들고 계시다고 이야기하는 것이 기독교입니다.

하나님의 믿음

고난과 순종에 대해 다시 생각해 보십시오. '그가 아들이시면서도 받으신 고난으로 순종함을 배워서 온전하게 되셨은즉'(히 5:8-9 중)이라고 말씀합니다. 그러니 고난과 순종은 온전함을 채우는 몸통 같은 것입니다. 다만 한 번의 도전이나 위협이나 테스트가 아니라, 그것이 우리의 본질과 내용을 채워 위대함으로 가는 방법이라고 성경은 이야기합니다.

겟세마네의 기도를 떠올려 보십시오. 예수님은 "내 아버지여, 만일 할 만하시거든 이 잔을 내게서 지나가게 하옵소서"라고 기도하셨습니다. 이에 하나님은 "더 가자"라고 응답하신 것입니다. 예수께서는 차마 갈 수 없는 길을 감으로써, 우리 인생에 일어나는 어떤 일도 예수가 걷고 겪어 낸 일을 넘어서 있는 것은 하나도 없게 하셨습니다. 그리하여 마침내 십자가에 달려 "아버지여, 저들을 사하소서. 저들은 자기들이 하는 일을 알지 못함이니이다"라는 기도로 자신을 십자가에 못 박은 자까지 껴안을 수 있었다면, 오늘 우리에게 일어나는 어떠한 원통함에 대해서도 하나님이 그것을 뒤집어 영광이 되게 하실 것이라고 믿어야 합니다. 정반대로 가는 길처럼 보이지만, 그것이 하나님이 우리 안에 채우려고 하시는 내용을 담는 방법이라고 믿어야 합니다. 창조의 하나님, 부활의 하나님이기 때문입니다. '우리에게 일어난 일 중 우리를 손해 보게 하는 것은 없다'라는 선언이 성경이 하는 이야기이고 현실에서 경험하는 이야기입니다. 어찌 이런 창피한 일을, 이런 말도 안 되는 일을 뒤집을 수 있단 말인가? 뒤집을 수 있습니다.

가장 잘 알려진 찬송가를 하나 꼽으라고 하면, 〈Amazing Grace〉를
드는 사람이 많을 것입니다. 우리말로는 '나 같은 죄인 살리신'입니
다. 이 찬송을 지은 존 뉴턴(John Newton)이라는 사람은 노예선 선장 출
신으로 노예들을 실어 날랐던 사람입니다. 이 찬송가의 가치는 그의
말도 안 되는 과거에 있습니다. 그래서 깊이와 가치와 울림이 있습니
다. 우리의 경탄을 자아내죠. 이 찬송을 등 따시고 배부르게 살아온 사
람이 지었다고 하면 뭐 그리 대단하겠습니까. 이런 반전이나 역전이
있다는 건 얼마나 놀랍습니까. 낮은 선이고 밤은 악입니까? 그렇지 않
습니다. 밤도 낮만큼의 풍성함이 있습니다. 해만 선이고 달은 악입니
까? 그렇지 않습니다. 모두 다 하나님의 창조물입니다. 하나님이 모두
에게 당신의 영광을 담아내심으로써 그 영광은 깊고 넓고 놀랍고 풍
성해서 우리의 찬송을 불러일으킵니다. 그렇게 하나님이 우리 인생에
간섭하시며 우리를 부르신다고 말씀하십니다.

'너희가 핍박을 당하나 지지 마라'라고 응원하시는 것이 아니라,
이 핍박이 일을 한다고 말씀하십니다. 그리하여 아브라함이 이삭을
데리고 나아가기까지 그 모든 눈물과 한탄과 절망이 결국 한 인간에
게 채우려는 하나님의 뜻을 알게 하고, 얼마나 아브라함을 깊이 있는
존재로 만들었을지 생각해 보았냐고 우리에게 가르칩니다. 이것이 히
브리서가 고난받는 성도들에게 주는 위로입니다.

결과를 알기 때문에 순종하는 것이 아닙니다. 이렇게 하면 보상받
으니까 마지못해 하는 순종도 아닙니다. 하나님이 우리를 율법이나
잘잘못에 맡기지 않고 당신이 뜻하시는 목적을 위하여 우리를 붙잡
아 끌고 가시는 열심, 예수님에게 '더 가자'라고 하시는 하나님의 믿

음 때문에 순종하는 것입니다. '하나님의 믿음'이라는 말은 아마 처음 들어 보셨을 것입니다. 지금 지은 말이니 당연합니다. 우리가 미더운 존재여서가 아닙니다. 우리를 만들려는 하나님의 의지, 냉정하고 기계적인 심판관의 마음이 아니라 우리를 위하여 깊고 놀랍고 고통스러워 보이는 길을 고집하는 하나님의 마음을 성경은 믿음이라는 단어로 표현합니다. 믿음이 조건이나 자격으로 쓰일 때가 더러 있습니다. 그런데 가장 놀랍게는 하나님의 기이한 일하심에 믿음이라는 단어를 씁니다. 그래서 우리는 이런 결론에 이릅니다. 에베소서 1장 3절 이하입니다. 이 구절들을 함께 외우기로 전에 약속하였습니다.

> 찬송하리로다 하나님 곧 우리 주 예수 그리스도의 아버지께서 그리스도 안에서 하늘에 속한 모든 신령한 복을 우리에게 주시되 곧 창세 전에 그리스도 안에서 우리를 택하사 우리로 사랑 안에서 그 앞에 거룩하고 흠이 없게 하시려고 그 기쁘신 뜻대로 우리를 예정하사 예수 그리스도로 말미암아 자기의 아들들이 되게 하셨으니 이는 그가 사랑하시는 자 안에서 우리에게 거저 주시는 바 그의 은혜의 영광을 찬송하게 하려는 것이라 (엡 1:3-6)

이렇게 한 번으로 끝나지 않습니다. 너무 중요해서 그렇습니다. 11절부터 이어서 봅시다.

> 모든 일을 그의 뜻의 결정대로 일하시는 이의 계획을 따라 우리가 예정을 입어 그 안에서 기업이 되었으니 이는 우리가 그리스도 안에서

전부터 바라던 그의 영광의 찬송이 되게 하려 하심이라 그 안에서
너희도 진리의 말씀 곧 너희의 구원의 복음을 듣고 그 안에서 또한
믿어 약속의 성령으로 인치심을 받았으니 이는 우리 기업의 보증이
되사 그 얻으신 것을 속량하시고 그의 영광을 찬송하게 하려 하심이
라 (엡 1:11-14)

성령이 우리를 붙잡고 이 약속을 이루신다고 합니다. 성령은 우리를
붙잡고 계실 뿐, 문제를 대신 해결해 주지는 않으십니다. 필요할 때마
다 나타나셔서 화끈하게 방언을 주시든가, 들었다 놓았다 한번 해 주
지 않으시고, 있는지 없는지 모르게 숨어 침묵하고 계십니다. 그런 다
음 우리를 어디로 떠밀고 있습니까? "하나님, 맙소사!"라고 외치는 자
리로 떠다닙니다. "제가 왜 이런 고난을 겪어야 합니까?" 하고 물으면,
성령은 이유를 말씀하시는 대신 우리더러 "더 가자"라고 하십니다.
　우리가 걸어가는 길의 신비는 예수께서 걸으신 길의 신비와 같습
니다. 예수가 원치 않으신 길을 하나님이 고집하여 예수로 걷게 하신
순종, 고난, 이런 단어들은 잘잘못의 문제를 넘어서 있는 길, 그런 선
택의 문제가 아닌 길을 하나님이 요구하시기 때문에 등장합니다. 그
리하여 우리 인생에 고난이 있습니다. 내가 예수도 믿고 선한 소원도
있고 잘 믿겠다는 다짐도 했는데, 이해할 수 없는 길을 걸어야 한다는
데에 예수 믿는 사람들의 고통이 있습니다. 성경은 이것이 지극히 정
상이라고 가르칩니다. 아브라함의 생애가 하나님이 자랑하시고 맹세
하신 생애가 된 것 같이, 우리의 생애 역시 그리스도 안에서 우리의
감사와 감격과 경탄으로 마무리될 것이라고 성경이 약속합니다. 모든

이들의 현실이 하나님의 인도하심이라는 사실을 기억하고 위로와 힘
과 자랑과 실천이 넘치는 인생이기를 바랍니다.

기 도

하나님 아버지, 우리의 눈물과 한숨을 기억하옵소서. 주께서도 "나의 하나님,
나의 하나님, 어찌하여 나를 버리셨나이까"라고 통곡하셨습니다. 그런 길이
었지만, 그 길은 하나님이 우리에게 허락한 영광스러운 운명을 만드신 길이
었습니다. 그 길을 우리도 가고 있습니다. 정답을 가져서 가는 길이 아니라,
실제로 걸어 내가 되어야 하는 길입니다. 하나님이 일하시는 줄 아는 믿음과
인내와 순종이 있게 하여 주시옵소서. 예수님 이름으로 기도합니다. 아멘.

11.
예수는 더 좋은 언약의
보증이 되셨느니라

—

······ 22 이와 같이 예수는 더 좋은 언약의 보증이 되셨느니라 23 제사
장 된 그들의 수효가 많은 것은 죽음으로 말미암아 항상 있지 못함이로
되 24 예수는 영원히 계시므로 그 제사장 직분도 갈리지 아니하느니라
25 그러므로 자기를 힘입어 하나님께 나아가는 자들을 온전히 구원하
실 수 있으니 이는 그가 항상 살아 계셔서 그들을 위하여 간구하심이라
26 이러한 대제사장은 우리에게 합당하니 거룩하고 악이 없고 더러움
이 없고 죄인에게서 떠나 계시고 하늘보다 높이 되신 이라 27 그는 저
대제사장들이 먼저 자기 죄를 위하고 다음에 백성의 죄를 위하여 날마
다 제사 드리는 것과 같이 할 필요가 없으니 이는 그가 단번에 자기를
드려 이루셨음이라 ······ (히 7:11-28)

영원한 대제사장 예수 그리스도

히브리서 7장은 예수의 대제사장적 직분에 대하여 긴 설명을 하고 있습니다. 본문은 구약시대에 있던 제사장 제도에 관해 설명하는데, 제사장의 제일 중요한 사역은 백성들의 죄 사함을 위하여 해마다 속죄제를 드리는 일입니다. 제사장은 백성들의 죄를 속하기 위하여 매년 정한 날에 피의 제물을 가지고 하나님 앞에 나아갔고, 그 제사장이 죽으면 뒤를 잇는 다른 제사장을 세워 죄를 속하는 일을 이어 갔습니다. 그런데 하나님이신 예수님은 이 일을 짐승의 피가 아닌 당신의 피를 바치심으로써 해마다 속죄 사역을 반복할 필요가 없게 단번에 해결하셨습니다. 예수는 인간이 아니시므로, 그 직분이 수명의 다함으로 끝나지 않습니다. 영원하신 분이므로 속죄의 효력 역시 영원히 지속됩니다. 알 것 같으면서도 자주 이 문제를 놓치곤 하는데, 본문 27절을 보겠습니다.

> 그는 저 대제사장들이 먼저 자기 죄를 위하고 다음에 백성의 죄를 위하여 날마다 제사 드리는 것과 같이 할 필요가 없으니 이는 그가 단번에 자기를 드려 이루셨음이라 (히 7:27)

죄 문제를 단번에 끝장내고 하늘 보좌에 올라가셨습니다. 죄 문제를 해결하셨으니 이제 우리를 곧장 천국으로 불러야 할 것 같은데, 아직 이 땅에 살게 하십니다. 그렇다면, 남아 있는 날들이 무슨 의미인가 하는 생각이 듭니다. 그리고 주의 깊게 보아야 할 중요한 선언이 25절에 나옵니다.

> 그러므로 자기를 힘입어 하나님께 나아가는 자들을 온전히 구원하
> 실 수 있으니 이는 그가 항상 살아 계셔서 그들을 위하여 간구하심
> 이라 (히 7:25)

지금도 하늘 보좌 우편에 앉아 제사장 역할을 하고 계십니다. 십자가
로 단번에 우리 죄를 속하신 분이 여전히 제사장으로 살아 계시는 것
은 설마 우리의 반복되는 죄를 주기적으로 씻어야 하기 때문일까요?
그렇지 않습니다. 구원과 복음에 대해 우리가 자주 오해하기에 그렇
게 생각하는 것뿐입니다.

우리는 예수를 믿어 구원을 얻었으면서도 또다시 짓는 죄 때문에
십자가로 돌아가고 다시 죄짓고 또 돌아가는 일을 여전히 반복합니
다. 이는 복음이 가지는 긍정적이고 적극적인 약속을 오해하는 까닭
입니다. 예수를 믿음으로 말미암은 영광스럽고 명예로운 인생에서 다
만 자책과 회개로 돌아가는 일만 반복하고 있으니 말입니다. 그렇다
면 복음이 가진 긍정적이고 적극적인 약속이란 무엇일까요? 구원은
이미 이루어졌으나, 천국에 가는 날까지 우리에게 남아 있는 시간 동
안 예수님이 여전히 대제사장으로 하늘 보좌 우편에서 우리를 위하
여 기도하고 계신다는 약속을 의미합니다.

히브리서는 당시 초대교회 성도들이 겪는 어려움 즉 예수를 믿었
으나 세상의 핍박을 받아야 했고 좋은 믿음은 가졌으나 어려움이 해
결되지 않는 현실 때문에 고난 속에 있는 이들에게 주는 위로의 서신

입니다. 이 위로는 단순히 '잘 견뎌라'와 같은 권면이 아닙니다. '이 어려움을 예수께서 지켜보시며 격려하고 있다'라는 권면입니다. 그러면 왜 이 어려움을 주시는가, 십자가를 지시고 죽음을 이기시고 승리하신 예수께서 하늘 보좌 우편에서 영원한 제사장으로 우리를 편들어 주시는데, 왜 고난과 어려움이 있는가 하고 묻고 싶을 것입니다.

히브리서에서는 출애굽 사건을 예로 들어 "너희는 너희 조상들이 광야에서 하나님을 거부한 것 같이 불순종하는 죄를 짓지 마라. 순종해라"라고 권면한 바 있습니다. 여기서 순종은 무엇을 말하는 것일까요? 가나안에 들어가는 것을 말합니다. 그러나 이스라엘 백성은 이 일에 실패하여 광야에서 죽습니다. 이 사건을 예로 들어 히브리서에서는 순종과 예수께서 하신 약속을 함께 언급하고 있습니다. 본문 말씀에서 찾아보면 다음과 같습니다.

> 전에 있던 계명은 연약하고 무익하므로 폐하고 (율법은 아무 것도 온전하게 못할지라) 이에 더 좋은 소망이 생기니 이것으로 우리가 하나님께 가까이 가느니라 (히 7:18-19)

그때는 하나님이 이스라엘 백성들에게 '너희는 이렇게 해야 하고, 저렇게 해서는 안 된다'와 같은 권면과 율법적 요구를 하였으나, 조상들이 실패했기 때문에 이제 예수를 보내어 그 실패를 승리로 바꾸기로 하셨습니다. 율법이 다만 잘잘못에 대한 판단 기준에 불과했다면, 이제 예수는 어떤 분으로 오셨는지 19절을 다시 읽어 봅시다. "율법은 아무 것도 온전하게 못할지라 이에 더 좋은 소망이 생기니 이것으로 우리가 하나님께 가까이 가느니라"(히 7:19). 더 좋은 소망 즉 새로운 방도로 예수가 오신 것입니다. 22절에 보면, '이와 같이 예수는 더 좋은 언약의 보증이 되'신 것입니다. 더 좋은 언약입니다. 우리의 실패가 우리의 운명을 결정하도록 놔두지 않겠다, 라는 약속 속에 있는 것이 지금까지 계속되어 왔고 앞으로도 계속될 예수의 영원한 대제사장직에 담긴 의미입니다.

걸어야 할 자녀의 길

하나님이 예수를 보내어 기왕 십자가로 구원하셨으면 당장 데려가시지, 왜 하필 이런 식으로 고난에 찬 인생, 실패하여 자책하고 슬퍼해야 하는 과정을 허락하시는가, 예수께서도 죽음을 이기고 부활 승천하여 하늘 보좌 우편에 앉으셨는데 새삼스레 다시 애쓰실 필요가 있는가 하는 문제는 우리에게 여전히 큰 질문으로 남습니다. 예수를 믿고 난 이후에 펼쳐지는 고난이 가득한 현실은 무슨 의미가 있는가, 왜 그런 일이 있는가, 성경은 비유를 들어 설명합니다.

다들 잘 아는 탕자의 비유입니다. 작은아들이 자기 몫의 유산을 먼저 달라고 해서 받아 나간 후 허랑방탕하게 다 탕진하고 돌아옵니다. 돌아온 아들을 아버지가 기쁘게 맞습니다. 탕자는 "저는 아버지의 아들이라는 일컬음을 감당할 수 없습니다. 저를 품꾼의 하나로 여겨 주십시오"라고 합니다. 이 말에 아버지는 펄펄 뛰죠. "무슨 소리냐. 여봐라, 내 아들에게 가락지를 끼워라. 목욕을 시키고 새 옷을 입혀라. 송아지를 잡아라." 아들이 돌아온 것이 너무 기쁜 나머지, 아버지가 잔치를 베풉니다. 집에 돌아오는 길에 풍악 소리를 들은 큰아들이 무슨 잔치냐고 묻습니다. 하인들이 "주인님의 아들이 돌아온 것이 기뻐 잔치를 벌였습니다"라고 말해 줍니다. 큰아들은 "나가서 전 재산을 말아먹은 놈한테 송아지를 잡아 준다고? 평생 아버지의 명을 어겨본 적 없는 나한테는 염소 새끼도 한 번 잡아 준 적 없으면서"라며 불평합니다. 이에 아버지가 뭐라고 그럽니까? "얘야, 쟤는 나갔다가 이제 돌아왔기에 우리가 이렇게 기뻐하는 게 아니냐? 그리고 내 것은 다 네 것이 아니냐?"

대개 우리는 돌아오면 끝이라고 생각합니다. 탕자의 비유를 보면 작은아들이 돌아왔다고 아버지가 성대하게 잔치해 줍니다. 그런데 그것으로 끝일까요? 잔치가 끝나면 훈련이 기다리고 있습니다. 작은아들도 이제 훈련을 받을 것입니다. 아들다워지는 훈련 말입니다. 탕자가 가출한 동안 큰아들은 뭘 하고 있었을까요? 그는 아버지로부터 인감도장을 받았습니다. 한도 무제한의 아버지 카드를 소유한 것입니다. 어떻게 써야 하는지, 자신의 지위와 신분과 영광된 책임은 아직 모른 채 말입니다. 작은아들은 돌아온 것으로 끝이 아니라, 이제 자녀의 길을 걸을 것입니다. 구원받아 회개하고 돌아왔으니 이제 이 길로 가야 하는데, 우리는 맨날 나갔다 돌아왔다만 반복하고 있습니다.

다른 비유를 하나 더 생각해 봅시다. 달란트 비유입니다. 어떤 주인이 다섯 달란트, 두 달란트, 한 달란트를 각각 종들에게 맡기고 먼 곳으로 여행을 떠납니다. 다섯 달란트를 받은 종과 두 달란트를 받은 종은 열심히 살아 이윤을 남겼으나, 한 달란트를 받은 종은 파묻어 두었다가 주인이 돌아오자 그대로 돌려줍니다. 주인이 화를 내죠. "너와 나의 관계가 고작 이 정도뿐이더냐"라는 의미죠. 앞에 나온 충성된 두 종은 주인이 자기네에게 달란트만 맡긴 것이 아니라 주인의 기업과 사역에 동참할 기회도 주었다고 생각하여 힘을 다해 봉사합니다. 이들에게는 어떤 유익이 있을까요? 주인의 경지를 함께 누리며, 주인의 일에 동역하는 기회와 영광을 누릴 것입니다. 그런데 한 달란트를 받은 종은 죄를 안 지은 것이 전부입니다. 말아먹지 않은 게 다죠.

　달란트 비유는 말해 줍니다. 하나님은 당신의 사역에 우리를 불러 동참하게 하셨다, 주인의 마음을 나눠 갖는 일에 우리 인생을 부르셨다, 세상과 다른 인생을 살게 하셨다고 우리의 존재 이유를 설명해 줍니다. 이제 남은 걱정은 하나입니다. 혹시 우리가 한 달란트를 받은 종이면 어쩌나 하는 것이죠.

이미 결정된 우리의 운명

로마서 5장을 봅시다.

> 그러므로 우리가 믿음으로 의롭다 하심을 받았으니 우리 주 예수 그리스도로 말미암아 하나님과 화평을 누리자 또한 그로 말미암아 우리가 믿음으로 서 있는 이 은혜에 들어감을 얻었으며 하나님의 영광을 바라고 즐거워하느니라 (롬 5:1-2)

장차 하나님의 영광을 바라고 즐거워할 약속과 운명이 결정된 자이
나 지금 우리의 현실은 어떻습니까? 3절을 봅시다.

> 다만 이뿐 아니라 우리가 환난 중에도 즐거워하나니 이는 환난은 인
> 내를, 인내는 연단을, 연단은 소망을 이루는 줄 앎이로다 (롬 5:3-4)

소망은 완성, 목적, 승리인데, 그 시작이 환난입니다. 그래서 우리는
환난이 인내를, 인내가 연단을, 연단이 소망을 만들어 내는 과정을 결
국 밟을 것입니다. 실패하면 어떻게 됩니까? 거기에 대한 답이 성경
에 있습니다.

> 소망이 우리를 부끄럽게 하지 아니함은 우리에게 주신 성령으로 말
> 미암아 하나님의 사랑이 우리 마음에 부은 바 됨이니 우리가 아직
> 연약할 때에 기약대로 그리스도께서 경건하지 않은 자를 위하여 죽
> 으셨도다 의인을 위하여 죽는 자가 쉽지 않고 선인을 위하여 용감히
> 죽는 자가 혹 있거니와 우리가 아직 죄인 되었을 때에 그리스도께서
> 우리를 위하여 죽으심으로 하나님께서 우리에 대한 자기의 사랑을
> 확증하셨느니라 (롬 5:5-8)

결국 우리가 실패할 수 없는 것은, 처음부터 구원은 우리가 그 필요
성을 알지 못했을 때, 그래서 요청하지도 않았을 때, 구원받을 아무런
자격이 없을 때 주어진 것이기 때문입니다. 그렇게 구원을 받은 그 이
후의 말씀이 이것입니다. 8절을 봅시다.

우리가 아직 죄인 되었을 때에 그리스도께서 우리를 위하여 죽으심
으로 하나님께서 우리에 대한 자기의 사랑을 확증하셨느니라 (롬 5:8)

그다음은 이렇게 이어집니다.

그러면 이제 우리가 그의 피로 말미암아 의롭다 하심을 받았으니 더
욱 그로 말미암아 진노하심에서 구원을 받을 것이니 곧 우리가 원수
되었을 때에 그의 아들의 죽으심으로 말미암아 하나님과 화목하게
되었은즉 화목하게 된 자로서는 더욱 그의 살아나심으로 말미암아
구원을 받을 것이니라 (롬 5:9-10)

우리가 죄인이었을 때에 우리 편을 들어주셨다면, 우리가 하나님과
화목하게 되었을 때는 얼마나 더 편들어 주시겠는가, 그가 우리를 위
하여 자신의 목숨을 내어 주심으로 편들어 주셨다면, 살아 있는 권좌
에서는 얼마나 더 편들어 주시겠는가, 이것이 예수 그리스도의 영원
한 대제사장직이 보여 주는 우리에 대한 보증입니다.

그뿐 아니라 이제 우리로 화목하게 하신 우리 주 예수 그리스도로
말미암아 하나님 안에서 또한 즐거워하느니라 (롬 5:11)

이 즐거움은 실패보다 큰, 영원한 대제사장이신 예수 그리스도의 사
역 속에서 비롯한 것이라고 말씀합니다. 그러니 우리가 겪는 모든 실
패와 고난이 절망으로 갈 수 없습니다, 이것이 기독교가 하고 싶은 이

야기인데, 우리는 늘 이 대목을 놓칩니다. 다시 돌아가 로마서 8장 15절 이하를 봅시다.

> 너희는 다시 무서워하는 종의 영을 받지 아니하고 양자의 영을 받았으므로 우리가 아빠 아버지라고 부르짖느니라 성령이 친히 우리의 영과 더불어 우리가 하나님의 자녀인 것을 증언하시나니 자녀이면 또한 상속자 곧 하나님의 상속자요 그리스도와 함께 한 상속자니 우리가 그와 함께 영광을 받기 위하여 고난도 함께 받아야 할 것이니라 (롬 8:15-17)

무서워할 이유가 없다는 것입니다. 사랑은 공포와 극명한 대조를 이룹니다. 하나님이 주신 기회는 우리가 어떻게 하나 보자 시험하는 것이 아니라 우리의 유익을 위하여 허락된 것이라고 이야기합니다. 우리의 잘잘못을 심사하기 위하여 준 기회가 아니라, 우리로 넉넉하게 이기도록 준 기회입니다. '넉넉하게'라는 말은, 우리가 겪는 고통, 후회, 무력감으로 이해되는 모든 것이 사실은 더 큰 하나님의 요구 안에 있기에 괜찮다는 말입니다. 로마서에 나온 표현대로 하자면, 그리스도와 함께한 상속자로서 그와 함께 영광을 받기 위하여 고난도 함께 받아야 하는데, 이 고난이 우리에게 준 공포 즉 '여기서 실패하면 어떻게 되는가? 그리고 왜 이런 일이 벌어지는가?'에 대한 답을 고린도전서 1장에서 발견할 수 있습니다.

고난은 인생의 학교

십자가의 도가 멸망하는 자들에게는 미련한 것이요 구원을 받는 우리에게는 하나님의 능력이라 (고전 1:18)

그러니 우리가 받는 고난을 소극적 차원에서 보지 말고, 하나님이 우리의 유익을 위하여 베푸신 최고의 지혜이자 권능이라고 이해해야 합니다. 초등학교에서 시작해서 대학을 졸업하기까지 보통 16년이 걸립니다. 그런데 거기에다 대학원 가서 석사 학위 받고, 박사 학위 받고 하면 더 걸리지만, 이렇게 길수록 영광 아닐까요? 길수록 고되지만 영광입니다. 옛날 어려웠던 시절에는 동생들 학교 보내려고 공장에 가서 돈 벌어야 했던 만이들이 더러 있었습니다. 일하러 가다가 책가방 메고 학교 다니는 친구들을 보면 부러워했죠. 학교 다니며 공부하는 영광과 명예를 알았기 때문입니다.

하나님이 예수를 십자가에 달아매어 하나님이 누구신가와 우리에게 요구하시는 것이 얼마나 굉장한가를 긴 시간에 걸쳐 증언하십니다. 신이 구원하려는 대상을 위하여, 신을 모욕하고 배반한 인류를 구원하기 위하여 오셔서 대신 죽으십니다. 신이 자신을 거부하고 배반하는 것들의 모욕 속에 살다가 결국 인간의 손에 죽는 방식을 택한다는 것은, 어떤 문학이나 역사나 철학도 상상할 수 없는 것이었습니다. 우리에게 일어나는, 이해할 수 없는 난제와 곡절과 말이 안 되는 비극이 있을지라도 십자가가 감당할 수 없는 일이란 없습니다.

그러니 우리의 고난에 찬 인생이 하나님이 우리를 만들기 위해 유학 보낸 시간, 장학금까지 지원해 주며 배우라는 기회, 그리스도 예수 안에서 얼마든지 하실 수 있는 우리에 대한 하나님의 자신만만한 투자요 기회라고 생각한다면, 우리 인생이 좀 다르게 보일 것입니다. 하나님이 당신의 권능과 지혜로 개입하시고 요구하셔서 펼쳐지는 고난에 찬 우리의 현실이 마침내 승리할 것이다, 그러니 걱정하지 말라고 권면하는 성경의 약속이 있습니다. 로마서 8장 24절로 가 봅시다.

> 우리가 소망으로 구원을 얻었으매 보이는 소망이 소망이 아니니 보는 것을 누가 바라리요 만일 우리가 보지 못하는 것을 바라면 참음으로 기다릴지니라 (롬 8:24-25)

우리는 참는 게 싫습니다. 그냥 맘 편히 속 시원했으면 좋겠죠. 그래서 금방 이 말이 나옵니다.

> 이와 같이 성령도 우리의 연약함을 도우시나니 우리는 마땅히 기도할 바를 알지 못하나 오직 성령이 말할 수 없는 탄식으로 우리를 위하여 친히 간구하시느니라 (롬 8:26)

26절에 '이와 같이'란 말은 왜 나왔을까요? 인내가 싫기 때문입니다. 그렇다면 성령은 왜 탄식하실까요? 우리가 정말 어처구니없는 짓들을 하기 때문입니다. "하나님, 문제를 해결해 주시든가 아니면 죽여 주시옵소서." 밤낮 이런 기도뿐입니다. 그러니 성령이 혀를 차시는 거죠. 그다음에 무슨 말씀이 이어지는가를 계속 봅시다.

마음을 살피시는 이가 성령의 생각을 아시나니 이는 성령이 하나님
의 뜻대로 성도를 위하여 간구하심이니라 우리가 알거니와 하나님
을 사랑하는 자 곧 그의 뜻대로 부르심을 입은 자들에게는 모든 것
이 합력하여 선을 이루느니라 (롬 8:27-28)

걱정 마라, 손해 보지 않는다, 그러니 직접 부딪쳐 보고 살아 보라고 하
십니다. 어릴 적 저희 동네에 부잣집이 하나 있었습니다. 다들 피난살
이하느라 어렵게 사는데, 그 집은 넝쿨 장미가 대문 위에 풍성하게 드
리워진 멋진 집이었습니다. 어느 날 그 집 아들이 친구들과 제기차기
를 하다가 이웃집 굴뚝을 건드려 그만 쓰러트리고 말았습니다. 그걸
본 우리는 다 '이제 넌 죽었다. 어쩔래?'라고 생각했습니다. 굴뚝을 새
로 지어 줄 돈이 없으니 잘못한 애를 야단치는 수밖에 없을 거라 생각
했던 거죠. 그런데 그 애가 집에 들어가 얘기하자, 그 애 아버지가 나오
시더니 꾸중 한 마디 안 하는 게 아니겠습니까. 인부들을 데려와서는
시멘트와 벽돌로 뚝딱 갈아 주고 다시 인부들을 데리고 들어가더라고
요. 저희는 정말 놀랐습니다. '아, 세상에. 이런 아버지가 있다니.'
　우리 하나님 아버지는 이와 비교할 수 없죠. 산타클로스나 드나드
는 굴뚝 정도를 다시 지어 주는 사람과 감히 비교하겠습니까? 그런데
도 우리는 여기서 늘 집니다. 말하자면 우리는 모두 이런 보장, 이런
기회, 이런 하나님의 지혜와 권능 속을 살고 있다는 자신감이 부족한
것이죠.

영화롭게 된 우리의 운명

더 나아가 봅시다. 확신에 찬 약속들이 성경에 이렇게 많이 있습니다.

> 하나님이 미리 아신 자들을 또한 그 아들의 형상을 본받게 하기 위하
> 여 미리 정하셨으니 이는 그로 많은 형제 중에서 맏아들이 되게 하
> 려 하심이니라 또 미리 정하신 그들을 또한 부르시고 부르신 그들을
> 또한 의롭다 하시고 의롭다 하신 그들을 또한 영화롭게 하셨느니라
> (롬 8:29-30)

영화롭게 되는 것은 미래인데, 완료형으로 표현되어 있습니다. 운명
이 결정되어 있기 때문입니다. 그래도 우리가 못 알아들으니까 계속
말씀이 이어집니다.

> 그런즉 이 일에 대하여 우리가 무슨 말 하리요 만일 하나님이 우리를
> 위하시면 누가 우리를 대적하리요 자기 아들을 아끼지 아니하시고
> 우리 모든 사람을 위하여 내주신 이가 어찌 그 아들과 함께 모든 것
> 을 우리에게 주시지 아니하겠느냐 누가 능히 하나님께서 택하신 자
> 들을 고발하리요 의롭다 하신 이는 하나님이시니 누가 정죄하리요
> 죽으실 뿐 아니라 다시 살아나신 이는 그리스도 예수시니 그는 하나
> 님 우편에 계신 자요 우리를 위하여 간구하시는 자시니라 (롬 8:31-34)

대제사장 예수를 다시 거론하고 있습니다. 그런데도 우리는 자신의 잘

못을 만회하느라 자꾸 회개하여 과거를 지우고 돌아와 다시 죄짓고, 또 과거를 지우고 돌아와 다시 죄를 짓습니다. 그러는 바람에, 오늘 일어난 일로 유익을 삼아 내일은 그러지 않겠다는 적극적인 격려와 기대가 없습니다. 주일날 교회 오는 얼굴을 보면, '네 죄를 네가 알렸다'라는 말을 들은 표정들입니다. 그런 생각을 내려놓고 이런 기도를 드려야 합니다. "하나님, 오늘 제 예배를 기쁘게 받으심을 감사합니다. 주께서 저를 부르셨음을 믿습니다. 제 찬송을 받으시며 주의 약속 속에서 힘을 얻어 이번 주는 더 잘 살아 보겠습니다." 이런 진전이 있어야 합니다. 예수 믿는 자들에게 허락된 복음입니다. 새사람이 되어 명예와 영광을 위하여 주어진 인생을 살고 있는데, 신자 된 정체성은 잊어버리고 늘 와서 잘못했다는 말만 하고 가기 바쁩니다. 그러지 말라고 로마서 8장이 이렇게 권면합니다. 마지 읽어 보겠습니다.

> 누가 우리를 그리스도의 사랑에서 끊으리요 환난이나 곤고나 박해나 기근이나 적신이나 위험이나 칼이랴 기록된 바 우리가 종일 주를 위하여 죽임을 당하게 되며 도살 당할 양 같이 여김을 받았나이다 함과 같으니라 (롬 8:35-36)

정말 그렇습니다. 예수 믿어 밤낮 손해만 보는 것 같고 죽을 지경인데, 우리에 대한 약속은 이렇듯 멋지게 제시되어 있습니다.

> 그러나 이 모든 일에 우리를 사랑하시는 이로 말미암아 우리가 넉넉히 이기느니라 내가 확신하노니 사망이나 생명이나 천사들이나 권세

자들이나 현재 일이나 장래 일이나 능력이나 높음이나 깊음이나 다른 어떤 피조물이라도 우리를 우리 주 그리스도 예수 안에 있는 하나님의 사랑에서 끊을 수 없으리라 (롬 8:37-39)

우리의 운명에 대한 성경의 약속을 고통 없는 현실로 보상해 달라고 요구하지 말고, 우리가 받는 이해할 수 없는 어려움과 고통이 우리에게 유익이 된다, 잘잘못보다 더 큰 유익이 있다, 더 배운다, 더 나아가게 된다를 깨닫기 바랍니다. 사람은 잘했을 때보다 잘못했을 때 훌륭해질 기회가 생깁니다. 못난 사람들은 잘못한 것을 두고 우기지만, 우리는 잘못한 것으로 유익을 얻습니다. 이 신비는 히브리서 8장에 가서 이야기하기로 하고, 오늘은 열심히 살기로 합시다. 교회에 오면 웃는 낯으로 반가워하십시오. 복음을 소유한 자의 자랑으로 언제나 넉넉히 승리하기 바랍니다.

기 도

하나님 아버지, 은혜를 감사합니다. 우리는 하나님의 자녀이고, 우리의 인생은 영광을 향하여 가고 있습니다. 아무도 우리를 하나님의 사랑에서 끊을 수 없습니다. 우리는 십자가로 세우신 하나님의 구원과 그 승리를 소유한 자들입니다. 세상의 도전 앞에 예수를 믿는 사람이 가지는 생명과 빛과 권능과 자랑을 증언하고 누리는 귀한 인생을 살아 내게 하시옵소서. 예수님 이름으로 기도합니다. 아멘.

12.
이러한 대제사장이
우리에게 있다는 것이라

1 지금 우리가 하는 말의 요점은 이러한 대제사장이 우리에게 있다는 것이라 그는 하늘에서 지극히 크신 이의 보좌 우편에 앉으셨으니 2 성소와 참 장막에서 섬기는 이시라 이 장막은 주께서 세우신 것이요 사람이 세운 것이 아니니라 …… 4 예수께서 만일 땅에 계셨더라면 제사장이 되지 아니하셨을 것이니 이는 율법을 따라 예물을 드리는 제사장이 있음이라 5 그들이 섬기는 것은 하늘에 있는 것의 모형과 그림자라 모세가 장막을 지으려 할 때에 지시하심을 얻음과 같으니 이르시되 삼가 모든 것을 산에서 네게 보이던 본을 따라 지으라 하셨느니라 6 그러나 이제 그는 더 아름다운 직분을 얻으셨으니 그는 더 좋은 약속으로 세우신 더 좋은 언약의 중보자시라 …… (히 8:1-13)

십자가로 돌아가지 말고

히브리서 8장에 이르렀습니다. 8장에서 중요한 내용은 6절에 나온 바와 같이, 예수는 '더 아름다운 직분을 얻으셨으니 그는 더 좋은 약속으로 세우신 더 좋은 언약의 중보자'라는 것입니다. 예수를 '더 아름다운 직분을 얻은 자, 더 좋은 약속으로 세우신 더 좋은 언약의 중보자'라고 소개하여 히브리서가 다루는 주제 즉 '신앙생활을 하는 현실이 왜 이렇게 고단한가'에 대한 답으로 제시합니다. 당시는 여러모로 핍박이 심했던 시기이기에 더 힘들었겠지만, 사실 신앙생활을 하는 것은 어느 시대나 어렵습니다. 이 어려움에 대한 답을 히브리서는 뜻밖에도 '영원한 대제사장이신 예수'로 풀어냅니다.

우리는 자신의 신앙을 점검할 때에 대개 십자가로 돌아가곤 하는데, 히브리서는 십자가로 돌아가는 방법을 제시하지 않습니다. 부활하시고 승천하사 하늘 보좌 우편에 앉아 계신 대제사장 예수의 현재 사역으로 우리를 인도하여 고단한 신앙 현실을 위로합니다. 이 위로가 어떤 것인지 알기 위해서는 히브리서가 말하는 예수의 대제사장 직을 유념해서 볼 필요가 있습니다.

8장 1절에서 본 대로, '지금 우리가 하는 말의 요점은 이러한 대제사장이 우리에게 있다는 것'입니다. 우리는 '예수님' 하면 일단 무조건 십자가로 돌아가고 보는데, 히브리서는 '승천하신 예수님이 보좌 우편에서 지금도 우리를 위하여 기도하시는 대제사장의 직분을 수행하고 계신다'로 우리를 이끌어 갑니다. 예수를 믿고 난 이후의 신앙 현실에서 우리가 스스로 격려하고 점검하는 기준이나 붙잡아야 할

푯대가 예수의 십자가이기보다 예수의 대제사장직이어야 한다는 것을 히브리서를 통해 확인할 수 있습니다. 이는 십자가의 효력이 약해서 그런 것이 아닙니다.

로마서 5장으로 가서 예수의 십자가가 대제사장 직분에 어떻게 연결되는지 다시 살펴볼 필요가 있습니다.

> 그러면 이제 우리가 그의 피로 말미암아 의롭다 하심을 받았으니 더욱 그로 말미암아 진노하심에서 구원을 받을 것이니 곧 우리가 원수 되었을 때에 그의 아들의 죽으심으로 말미암아 하나님과 화목하게 되었은즉 화목하게 된 자로서는 더욱 그의 살아나심으로 말미암아 구원을 받을 것이니라 (롬 5:9-10)

여러 번 인용했던 비교입니다. 첫 번째 비교는 '우리가 하나님과 원수 되었을 때에 예수님이 우리를 위하셨다면, 우리가 하나님과 화목하게 된 이후에는 얼마나 더 위해 줄 것인가' 하는 비교이고, 두 번째는 '예수가 죽으심으로 우리에게 은혜를 끼쳤다면, 살아나셔서는 얼마나 더 큰 은혜를 주시겠는가' 하는 비교입니다. 이 비교를 이해해야 합니다. 십자가로 우리를 죄에서 구원하셨는데, 구원하신 이후에는 얼마나 더 큰 은혜와 목적을 베푸실 것인지 생각해 보라는 것입니다. 그런데 우리는 대개 후자를 잘 깨닫지 못합니다.

우리의 신앙은 언제나 십자가에서 다 멈춰 서 버렸고, 바라는 건 전부 내세적입니다. 천국에 가는 것이 소원인데, 이 일은 현재가 아닌 미래에 실현되는 거라서 그렇습니다. 예수를 믿자마자 바로 우리를 데려가셨으면 좋았을 텐데, 그렇게 하지는 않으시니 남아 있는 동안 '쓸모 있는 신자가 되자'가 우리 구호의 전부가 되어 버렸습니다. 여기가 매우 모호하고 막연합니다. 문제는 현실이 고달프다는 사실입니다. 기대와 다르고 소원과 다릅니다. 더구나 하나님은 답을 안 해 주십니다. 이것이 현실입니다.

성령의 탄식과 우리 현실

이 문제는 로마서 5장 17절부터 이런 대조로 소개되어 있습니다.

> 한 사람의 범죄로 말미암아 사망이 그 한 사람을 통하여 왕 노릇 하였은즉 더욱 은혜와 의의 선물을 넘치게 받는 자들은 한 분 예수 그리스도를 통하여 생명 안에서 왕 노릇 하리로다 그런즉 한 범죄로 많은 사람이 정죄에 이른 것 같이 한 의로운 행위로 말미암아 많은 사람이 의롭다 하심을 받아 생명에 이르렀느니라 한 사람이 순종하지 아니함으로 많은 사람이 죄인 된 것 같이 한 사람이 순종하심으로 많은 사람이 의인이 되리라 (롬 5:17-19)

인류의 대표 둘을 비교하여 설명하는 본문입니다. 인류의 첫 대표인 아담의 범죄로 말미암아 그 후손인 우리가 직접 죄를 짓기도 전에 죄인이 되고 이것으로 죽을 운명에 처해진 것 같이, 둘째 아담인 예수와 그의 승리로 인하여 우리가 의인이 되었고, 예수의 부활로 우리의 결국은 부활과 영광으로 갈 것이라는 약속이 들어 있습니다. 그런데 이 약속은 성경에서 보기만 했을 뿐, 현실에서는 그다지 위력을 발휘하는 것 같지 않습니다. 왜냐하면 승리로 가는 것 같지도 않고, 거룩함으로 가는 것 같지도 않고, 나아지는 것 같지도 않기 때문입니다. 이게 뭔가 하는 생각이 듭니다. 에베소서 1장으로 가 봅시다.

찬송하리로다 하나님 곧 우리 주 예수 그리스도의 아버지께서 그리스도 안에서 하늘에 속한 모든 신령한 복을 우리에게 주시되 곧 창세 전에 그리스도 안에서 우리를 택하사 우리로 사랑 안에서 그 앞에 거룩하고 흠이 없게 하시려고 그 기쁘신 뜻대로 우리를 예정하사 예수 그리스도로 말미암아 자기의 아들들이 되게 하셨으니 이는 그가 사랑하시는 자 안에서 우리에게 거저 주시는 바 그의 은혜의 영광을 찬송하게 하려는 것이라 우리는 그리스도 안에서 그의 은혜의 풍성함을 따라 그의 피로 말미암아 속량 곧 죄 사함을 받았느니라 이는 그가 모든 지혜와 총명을 우리에게 넘치게 하사 그 뜻의 비밀을 우리에게 알리신 것이요 그의 기뻐하심을 따라 그리스도 안에서 때가 찬 경륜을 위하여 예정하신 것이니 하늘에 있는 것이나 땅에 있는 것이 다 그리스도 안에서 통일되게 하려 하심이라 모든 일을 그의 뜻의 결정대로 일하시는 이의 계획을 따라 우리가 예정을 입어 그 안에서 기업이 되었으니 이는 우리가 그리스도 안에서 전부터 바라던 그의 영광의 찬송이 되게 하려 하심이라 (엡 1:3-12)

성경의 약속에 따르면, 우리의 운명은 영광과 찬송으로 정해져 있습

니다. 이 말씀을 읽으면 위로를 받지만, 실제 힘으로 와닿지 않는 것
은 우리 현실이 영광과 찬송으로 나아가는 것 같지 않기 때문입니다.
더욱 놀라운 것은 13절과 14절입니다.

> 그 안에서 너희도 진리의 말씀 곧 너희의 구원의 복음을 듣고 그 안
> 에서 또한 믿어 약속의 성령으로 인치심을 받았으니 이는 우리 기업
> 의 보증이 되사 그 얻으신 것을 속량하시고 그의 영광을 찬송하게
> 하려 하심이라 (엡 1:13-14)

보증으로 성령까지 보내셨습니다. 성령이 우리 안에 계십니다. 그런
데 현실은 시원치 않습니다. 내가 무엇을 잘못했고 내가 무엇이 못났
고를 떠나, 보증으로 와 계신 성령이 우리의 소원과 간절함에 답하시
는 것 같지 않습니다. 로마서 8장에서 본 이 구절을 기억하실 것입니
다. "이와 같이 성령도 우리의 연약함을 도우시나니 우리는 마땅히 기
도할 바를 알지 못하나 오직 성령이 말할 수 없는 탄식으로 우리를 위
하여 친히 간구하시느니라"(롬 8:26). 성령이 와 계시고 말할 수 없는
탄식으로 우리를 위하여 기도하신다고 하는데, 신자의 현실은 어떻습
니까? 한심합니다.

새삼스러울 것 없이 우리가 다 겪는 현실입니다. 소원은 있으나 열
매와 결과가 없습니다. 그런데 성경은 이것을 당연시하고 있습니다.
우리가 한심해 하는 이 현실은 대제사장이신 예수님이 하늘 보좌 우
편에서 우리를 위하여 간구하시는 현실이라고 합니다. 이해할 수 없
는 고난과 실패가 있는 현실에 대해 성경은 우리를 납득시키려 하는

데, 우리는 이 부분을 몽땅 놓치고 있습니다.

다시 회개할 것이 없나니

히브리서 6장에 가 봅시다.

> 그러므로 우리가 그리스도의 도의 초보를 버리고 죽은 행실을 회개
> 함과 하나님께 대한 신앙과 세례들과 안수와 죽은 자의 부활과 영원
> 한 심판에 관한 교훈의 터를 다시 닦지 말고 완전한 데로 나아갈지
> 니라 하나님께서 허락하시면 우리가 이것을 하리라 한 번 빛을 받고
> 하늘의 은사를 맛보고 성령에 참여한 바 되고 하니님의 선한 말씀과
> 내세의 능력을 맛보고도 타락한 자들은 다시 새롭게 하여 회개하게
> 할 수 없나니 이는 그들이 하나님의 아들을 다시 십자가에 못 박아
> 드러내 놓고 욕되게 함이라 (히 6:1-6)

사실 이런 구절을 읽으면 무섭습니다. 우리가 여기에 저촉되기 때문
입니다. 그런데 이 말씀은 '너희 그러면 안 된다. 구원을 받았는데도
구원받은 자답게 살지 못하는 것은 예수님을 다시 십자가에 못 박는
것이다'라는 이야기를 하려는 것이 아닙니다. 히브리서에서는 출애굽
사건을 예로 들어 많이 권면하는데, 이런 내용이었습니다. '예수를 보
내어 너희를 구원했다. 구원을 이루는 대제사장으로 예수를 세웠으니
너희는 너희 선조들이 애굽에서 나올 때에 거역한 것 같이 굴지 말고

순종해라.'

이스라엘 백성은 무엇에 실패했죠? 애굽에서는 나왔지만, 가나안에 들어가는 데에는 실패했습니다. 이스라엘 백성이 애굽에서 나와 광야에 머무를 때에는 하나님이 모든 걸 해결해 주셨습니다. 열 가지 재앙을 내리고, 홍해를 가르고, 반석에서 물을 주시고, 만나와 메추라기로 먹이시며, 구름기둥과 불기둥으로 보호하셨습니다. 하지만 가나안에 들어가는 일만큼은 그들 스스로 결단해야 했습니다. 그러나 그들이 불순종하여 가나안에 들어가기를 거부하자, 그들은 광야에서 죽을 수밖에 없었습니다.

그러니 '한 번 빛을 받고 하늘의 은사를 맛보고 성령에 참여한 바 되고 하나님의 선한 말씀과 내세의 능력을 맛보고도 타락한 자들은 다시 새롭게 하여 회개하게 할 수 없'다와 같은 말씀을 만나면, 이런 역사적 사건을 염두에 두고 그 의미를 생각해야 합니다. 우리가 신앙생활하면서 제일 많이 하는 기도는 무엇입니까? 회개 기도입니다. 회개 기도는 왜 할까요? 신앙생활이 마음처럼 되지 않아서 합니다. 물론 자신이 신자답지 못했다는 반성에서 회개 기도를 하는 것은 옳습니다. 그러나 그렇다고 해서 매번 십자가로 다시 돌아가면 안 됩니다. 히브리서가 이야기하는 것이 바로 이것입니다. 히브리서 10장에 가 봅시다.

제사장마다 매일 서서 섬기며 자주 같은 제사를 드리되 이 제사는 언제나 죄를 없게 하지 못하거니와 오직 그리스도는 죄를 위하여 한 영원한 제사를 드리시고 하나님 우편에 앉으사 그 후에 자기 원수들을 자기 발등상이 되게 하실 때까지 기다리시나니 그가 거룩하게 된 자들을 한 번의 제사로 영원히 온전하게 하셨느니라 또한 성령이 우리에게 증언하시되 주께서 이르시되 그 날 후로는 그들과 맺을 언약이 이것이라 하시고 내 법을 그들의 마음에 두고 그들의 생각에 기록하리라 하신 후에 또 그들의 죄와 그들의 불법을 내가 다시 기억하지 아니하리라 하셨으니 이것들을 사하셨은즉 다시 죄를 위하여 제사 드릴 것이 없느니라 (히 10:11-18)

마지막 구절을 이렇게 바꿔 볼까요. '다시 죄를 위하여 회개할 것이 없느니라.' 이미 끝났기 때문입니다. 뭐가 끝났을까요? 죄 문제가 해결되었습니다. 죄는 계속되는데, 어떻게 끝났을까요? 성경이 말하는 죄는 도덕적 타락이 아니라 하나님과의 관계에서 이탈된 것을 말합니다. 우리와 하나님의 관계는 십자가로 결정됐는데, 그렇게 결정된 관계로 우리의 신분과 운명은 영원히 고정됩니다. 그러면 이제 무슨 일이 남았을까요? 예수가 대제사장직을 계속 감당해야 하는 일이 남았습니다. 십자가로 구원한 당신의 백성들을 영광의 자리로 인도하는 일이 남은 것입니다. 앞서 언급한 출애굽 사건을 생각해 보십시오. 출애굽 사건에서 우리가 이해하지 못한 이스라엘 백성의 실패는 무엇입니까? 그들이 계속 거부한 것은 무엇입니까? 성숙한 자유인이 되는 것을 거부하였습니다. 허락된 자유가 지니는 결단과 책임을 외면하고 계속 애굽으로 돌아가자고 했습니다. 왜 돌아가자고 했을까요? 우리 생각에는 좀 뜻밖이라고 여겨지는데 말입니다.

성숙한 자유인

자유가 지닌 결정과 책임의 의미가 잘 드러난 예를 하나 들겠습니다. 일전에 언급한 적이 있는 영화 〈쇼생크 탈출〉입니다. 이 영화에서 주인공의 동료로 나왔던 레드(모건 프리먼 분)를 기억할 것입니다. 종신형을 선고받은 레드는 40년을 복역한 후 가석방으로 풀려납니다. 출소한 이후에 레드는 식료품점에 취직해서 물건을 담아 주는 일을 하며 근근이 살아갑니다. 그런데 레드는 무엇을 못합니까? 혼자 결정을 못 내립니다. 화장실 가는 것도 매니저의 허락을 받고 가야 마음이 편합니다. 그러다가 핀잔을 듣죠. "이봐, 화장실 가는 건 허락받을 필요 없어. 자네가 가고 싶을 때 가면 돼." 그토록 원하던 자유를 얻었지만, 레드는 자유를 누리지 못합니다. 그는 자기에게 익숙한 교도소로 돌아가고 싶어 합니다. "무섭단 말이야. 난 이렇게 두려워하면서 살기 싫어." 레드는 무엇이 두려웠을까요? 결정하는 것이 두렵습니다. 실력은 없는데, 알 수 없는 미래는 다가오니 결정해야 하고, 결정했으면 책임을 져야 하니 겁이 납니다. 우리의 기도도 이렇습니다. 알 수 없는 미래를 책임져야 하는 것이 두려워 스스로 결정도 못하고 하나님한테 쪽집게처럼 꼭 집어서 가르쳐 달라고 고집부립니다.

《하나님의 뜻》을 쓴 제럴드 싯처는 우리가 하나님에게 미래를 미리 보여 달라고 기도하는 것은 책임을 지지 않아도 되는 결정을 하고 싶기 때문이라고 말했습니다. 하나님의 뜻을 알아내어 하나님에게 책임을 돌리고 싶은 것입니다. "하나님, 이 일은 제가 결정하지 않았습니다. 하나님이 하라는 대로 했더니 이렇게 되었습니다. 그러니 하나님이 책임져 주세요." 이런 우리의 죄성을 아시는 하나님은 미래를 보여 주지 않으시고, 우리더러 실제로 결정하고 살아 보라고 하십니다.

틀리면 어떻게 해야 할까요? 욕을 먹어야죠. 그런데 우리는 어떻게 합니까? 잘못은 했는데, 욕 먹기는 싫어서 십자가로 도망가 버립니다. 십자가로 가서는 "주여, 이 죄인이 왔습니다. 용서해 주시옵소서"라고 징징대며 십자가를 현저히 욕보입니다. 하나님이 우리를 불러내어 이미 자녀 교육을 시키고 있는데도 "하나님, 저를 버리지 마세요. 저를 미워하시는 걸 보니 전 아마 주워 온 아이가 아닐까 하는 생각이 드네요. 제가 구원받았다는 것을 다시 한번 확인시켜 주세요" 하며 자꾸 돌아간단 말이죠. 왜 그렇게 할까요? 지금 이곳이 무얼 하는 자리인지 몰라서 그렇습니다.

히니님이 우리를 십자가로 부르신 다음 영광을 빚어 가는 중인데, 이 영광의 핵심은 자유입니다. "너 스스로 선택하여 결정하고, 네가 책임지는 길을 걸어서 훌륭해져라." 이렇게 말씀하십니다. 아이를 낳았으면 길러야 하고, 아이가 자라면 학교에 보내는 것이 당연합니다. 그런데 먹이고 입히고 학교 보내 주면 책임이 끝난 것이 아니라 사람답게 만들어야 합니다. 등록금 내 주고, 좋은 옷 입히고, 잘 먹이고, 책 사 주는 일은 부모의 책임입니다. 그런데 공부는 자녀가 스스로 해서 자신의 인격과 실력을 쌓아야 합니다. 이런 일은 아무도 대신해 줄 수가 없습니다. 그래서 부모가 매질도 하고 꾸중도 하는 것입니다. 그런데 자녀는 부모더러 늘 뭐라고 합니까? "우리 부모는 날 미워하나 보다." 맨날 공부하라고 잔소리하고, 숙제하라고 다그치고, 많이 못 놀게 하니까 그렇습니다. 매일 야단맞는 아이를 보고 옆집 애가 말하죠.

"넌 아마 주워 왔을 거야." 이 말을 듣고 깜짝 놀라서 엄마에게 자기 어렸을 때 어땠냐고 물어봅니다. 엄마가 심드렁한 표정으로 "너 어릴 때? 잘 기억 안 나는데"라고 하면, '그렇구나. 그렇구나. 정말 주워 온 게 맞구나' 하며 비뚤어지곤 합니다.

　신앙생활에 대한 이해가 부족하면 현실에 대해 겁을 낼 수밖에 없습니다. '나는 하나님 마음에 들게 한 일이 없다'라는 생각에 풀이 죽습니다. 우리의 잣대나 기준이 죄 용서뿐이어서 그렇습니다. 자신에게 도덕적이고 종교적인 완벽성을 요구하지만, 하나님은 그런 것을 요구하지 않으십니다. 시간을 주시며 한번 해 보라고 하십니다. 더 배워라, 이제 초등학교에 들어왔다, 받아쓰기해 봐라, 덧셈 뺄셈해 봐라, 하십니다.

　학교 다닐 때 보면 이런 일이 종종 있었습니다. 95점 맞은 나는 100점 못 받아 왔다고 매 맞았는데, 옆집 아이는 70점 맞고도 짜장면을 먹습니다. 저 집사님은 기도하면 기도한 대로 늘 응답받는데, 나는 아무리 잘해도 일이 안 풀립니다. 수준이 달라서 그렇습니다. 하나님이 각각에게 필요한 단계를 저마다 거치게 하십니다. 무조건 학년만 빨리 올라가면 다 되는 것이 아니라, 자기 학년을 다니는 동안 꽉 채워 잘 배워야 합니다.

겁내지 말고

우리 각각을 완성하라고 주신 시간이자 기회입니다. 이런 책임을 져야 하는 시간인데, 지금 있는 자리가 어떤 자리인지 모르니 늘 십자가로 돌아가 울고불고는 끝입니다. 주일날 예배 시간에 대표 기도할 때 제일 답답한 사람은 강단에 올라 자기 죄를 나열하며 회개하는 사람입니다. 자기가 얼마나 죄인인가를 사람들 앞에 낱낱이 나열하느라 정작 해야 할 기도는 꺼내지도 못합니다. 그런 기도를 들으면 '도대체 저 사람은 왜 대표 기도를 하러 나와서까지 저렇게 기도하는가' 하는 생각이 듭니다. 친구 생일 파티에 가서 "하나님, 오늘은 제 친구의 생일입니다. 기쁜 마음으로 모였습니다. 잘 먹고 건강하게 해 주세요." 그렇게 기도해야 하는데, "하나님, 저는 죄인입니다. 기도할 자격도 없고, 기도할 마음도 없고 여기 차려진 좋은 음식을 먹을 자격도 없습니다. 그런데 하나님이 저보고 기도하라 그러시면 어떡합니까? 하나님, 전 모르겠습니다"라고 하면 얼마나 안타깝습니까? 이처럼 결벽을 떠는 기도가 어디서나 난무합니다.

교회에 나오는 우리의 얼굴을 보면, 전혀 기쁜 표정이 아닙니다. 교회는 나왔으나 누가 나를 생각 이상으로 기대할까 겁나고, 기대에 못 미치는 나를 알아볼까 두려워서 여유 있거나 편안한 얼굴을 하고 있지 않습니다. 다 겁내고 있습니다. 그리고 누가 좀 잘난 척하는 것처럼 보이면, 이 한마디로 기를 죽입니다. "너 교만한 것 같아." 아, 이런 말은 원자폭탄입니다. 이 말 한마디면, 그 자리에서 모두를 무릎 꿇릴 수 있습니다. 이런 우리 안에 무슨 격려와 모험과 자랑이 있겠습니까?

히브리서는 말씀합니다. "고단하다고? 이것이 십자가다. 예수님이 우리를 구한 방법이다. 십자가의 도가 멸망하는 자들에게는 미련한 것이지만, 구원을 받는 우리에게는 하나님의 능력이요 하나님의 지혜다. 이것이 일을 한다." 흠을 없애려고 결벽을 떨어 씻어 내지 말고, 일어난 일로 유익을 누려야 합니다. 어떤 유익입니까? 로마서 6장을 봅시다.

> 그런즉 우리가 무슨 말을 하리요 은혜를 더하게 하려고 죄에 거하겠느냐 그럴 수 없느니라 죄에 대하여 죽은 우리가 어찌 그 가운데 더 살리요 무릇 그리스도 예수와 합하여 세례를 받은 우리는 그의 죽으심과 합하여 세례를 받은 줄을 알지 못하느냐 그러므로 우리가 그의 죽으심과 합하여 세례를 받음으로 그와 함께 장사되었나니 이는 아버지의 영광으로 말미암아 그리스도를 죽은 자 가운데서 살리심과 같이 우리로 또한 새 생명 가운데서 행하게 하려 함이라 (롬 6:1-4)

은혜를 이야기하면, 꼭 이런 반론이 나옵니다. '은혜로 다 된다면 내가 열심히 살 필요가 있는가.' 그래서 나온 말씀입니다. 길에서 놀고 있는 너를 데려다가 학교에 보내 주지 않았느냐, 그럼 학교에 가서 열심히 공부할 것이지, "세상에. 나는 주워 왔대" 그러면서 떠들고 다니는 것이 잘하는 짓이냐, 예수께서 오셔서 너를 죄인의 자리에서 불러내어 하나님의 자녀답게 생명과 영광의 길을 가라고 하셨는데, "공짜로 꺼내 줬다며? 그러면 내가 뭣 땜에 열심히 살아야 해?"라고 말하는 건 얼마나 비겁하냐, 성경이 그렇게 이야기하고 있습니다.

그게 아니면 '나는 버림받았나 봐. 하나님이 아예 내 기도는 들어 주지도 않으신다네' 하며 풀이 죽어 다닙니다. 그따위 소리를 하게 된 이유가 무엇입니까? 현실적 고통 때문입니다. 예측하지 못한 일들이 일어나는 고통입니다. 이런 일들은 왜 일어날까요? 생각하라고 고통이 있습니다. 우리더러 "어떻게 할래?"라고 묻는 것입니다. 모든 인생이 그렇습니다. "이럴 땐 어떻게 할래? 저럴 땐 어떻게 할래?" 우리는 자기 실력만큼 합니다. 실력만큼 하고 실력에 못 미치는 것만큼 후회하게 될 것입니다. 거기서 주저앉지 말고 한 수 배우고 일어나십시오. 넘어질 때마다 실패할 때마다 울 때마다 답이 없을 때마다 하나씩 배워 갑시다. "다음에는 그러지 않을 거야." 이것을 성경이 우리에게 요구합니다.

로마서 6장에는 기가 막힌 말씀이 들어 있습니다. '너희가 은혜로 얻은 구원이 무엇을 요구하는지 아느냐?'에 대해 말하고 있습니다. 8절부터 봅시다.

> 만일 우리가 그리스도와 함께 죽었으면 또한 그와 함께 살 줄을 믿노니 이는 그리스도께서 죽은 자 가운데서 살아나셨으매 다시 죽지 아니하시고 사망이 다시 그를 주장하지 못할 줄을 앎이로라 그가 죽으심은 죄에 대하여 단번에 죽으심이요 그가 살아 계심은 하나님께 대하여 살아 계심이니 이와 같이 너희도 너희 자신을 죄에 대하여는 죽은 자요 그리스도 예수 안에서 하나님께 대하여는 살아 있는 자로 여길지어다 (롬 6:8-11)

회개한 다음, '하나님이 나를 버리셨으면 어쩌나'와 같은 걱정은 지워 버리십시오. 이제 하나님에 대하여 살아 있는 자로서 당당히 나아가십시오. 로마서 6장 말씀을 이어서 더 봅시다.

그런즉 어찌하리요 우리가 법 아래에 있지 아니하고 은혜 아래에 있으니 죄를 지으리요 그럴 수 없느니라 너희 자신을 종으로 내주어 누구에게 순종하든지 그 순종함을 받는 자의 종이 되는 줄을 너희가 알지 못하느냐 혹은 죄의 종으로 사망에 이르고 혹은 순종의 종으로 의에 이르느니라 하나님께 감사하리로다 너희가 본래 죄의 종이더니 너희에게 전하여 준 바 교훈의 본을 마음으로 순종하여 죄로부터 해방되어 의에게 종이 되었느니라 너희 육신이 연약하므로 내가 사람의 예대로 말하노니 전에 너희가 너희 지체를 부정과 불법에 내주어 불법에 이른 것 같이 이제는 너희 지체를 의에게 종으로 내주어 거룩함에 이르라 너희가 죄의 종이 되었을 때에는 의에 대하여 자유로웠느니라 너희가 그 때에 무슨 열매를 얻었느냐 이제는 너희가 그 일을 부끄러워하나니 이는 그 마지막이 사망임이라 (롬 6:15-21)

학교를 다니면 열심히 공부하는 게 옳은 것처럼, 이제는 하나님의 자녀로 살아야 하는 문제에서 벗어나거나 도망가지 마십시오. 여기서 책임이 나옵니다.

영광과 명예로 가는 길

우리는 어디로 부름을 받았습니까? 영광으로 나아가도록 부름받았습니다. 세상은 이 부름을 받지 않았기 때문에 끝이 사망일 수밖에 없습니다. 헛될 수밖에 없습니다. 우리는 다릅니다. 우리에게 벌어지는 일은 우리를 자녀로 빚어 가기 위해 일어난 일입니다. 우리를 만들기 위하여 하나님은 정답을 외우라고 하시지 않고 직접 살아 보고 해 보라고 하십니다. 그런데 우리는 해 보라며 기회를 주는 것이 무섭습니다. 아까 예로 든 레드같이 "나는 두려워하면서 살기는 싫어"와 같은 공포가 누구에나 있습니다. 어려운 일이 안 생기는 결정을 하고 싶고 그런 안전한 선택을 하게 해 달라고 기도하느라, 지금 내가 가진 실력으로 할 수 있는 일마저 외면하며 삽니다. 그러니 잘못했으면 벌 받고 성숙해지는 일은 죽었다 깨어나도 못하는 겁니다.

군대에 갔더니 맨 첫 시간에 조교가 "제군들, 제트기는 왜 빠른가?"라는 질문을 했습니다. 다들 "제트기니까 빠릅니다"라고 대답하자 "말이 되게 설명해 봐"라고 해서 "제트기 엔진이 어쩌고저쩌고…"라며 설명하는데, 조교가 갑자기 말허리를 끊고 소리 지릅니다. "시끄러! 제트기는 꽁무니에 불이 붙어 빠르다. 이제부터 제군들은 빨라질 것이다"라고 말한 다음 막 두들겨 패기 시작하자 꽁무니에 불이 났습니다. 사실 꽁무니만이 아니라 엉덩이 전체가 빨갛게 달아올라 정말 빨라졌습니다.

하나님이 우리를 훈련하시는데, 우리는 싫습니다. 그러나 이 길은 영광의 길이고 예수께서 친히 먼저 들어와 열어 놓으신 길입니다. 십자가를 교회의 최고 표지와 상징으로 삼는 의미가 무엇입니까? "그것이 승리의 길이다. 가장 멋진 길로 가는 유일한 길이다. 세상의 권력이나 잔꾀가 우리를 유혹하지만, 우리는 결코 지지 않겠다"라는 것입니다.

그걸 어떻게 깨닫게 됩니까? 살아 보면 알게 됩니다. 세상이 하자는 것을 다 한 번씩 해 봅니다. 쉬워 보이고 좋아 보여서 해 봅니다. 그런데 결과가 늘 나쁩니다. 결과 자체가 나쁘다는 것이 아니라, 의미가 없습니다. 거기에는 인격과 존재의 가치와 영광이 없습니다. 폭력과 거짓과 원한과 더러움과 비겁함 뿐이고, 온유와 용서와 자랑과 감사는 없습니다. 하나님은 서둘러 이 길로 들어오라고 이야기하지 않습니다. 우리에게 충분한 시간을 주십니다. 그것이 모두의 인생입니다. 그 길을 걸으십시오. 이 말을 잊지 마십시오. 빌립보서 2장입니다.

> 너희 안에 이 마음을 품으라 곧 그리스도 예수의 마음이니 그는 근본 하나님의 본체시나 하나님과 동등됨을 취할 것으로 여기지 아니하시고 오히려 자기를 비워 종의 형체를 가지사 사람들과 같이 되셨고 사람의 모양으로 나타나사 자기를 낮추시고 죽기까지 복종하셨으니 곧 십자가에 죽으심이라 이러므로 하나님이 그를 지극히 높여 모든 이름 위에 뛰어난 이름을 주사 하늘에 있는 자들과 땅에 있는 자들과 땅 아래에 있는 자들로 모든 무릎을 예수의 이름에 꿇게 하시고 모든 입으로 예수 그리스도를 주라 시인하여 하나님 아버지께 영광을 돌리게 하셨느니라 (빌 2:5-11)

하나님이 당신의 영광을 증명하는 최고의 방법으로 십자가의 길을 택하셨다고 합니다. 예수 그리스도가 가장 영광스러운 존재라고 십자가가 증언합니다. 12절이 이렇게 이어집니다.

> 그러므로 나의 사랑하는 자들아 너희가 나 있을 때뿐 아니라 더욱 지금 나 없을 때에도 항상 복종하여 두렵고 떨림으로 너희 구원을

이루라 (빌 2:12)

어떤 구원을 말하고 있습니까? 죄 사함을 받는 것만을 말하고 있지 않고 하나님의 자녀로 커 가는 것을 말하고 있습니다. 하나 더 봅시다.

> 너희 안에서 행하시는 이는 하나님이시니 자기의 기쁘신 뜻을 위하여 너희에게 소원을 두고 행하게 하시나니 (빌 2:13)

각자 처한 조건과 현실 속에서 하나하나 실력을 쌓아 가십시오. 외면하고 핑계 대고 도망가면 안 됩니다. 몸소 하십시오. 슬프면 우십시오. 가슴을 치십시오. 그러나 회개와 무릎 꿇은 것이 책임을 회피하는 방편이어서는 안 됩니다. 욕을 먹고 나아지십시오. 성경은 마침내 우리가 승리할 것이라고 약속합니다. 왜 그럴까요? 예수께서 하늘 보좌 우편에서 영원한 제사장으로 우리를 위하여 기도하고 있기 때문입니다. 이것이 성경의 약속이고 우리의 현실입니다. 그러니 다시는 체념한 얼굴로 나오지 마십시오. 씩씩하고 담대한 얼굴로 교회에 나오십시오.

기 도

하나님 아버지, 우리의 인생이 하나님이 일하시는 권능과 지혜와 기적의 손길이라고 믿습니다. 내 인생과 자리를 귀히 여기게 하옵소서. 내 자신이, 하나님이 만들고자 하시는 사람으로 성숙하는 훈련을 받고, 그래서 힘을 다하고 실제로 해 보고 책임지고 기도하고 주 앞에 노력하게 하옵소서. 그리하여 마음과 소원과 실력이 함께 자라는 발전이 있게 하옵소서. 외면하지 말고 도망가지 말게 하여 주시옵소서. 마침내 승리할 것을 우리 모두가 격려할 수 있는 자리까지 붙들어 주시옵소서. 예수님 이름으로 기도합니다. 아멘.

13.
그는 새 언약의 중보자시니

11 그리스도께서는 장래 좋은 일의 대제사장으로 오사 손으로 짓지 아니한 것 곧 이 창조에 속하지 아니한 더 크고 온전한 장막으로 말미암아 12 염소와 송아지의 피로 하지 아니하고 오직 자기의 피로 영원한 속죄를 이루사 단번에 성소에 들어가셨느니라 13 염소와 황소의 피와 및 암송아지의 재를 부정한 자에게 뿌려 그 육체를 정결하게 하여 거룩하게 하거든 14 하물며 영원하신 성령으로 말미암아 흠 없는 자기를 하나님께 드린 그리스도의 피가 어찌 너희 양심을 죽은 행실에서 깨끗하게 하고 살아 계신 하나님을 섬기게 하지 못하겠느냐 15 이로 말미암아 그는 새 언약의 중보자시니 이는 첫 언약 때에 범한 죄에서 속량하려고 죽으사 부르심을 입은 자로 하여금 영원한 기업의 약속을 얻게 하려 하심이라 …… (히 9:11-17)

십자가를 넘어서 있는 대제사장 예수

히브리서는 핍박받는 초대교회를 향해 그들이 받는 고난을 당연하게 여기라고 권면합니다. 본문 11절에서 보다시피, 예수 그리스도는 장래 좋은 일의 대제사장으로 오셨습니다. 우리는 현재에 있고, 예수 그리스도는 장래 좋은 일을 완성하기 위한 대제사장으로 지금 계십니다. 이처럼 히브리서에서 다루는 예수 그리스도의 사역은 십자가를 넘어서 있습니다.

그런데 우리는 무슨 일만 생기면 바로 십자가로 돌아갑니다. 신앙생활에 대해 잘잘못을 기준으로 판단한 다음, 잘못했다는 생각이 들면 매번 십자가로 돌아가는 것입니다. 그렇게 하면 십자가가 신앙생활의 유일한 목적지가 되어 버립니다. 십자가는 종착지가 아니라 시작점이고, 새로운 미래를 향해 가는 출발선이라는 것을 모르기 때문입니다. 모든 신앙 행위를 언제나 회개와 관련지어 생각할 뿐, 잘하기 위한 기회로는 이해하지 않습니다. 이에 대한 성경의 설명을 봅시다. "이로 말미암아 그는 새 언약의 중보자시니 이는 첫 언약 때에 범한 죄에서 속량하려고 죽으사 부르심을 입은 자로 하여금 영원한 기업의 약속을 얻게 하려 하심이라"(히 9:15). 십자가로 과거를 끝내고 새로운 시작을 만들어 우리로 영원한 기업을 얻게 하려고 예수께서 죽으셨습니다. 이 예수는 지금 하늘 보좌 우편에서 우리를 위한 대제사장으로 일하고 계십니다.

앞서 보았던 히브리서 8장으로 돌아가 봅시다. "지금 우리가 하는 말의 요점은 이러한 대제사장이 우리에게 있다는 것이라 그는 하늘에서 지극히 크신 이의 보좌 우편에 앉으셨으니"(히 8:1). 이 구절을 로마서 8장에 나온 표현으로 이해하면 '우리를 위하여 친히 간구하시느니라'(롬 8:26 하)입니다. 이것이 현재입니다. 그런데 우리가 신앙생활을 하면서 가장 답답했던 대목은 '예수께서 십자가로 우리를 구원하시고 영원한 대제사장으로 지금 보좌 우편에 앉아 우리를 위하여 기도하고 계시는데, 우리 인생은 왜 이렇게 고단하냐. 왜 우리는 만족할 만한 신앙생활을 못하고 있느냐'입니다. 누군가가 이런 고민을 털어놓으면 이렇게 충고하곤 합니다. "그러니 잘 좀 하지. 무얼 또 잘못해서 벌받고 앉아 있느냐?" 그런데 이렇게 이야기하는 것은 성경이 기대하는 바와 다릅니다.

훌륭해질 기회와 시간

히브리서 9장 27절 이하를 봅시다.

> 한 번 죽는 것은 사람에게 정해진 것이요 그 후에는 심판이 있으리니 이와 같이 그리스도도 많은 사람의 죄를 담당하시려고 단번에 드리신 바 되셨고 구원에 이르게 하기 위하여 죄와 상관없이 자기를 바라는 자들에게 두 번째 나타나시리라 (히 9:27-28)

느닷없이 이런 이야기는 왜 나올까요? "한 번 죽는 것은 사람에게 정해진 것이요 그 후에는 심판이 있으리니." 이런 이야기를 들으면 겁이 납니다. 누군가 갑자기 와서 "너 이제 곧 죽는다. 그리고 죽은 다음에는 심판이 기다리고 있다"라고 말하면, 어떤 생각이 들까요? '이제부터라도 죄짓지 말고 살아야겠다'는 생각이 스칠 것입니다. 이런 생각으로밖에는 달리 연결하지 못했던 이 대목을 히브리서는 이렇게 풀어냅니다. 지금은 예수의 초림과 재림 사이를 살아가는 시간이다, 마음대로 살아도 되는 시간이 아니다, 이 시간은 심판으로 결과 될 과정 곧 하나님이 허락하신 시간을 살아 볼 기회로 받았다는 것을 기억해라, 그런 뜻입니다. 이해하기 좋게 예화를 하나 들어 보겠습니다.

집안이 몹시 가난한 어떤 아이가 있었습니다. 그 아이는 학교 근처에도 가 보지 못하고 매일 나가서 껌 팔고 구두닦이를 하여 가족을 먹여 살립니다. 어느 날, 길에 한 노신사가 넘어져 신음하고 있자 이 아이가 달려가 그를 일으키고 사람들을 불러와 병원에 데려가 살려 냅니다. 알고 보니 그 노신사는 교육계의 유력한 어른이었습니다. 그는 자기를 살려 준 아이를 찾아가 "너 왜 그 시간에 날 살렸냐?"라고 묻습니다. 이 물음에 당황한 아이는 "아, 제가 어르신을 살려 준 게 잘못입니까?"라고 되묻습니다. 노신사는 "그런 말이 아니다. 그 시간이면 학교에서 공부하고 있을 시간인데, 왜 거기 있었냐는 뜻이다"라고 하자, 소년은 "집이 몹시 가난해서 저는 학교 다니는 대신 돈을 벌어야 합니다"라고 말합니다. 아이의 이야기를 잠자코 듣던 노신사가 무언가 생각한 다음, 아이의 집에 통보합니다. "이 아이에게 필요한 모든 학비를 대줄 테니 학교에 보내시오." 그러자 소년의 부모가 "저희도 그 애가 학교에 다니는 걸 원하지만, 그렇게 되면 저희 식구는 모두 굶어 죽게 되니 그렇게는 할 수 없습니다"라며 거절합니다. 노신사는 다시 제안합니다. "좋소. 그렇다면 생활비까지 대 주겠소." 그리하여 마침내 소년은 이제 학교에 다니게 되었습니다. 아이와 그 부모는 노신사가 베푼 은혜에 감격한 나머지 매일 아침 아홉시에 광화문 앞에 나가 촛불을 켠 채, "은혜로우시고 자비로우신 선생님을 기리는 의미로 하루에 열 시간씩 무릎 꿇고 기도하겠습니다"라고 기도만 하고 있다면, 어떻겠습니까?

말이 안 됩니다. 이제 드디어 학교를 다니게 되었는데, 저렇게 나와 기도만 하고 있으니 말입니다. 학교에 다니게 되었으면 공부를 열심히 해야 합니다. 공부는 왜 하는 걸까요? 훌륭해지라고, 더 깊고 위대해지라고 하는 것입니다. 그러니 좋은 학교란 학생에게 훌륭해질 것을 요구하고 그 요구를 채워 줄 수 있는 학교입니다. 좋은 환경, 좋은 교사, 그 밖의 좋은 조건을 갖추어야 좋은 학교입니다. 그러니 학교가 아무리 좋은 외적 조건을 갖추고 있어도 당사자가 훌륭해지기로 하지 않는 한 아무 소용이 없습니다.

히브리서가 하고 싶은 이야기도 바로 이것입니다. "한 번 죽는 것은 사람에게 정해진 것이요 그 후에는 심판이 있으리라"라는 말씀은 무서운 선언이 아닙니다. '지금이 기회다. 열심히 공부하고 배워라. 다 너 훌륭해지라고 하는 요구이다. 너는 훌륭해질 기회와 조건 속에 있다. 외적 조건은 내가 다 갖춰 놓을 테니 너는 실력을 길러라. 네 정체성과 가치를 가꾸어 네 자신이 훌륭해지지 않는 한, 아무리 외적 조건이 잘 갖춰져 있어도 아무 소용이 없다'라는 것입니다.

우리 자신이 이런 기회와 책임 속에 있다는 사실을 깨닫지 못하면, 우리는 언제나 잘잘못이라는 기준에 묶여 울고 회개하고 하나님 앞

에 진심을 확인받고 하는 일만 반복하게 될 것입니다. "하나님, 이것
도 잘못했습니다. 저것도 잘못했습니다"라는 회개만 거듭할 뿐, 거기
서 한 발짝도 나아가지 못하고 제자리걸음만 할 뿐입니다. 공부는 어
떻게 하는 거죠? 실제로 해 보는 것입니다. 시험을 쳐 보면, 알고 있다
고 생각한 것인데 틀리고 엉뚱한 답을 찍었는데 정답을 맞히는 일을
경험하게 됩니다. 이런 과정을 통해 실력이 길러집니다.

   우리 인생을 보면, 마치 하나님이 우리를 학교에 보내신 것 같습니
다. 우리로 많은 도전과 위협과 시험 속에 살게 하십니다. 가장 큰 도
전은 무엇입니까? 세상이 가진 폭력입니다. 약육강식, 적자생존입니
다. 세상은 우리더러 강해지거나 독해지라고 합니다. 하나님은 그 조
건 속에 우리를 집어넣어 두고 일하십니다. 하나님이 우리를 위하여
자기 아들을 보내셨고, 그 아들이 십자가를 지고 부활하시고 승천하
셔서 지금 우리 편을 들고 계시는데도 이 폭력과 공포 속에 살아간다
는 것이 믿어지지 않습니다. 더구나 이런 세상 속에 하나님이 일하신
다는 것은 더더욱 믿어지지가 않습니다. 이런 하나님의 일하심은 우
리에게 매일의 도전과 시험에 스스로 답을 해 보라는 것입니다. 우리
더러 문제를 해결하라는 것이 아닙니다.

   예수를 믿어도 이런 일에서 보호받는다거나 시험이 면제되지는 않
습니다. 또 이런 공포를 이겨 낼 실력이 우리에게 미처 갖춰져 있지도
않습니다. 이럴 때는 어떻게 해야 합니까? 우리 현실에서 보듯이 법
보다 주먹이 가깝습니다. 그런데 나중에는 성경이 가깝다고 말할 수
있어야 합니다.

   현실은 법보다 주먹이 가까워서 우리는 자주 집니다. 계속 지고 또

계속 타협합니다. 우리 생애의 거의 대부분을 실컷 지고, 지고 나면 원망합니다. 매일 더 큰 힘을 갖지 못하고 더 독해지지 못한 것을 후회하여 날로 더 독해지고 악해지려 합니다. 이런 생각에 발맞추느라 원망과 분노가 쌓여 갑니다. 우리의 표정과 행동을 보면 "나 건들지 마. 싫으면 같이 죽든가"라고 말하는 것 같습니다. 자신의 안전을 확보하려고 최소한 문신을 하든가, 성경책을 붙이고 다니든가 합니다.

나이를 먹으면 다시 학창 시절로 돌아가고 싶은 생각이 듭니다. "내가 다시 중학교로 돌아가면 그때는 친구들과 어울려 다니지 않고 공부만 할 거야"라고 다짐합니다. 잘한다는 게 무엇입니까? 모든 시간에 집중하는 것입니다. 그런 마음을 가지는 것이 열매입니다. "인생의 최고 덕목이 성실함이라는 걸 이제야 알았어. 학교 다닐 때 난 수학을 못했어. 난 내 머리가 나빠서 수학을 못한 줄 알았어." 수학은 어떻게 해야 잘하죠? 머리가 좋아야 잘하는 게 아니라, 외워야 잘합니다. 수학도 암기 과목이라는 것을 그때는 생각하지 못했는데, 수학도 외워야 잘합니다. 외우면 이치가 깨달아집니다. 영어는요? 물론 외워야 합니다. 나이 들면 인생 속에서 배웁니다. 악해지고 독해져서 이긴 것들이 결국 아무런 가치가 없다는 것을 말입니다.

맏아들의 불평

그렇게 되면 이것이 인생이란 말인가, 이것이 인간이란 말인가와 같은 질문이 드디어 나옵니다. 이겨도 아무 소용이 없고 보복해도 쓸데

없음을, 이겼다고 생각한 것이 내 인생에 아무런 의미가 없음을 깨닫게 됩니다. 나이가 들면 이 깨달음을 얻게 됩니다. 그래서 이 긴 시간을 하나님이 허락하시는 것입니다.

탕자의 비유를 생각해 봅시다. 그는 고아였습니까? 아닙니다. 그는 그 집안의 작은아들이었습니다. 그런데 이 아들이 집을 나갑니다. 나가서 무엇을 배웁니까? 세상에는 가치 있는 것이 없다는 사실을 배웁니다. 정당한 보상도 없고 영광도 없다는 것을 깨달아 아버지께 돌아옵니다. '내 아버지 집에는 품꾼들마저도 넉넉했다.' 이는 다만 경제적 측면만을 이야기한 것이 아닙니다. '내 아버지 집에서는 모두가 사람대접을 받았다. 이제 나는 아버지께 돌아가야겠다'라고 결심합니다. 작은아들이 돌아와서는 아버지에게 뭐라고 이야기합니까? "아버지, 저는 감히 아버지의 아들이라고 불릴 자격도 없습니다. 그저 저를 품꾼의 하나로 보시옵소서." 이에 아버지가 뭐라고 하죠? "무슨 소리냐. 여봐라, 내 아들에게 새 신을 신겨라. 가락지를 끼워라. 송아지를 잡아라. 죽었던 내 자식이 살아 돌아왔다." 이 비유가 회개를 말하고 있다고 생각하십니까? 회개의 가치와 비교할 수 없이 깊은 진리를 말하고 있습니다.

이것이 우리가 겪는 신앙 인생의 진솔한 내용입니다. 인생이라는 긴 시간 동안, 신자다운 인생을 살 겨를은 막판밖에 없습니다. 그 전에는 집을 나가 본 적 없는 큰아들처럼 삽니다. 큰아들이 아버지에게 했던 이야기를 우리도 하게 됩니다. "저 자식은 다 팔아먹고 빈털터리로 돌아왔는데, 왜 송아지를 잡아 주죠? 나한테는 염소 새끼라도 한 번 줘 봤어요? 병아리라도 한 번 삶아 줘 봤어요?" 큰아들이 이런 불평을 한 것은 자기가 처한 자리와 그 자리에서 배워야 하는 가치를 자신도 모르고 있었다는 뜻입니다. 순종하고 말씀을 따르는 삶이 지닌 가치를 모르면 "내 것이 다 네 것이 아니냐"라는 아버지의 말을 깨닫지 못합니다. 큰아들은 아버지의 기업을 아직 자기 것으로 삼지 못했습니다. 그건 다만 강제로 묶여 있는 자리에 불과한데, 하나님은 그걸 원하지 않으십니다.

하나님이 우리에게 원하시는 것은 자발적 항복입니다. 하나님이 우리에게 자원하여 그리하셨던 것처럼, 우리 역시 하나님에게 기꺼이 나아오기를 원하십니다. 우리가 아직 죄인이었을 때에 우리를 찾아오신 것처럼 말입니다. 우리가 소원하고 기도하여 보상해 주신 것이 아닙니다. 하나님이 먼저 우리를 찾아오셨습니다. 하나님은 우리에게 세상과 하나님을 동등한 기회에 놓고 당신에 대한 자발적 항복을 요구하고 계십니다. 지고 이기면 전부가 아니라, 인간이라는 존재에 대한 확인과 자기만족의 가치를 알게 하십니다. 하나님이 그런 거대한 목적과 뜻을 우리에게 두어 역사와 인생 속에서 사는 기회를 주신 것입니다. 얼마나 굉장한 기독교입니까.

순종, 하나님이 원하시는 컨텍스트에 자신을 본문으로 채우는 것

우리는 이 일이 역사에서 실제로 일어났던 사실을 알고 있습니다. 바로 출애굽 사건입니다. 애굽에서 나온 것, 열 가지 재앙, 홍해를 가른 일, 구름기둥과 불기둥, 만나와 메추라기, 반석에서 나는 샘물, 이 모든 것을 하나님이 주셨지만, 가나안 땅은 이스라엘 백성이 자발적으로 결심하고 순종해야 들어갈 수 있었습니다. 가나안은 그런 땅입니다. 신자 노릇을 한다는 것은 우리의 선택이고, 우리의 자유이고, 우리의 책임이어야 합니다. 이것을 순종이라고 합니다. 순종은 한 번 선택하여 복권에 당첨되는 것과 같은 행운에 우리 생애를 넘겨 버리는 도박 같은 것이 아닙니다. 그런 순종은 없습니다. 자기가 한 선택을 본인이 살기로 하는 것, 자기가 한 선택의 결과를 책임지기로 한 것이 순종입니다.

순종에 대해 제가 정의를 내려 보았습니다. 순종이라는 개념이 사람마다 제각각이라서 한번 정리해 보았습니다. 순종이란, 하나님이 원하시는 컨텍스트에 자신을 본문으로 채우는 것입니다. 그러니까 우리의 모든 조건 즉 우리가 태어난 시대와 가문, 우리의 부모, 우리가 고른 배우자, 우리가 낳은 자식, 한국이라는 나라의 근현대사, 이 모든 것 속에 하나님이 우리에게 매번 도전과 선택을 하게 하십니다. 이 일을 우리 스스로 해 보게 하여 잘잘못을 넘어서는 경우와 기회와 선택을 허락하시는 것입니다. 잘못한 것까지 일을 합니다. 왜 그럴까요? 그 후회가, 그 회한이, 우리를 더 깊이 있는 존재로 만들기 때문입니다. '하나님을 사랑하는 자 곧 그의 뜻대로 부르심을 입은 자들에게는 모든 것이 합력하여 선을 이루느니라'(롬 8:28상)라는 말씀이 그런 의미입니다.

순종은 자원하여 몸소 해 보지 않으면 안 됩니다. 늘 이야기했듯, 겸손은 자기 실체를 깨달아 다른 사람을 비난할 수 없다는 것을 아는 자만이 할 수 있습니다. 자신의 못남을 확인하지 않은 채, 겸손을 떠

는 것은 동정입니다. 그건 낯빛만 봐도 압니다. 동정을 가장한 얼굴인
지, 진짜 겸손한 건지는 속일 수 없습니다. 그 사람의 실력입니다. 당
구장 문을 열고 들어서는 스텝만 봐도 '아, 저 사람 고수구나'를 알아
챕니다. 신기하지 않습니까? 교회도 그렇습니다. 성경책 들고 들어서
는 모습만 봐도 압니다. '아, 저 사람은 실력이 있구나.'

　한국 교회는 실력이 아직 부족합니다. 웃을 줄도 열어 놓을 줄도 몰
라 겁을 내며 삽니다. 눈을 안 맞추려고 하고, 무슨 말을 해야 할지 모
릅니다. 한국 교회가 직면한 도전입니다. 구원의 감동, 순교의 각오를
넘어선 다음 단계인 신자의 일상 속에서, 매번 반복해야 하는 공동체
의 삶과 주어진 사회 속에서, 이웃 앞에서, 가장 당연한 기본을 발휘
하도록 배우지 못한 것입니다. 그래서 모두가 놀라죠. 놀라서 도망가
버립니다. 거기에는 책임도 져 본 적 없고, 기회도 선용할 줄 모르는,
그저 다만 시력이 좋아서 옆 사람 답안지 보고 합격한 정도의 실력밖
에 없습니다. 우리가 인생을 제대로 살면, 하나님이 우리 인생에서 만
들고 싶어 하는 가치가 무엇인지를 보게 됩니다.

정말 기독교는 비겁할까

디트리히 본회퍼는 훌륭한 신학자요, 목회자였으나 히틀러 암살에 참
여한 일로 붙잡혀 교수형에 처합니다. 그가 쓴 책 중에 이런 책이 있습
니다. 제목이 아주 도전적입니다. 《정말 기독교는 비겁할까?》. 우리는
비겁합니다. 다들 예수를 믿으면서도 어떻게 믿어야 하는지, 어떻게

책임져야 하는지 몰라 다 고개 숙이고 도망 다녔으니 비겁합니다. '정말 기독교는 비겁할까?' 본회퍼만 이 질문을 할 수 있습니다. 그렇게 물은 본회퍼는 결코 비겁하게 살지 않았기 때문입니다.

그는 시간이라는 주제에 대해 이렇게 썼습니다. "우리가 사람으로 살며 경험하고 배우며 창조하고 즐기며 고통 받지 않은 시간은 잃어버린 시간일 것입니다. 잃어버린 시간이란, 채워지지 않은 텅 빈 시간입니다. 하나님의 말씀은 나의 시간을 요구합니다. 하나님 자신이 시간 속으로 들어오셔서 나의 시간을 그분께 내어 드리길 원하십니다. 그리스도인으로 산다는 것은 순간이 아니라 지속적으로 시간을 드려야 하는 일입니다."[6] 그런데 우리의 시간은 어떻습니까? 우리는 현실을 원망하며 시간을 보냅니다. 그것이 우리의 현실이자 현재이죠. 어쩌란 말입니까? 뭘 어떻게 해야 합니까? 할 수 있는 걸 하십시오. 실력만큼 하십시오. 잘할 수도 있고 잘못할 수도 있습니다. 잘못한 것을 깨달았다면 그 잘못을 반복하지 마십시오. 더 나아지려고 애쓰십시오. 그래서 실제로 나아지십시오.

"이래봬도 내가 중학교 때 수석했어"라고 자랑할 게 아니라, 그것이 지금 어떤 열매를 맺으며, 어떤 나로 만들었는가를 돌아보십시오. 한국 교회가 이렇게 겁을 내는 것은 비겁한 것입니다. 예수를 믿는 걸 뭘 나가서 소리를 지르고 광분하면서 알리겠습니까. 우리에게는 이미 주어진 도전이 있습니다. 우리의 가족, 이웃, 회사, 우리가 속한 사회가 있습니다. 우리는 지하철에 서 있어도 모습이 달라야 합니다. 이것

6) 디트리히 본회퍼 지음, 정현숙 옮김,《정말 기독교는 비겁할까?》(국제제자훈련원), 20쪽.

이 '거룩'을 이마에 써 붙이고 다니라는 이야기겠습니까? 우선 표정이 달라야 합니다. 살아 있는 존재가 마땅히 지어야 할 표정, 마땅히 가져야 할 여유, 인간이기에 짐승과 다르고 기계와 달라야 하는 정체성을 지녀야 합니다. 속지 말아야 할 건 명분이 아닙니다. 실존이어야 합니다. 이 일을 에베소서 4장에서는 이렇게 요구합니다.

> 우리가 다 하나님의 아들을 믿는 것과 아는 일에 하나가 되어 온전한 사람을 이루어 그리스도의 장성한 분량이 충만한 데까지 이르리니 이는 우리가 이제부터 어린 아이가 되지 아니하여 사람의 속임수와 간사한 유혹에 빠져 온갖 교훈의 풍조에 밀려 요동하지 않게 하려 함이라 오직 사랑 안에서 참된 것을 하여 범사에 그에게까지 자랄지라 그는 머리니 곧 그리스도라 (엡 4:13-15)

하나님이 우리를 신적 경지로 부르고 있습니다. 놀랍지 않습니까? 우리를 당신의 자녀라고 부르십니다. 우리로 하나님을 아버지라고 부르게 하십니다. 아버지와 자식은 모든 관계 중 가장 친밀한 사이입니다. 우리의 인생이 이런 일을 우리 것으로 만들기 위하여 하나님이 구체적으로 일하시고 요구하시는 시간이요 기회라는 것을 안다면, 우리는 다만 명분이나 이상이나 기대라는 이름으로 오늘을 낭비하거나 외면하는 인생을 살 수 없을 것입니다. 결국 사랑일까요? 여기서 사랑은 윤리도 명분도 아니고 최고의 자발성을 의미합니다. 우리는 사랑하는 존재가 되어야 합니다. 책임지는 존재가 되어야 합니다. 이것은 인간으로서는 상상할 수 없던 엄청난 약속입니다.

대개 사람들이 종교를 가지는 이유는 자기 책임을 미루기 위해서
가 아닙니까? 우리가 하는 대부분의 기도와 마찬가지로 말입니다.
"하나님의 뜻을 제게 알려 주셔서 제가 책임지지 않게 해 주십시오."
기도할 수밖에 없고, 비명 지를 수밖에 없는 때에도 하나님이 답을 안
주시면 우리는 어떻게 해야 할까요? 그때는 실력만큼 하십시오. 때로
는 화를 내기도 하고, 울기도 하고, 밥상을 걷어차기도 할 것입니다.
그러고서는 무엇을 배우게 됩니까? 밥상을 엎으면 내가 치울 수밖에
없다는 것을 배웁니다. 그건 명예롭지 않다, 그건 강한 것도 아니요,
다만 못난 짓이다를 배우게 됩니다. 그렇게 배웠어야죠. 교회를 30년,
40년 다니고 평생 예수를 믿었는데도 느낀 게 없는 자신의 신앙을 부
끄러워해야 합니다. 각자의 신앙 인생을 참되고 충일하게 살아 내시
고 비난하고 원망해서 누구에게 책임을 떠미는 기만에서 벗어나 위
대한 신자로 살아가기 바랍니다.

기 도

하나님 아버지, 오늘 우리는 새로운 약속을 합니다. 우리의 인생을 몸소 살
기로 합니다. 내 인생을 살기로 합니다. 누구에게 떠넘길 수 없고 그래서도
안 되는, 우리 자신에게 맡겨진 약속을 이루는 우리가 되기로 합니다. 힘을
주시옵소서. 믿음으로 순종할 수 있게 하여 주시옵소서. 책임을 지고 울고
후회하고 한숨짓고 부르짖어서 나아지게 하여 주시옵소서. 예수님 이름으로
기도합니다. 아멘.

14.
예수 그리스도의 몸을
단번에 드리심으로

······ 10 이 뜻을 따라 예수 그리스도의 몸을 단번에 드리심으로 말미암아 우리가 거룩함을 얻었노라 11 제사장마다 매일 서서 섬기며 자주 같은 제사를 드리되 이 제사는 언제나 죄를 없게 하지 못하거니와 12 오직 그리스도는 죄를 위하여 한 영원한 제사를 드리시고 하나님 우편에 앉으사 13 그 후에 자기 원수들을 자기 발등상이 되게 하실 때까지 기다리시나니 14 그가 거룩하게 된 자들을 한 번의 제사로 영원히 온전하게 하셨느니라 15 또한 성령이 우리에게 증언하시되 16 주께서 이르시되 그 날 후로는 그들과 맺을 언약이 이것이라 하시고 내 법을 그들의 마음에 두고 그들의 생각에 기록하리라 하신 후에 17 또 그들의 죄와 그들의 불법을 내가 다시 기억하지 아니하리라 하셨으니 18 이것들을 사하셨은즉 다시 죄를 위하여 제사 드릴 것이 없느니라 (히 10:1-18)

단번에 속하는 예수의 피

예수를 믿는 사람들에게 가장 큰 관심사는 죄 사함을 얻어 천국에 가는 것일 겁니다. 예수는 우리를 위해 십자가를 지심으로 우리 죄를 사하시고 지옥 갈 우리를 천국 백성으로 삼으셨습니다. 그런데 십자가까지 지시고 우리의 항복을 받아 내신 다음에도 왜 우리를 이 세상에 남겨 두시는지 사실 이해가 되지 않습니다. 신자답게 살려고 애쓰는데 잘되지 않고, 이 괴로운 세상에 우리만 남겨 둔 채 대체 뭘 하라고 하시는지 막막할 때가 있습니다. 물론 전도하고 봉사하고 빛과 소금의 역할을 다하면 마땅하고 감격스러울 텐데 실제로는 잘되지도 않고, 다른 사람은 잘하는가 싶어 물어보면 그들도 잘하는 것 같지는 않습니다. 그렇다면 신자 대부분이 합당한 신앙생활을 하지 못한다는 것인데, 하나님은 왜 이런 시간을 끌고 계시는가 하는 질문이 남습니다.

　히브리서 수신자들에게도 이와 같은 문제가 있었습니다. 신앙생활을 하기 위해 여러 위험과 손해를 감수하며 살지만, 현실에서는 아무런 보상이 따르지 않았습니다. 예수 믿는 것이 무엇인지도 모르는 것을 넘어 예수를 대적하기까지 하는 세상 권력과 부도덕한 사람들이 오히려 득세하여 교회를 핍박하자 그들은 낙심해 있었던 것입니다. 그런 자들에게 보낸 편지가 히브리서인데, 이 편지는 우리가 아는 전형적인 위로의 말로 격려하고 있지 않습니다.

　'너희 힘내라. 믿음을 지켜라. 인내해라' 이런 말로 격려하지 않고 '지금은 예수님이 하늘 보좌 우편에서 대제사장으로서 너희를 지키고 계시다'라는 말로 격려합니다. 그런데도 우리는 무슨 문제만 생기면 무조건 십자가로 돌아가서는 하나님이 우리를 위해 어떤 고통을 감수하셨는가를 되새기며 그때의 감격과 고백에서 믿음의 근거를 새삼 확인하는 일을 반복합니다. 그런데 아무리 확인해도 현실을 견디는 문제에서는 진전이 없습니다. 십자가는 분명하지만, 이후 우리의 생애는 막막합니다. 소망과 약속이 주어졌으나 설명할 수 없는 현실에는 도움이 되지 않아 답답합니다. 그래서 알다가도 모를 얼굴로 신앙생활을 할 수밖에 없게 된 것입니다.

여기에 대한 답입니다. 히브리서는 예수의 죽음을 이런 관점에서 이야기합니다. 구약시대에는 죄를 용서받고 하나님과의 관계를 회복하기 위해 속죄제라는 것이 있었다. 대제사장이 자신의 죄와 이스라엘 백성의 죄를 하나님 앞에 가지고 가 죄 씻음을 받고 하나님과의 관계를 새롭게 하는 제사였다. 그러니 소와 염소, 수송아지와 같은 짐승의 피로는 깨끗하게 되는 효력이 일 년밖에 가지 않아서 매년 제사를 반복할 수밖에 없었다. 그러나 예수는 이 일을 단번에 끝장내셨다. 왜냐하면 예수의 피는 짐승의 피와 비교할 수 없고 우리의 피와도 비교할 수 없는 하나님 자신의 속죄제이기 때문이다. 그래서 우리 모두의 죄를 씻는 일에 한계가 없으며 그 효력은 영원하다. 그렇게 단번에 이루셨다. 이것이 히브리서가 하는 이야기입니다. 본문 바로 앞에 있는 히브리서 9장 24절 이하를 봅시다.

그리스도께서는 참 것의 그림자인 손으로 만든 성소에 들어가지 아니하시고 바로 그 하늘에 들어가사 이제 우리를 위하여 하나님 앞에 나타나시고 대제사장이 해마다 다른 것의 피로써 성소에 들어가

는 것 같이 자주 자기를 드리려고 아니하실지니 그리하면 그가 세상
을 창조한 때부터 자주 고난을 받았어야 할 것으로되 이제 자기를
단번에 제물로 드려 죄를 없이 하시려고 세상 끝에 나타나셨느니라
(히 9:24-26)

구약시대에는 대제사장들이 짐승의 피로 백성의 죄를 속하는 효력이
일 년밖에 가지 않아 해마다 제사를 드려야 했지만 예수는 그렇게 하
실 필요가 없었다, 예수의 속죄는 그 효력이 영원하기 때문이다, 십자
가는 한 번에 끝났다, 십자가는 반복되지 않는다, 라는 결론에 이릅니
다. 그래서 본문 10장 16절부터 보면 이렇습니다.

주께서 이르시되 그 날 후로는 그들과 맺을 언약이 이것이라 하시고
내 법을 그들의 마음에 두고 그들의 생각에 기록하리라 하신 후에
또 그들의 죄와 그들의 불법을 내가 다시 기억하지 아니하리라 하셨
으니 이것들을 사하셨은즉 다시 죄를 위하여 제사 드릴 것이 없느니
라 (히 10:16-18)

다시 제사 드릴 것이 없다고 합니다. 다 끝난 문제입니다. 그러니 더
이상 회개할 필요가 없습니다. 강조하자면 그렇습니다. 그럼 여기서
이런 질문이 나옵니다. 이렇게 단번에 죄 문제가 해결되었는데 왜 아
직 우리를 안 데려가느냐, 죄 문제를 더 거론하지 않고 따지지 않을
거라면 현재는 무엇이냐, 히브리서 강해를 마쳐 갈 즈음 이 질문에 답
할 수 있기 바랍니다.

새사람으로 살게 한 기회

여기에 대해 성경은 무엇이라고 이야기합니까? 너희 죄를 씻기 위하여 십자가를 지신 예수님이 지금 하늘 보좌 우편에서 대제사장 역할을 하고 있다, 지금은 죄를 씻는 일 말고 주께서 너희를 위하여 하고 계시는 일이 있다, 그러니 너희 인생도 역시 죄를 씻는 일 말고 다른 일을 위해 남겨져 있음을 기억하라, 라고 이야기합니다. 지금은 죄 문제를 따지려고 우리를 남겨 놓은 시간이 아니라, 죄 씻음을 받아 새사람으로 살게 한 기회라는 것입니다. 새사람으로서 새 나라를 살고 있는 시간입니다.

그래서 이 시간을 살아가는 동안, 자신의 죄 문제로 늘 회개하고 씻어 내고 자책하고 절망하지 말고 앞으로 나아가야 합니다. 그린 기회와 조건 속에 있다는 것을 기억해야 합니다. 이 대목은 중요하니 혼동하지 않아야 합니다. 고린도전서 11장을 봅시다.

내가 너희에게 전한 것은 주께 받은 것이니 곧 주 예수께서 잡히시던 밤에 떡을 가지사 축사하시고 떼어 이르시되 이것은 너희를 위하는 내 몸이니 이것을 행하여 나를 기념하라 하시고 식후에 또한 그와 같이 잔을 가지시고 이르시되 이 잔은 내 피로 세운 새 언약이니 이것을 행하여 마실 때마다 나를 기념하라 하셨으니 너희가 이 떡을 먹으며 이 잔을 마실 때마다 주의 죽으심을 그가 오실 때까지 전하는 것이니라 (고전 11:23-26)

성찬식은 십자가의 감동을 재현해 내는 예식이 아닙니다. 예수께서 우리를 위하여 처참하게 죽으셨다, 우리를 위하여 참혹한 십자가를 지셨다, 물과 피를 남김없이 쏟으셨다, 라는 이야기로 감성을 자극하고 감격을 끌어올리려는 것이 아닙니다. 예수는 이미 죽었다, 죽음은 부활로 열매 맺혔다, 그리고 이제 다시 오신다, 그 사이에 우리가 있다, 너희는 예수로 인하여 새로운 인생을 사는 새사람이다, 새로운 약속 속에 있고 그 약속과 기회를 주님 다시 오시는 날까지 살아 내야 하는 책임 속에 있다, 라는 사실을 확인하는 시간입니다. 그런데 우리는 예수의 죽음에 감격하고 이를 극화하여 거기다 모든 걸 쏟아부음으로써 정작 살아 내야 하는 현재는 염두에 두지 않습니다. 그러니 성찬식만 하면 "아이고, 하나님, 흑흑흑." 이렇게 흐느낍니다. 성찬식에서 '거기 너 있었는가. 그때에'로 몰아붙이지 말고 이제 시작이다, 이미 시작되었다, 죽음은 끝났다, 내가 다시 온다, 너는 뭐하고 있냐로 가야 합니다. 고린도전서 11장을 이어서 봅시다.

> 그러므로 누구든지 주의 떡이나 잔을 합당하지 않게 먹고 마시는 자는 주의 몸과 피에 대하여 죄를 짓는 것이니라 (고전 11:27)

내가 피 흘려 너를 학교 보내 줬는데 뭐하고 있느냐, 몇 과까지 공부했느냐, 대체 무엇을 하고 있느냐, 신자답게 살고 있느냐, 너희를 새롭게 만들어 내가 다시 오겠다고 한 내 약속의 시간 동안 너희에게 준 명령은 무엇이냐, 이는 어떤 기회이며 너희는 어떤 약속 속에 있느냐, 어떤 뜻 속에 있느냐, 이렇게 묻습니다.

저들은 자기 일하고 우리는 우리 일을 해서

이 질문은 사도행전의 바탕에 너무나 분명하게 흐르고 있는 주제입니다. 사도행전 1장은 예수의 승천을 다룹니다. 예수의 승천은 놀라운 사건입니다. 예수의 제자들은 예수가 해방자이며 구원자일 것이라고 믿었습니다. 무엇을 보고 그렇게 믿었을까요? 죽은 자를 살리고 중풍병자와 문둥병자를 고치며 귀신을 쫓아내고 바다를 잠잠케 하고 오병이어의 기적을 보았기 때문입니다. 이런 능력을 가지신 분이 메시아가 아니면 누가 메시아란 말입니까?

그런데 어떻게 되었습니까? 그 메시아가 죽어 버렸습니다. 기꺼이, 자발적으로 '난 죽어야 한다'며 죽어 버리신 것입니다. 아무도 이해할 수 없었죠. 죽은 자를 살리신 이가, 바다더러 잠잠하라고 명하실 수 있는 이가 죽는다는 게 말이 되는가, 말이 되지 않는다고 생각하여 베드로는 자기 발로 끝까지 쫓아 들어갔죠. 설마, 이럴 수 있는가. 그런데 예수는 정말 죽습니다. 죽어 버렸는데, 무슨 수가 있습니까? 그래서 베드로가 예수를 부인했는지 모릅니다. '베드로가 믿음이 없어서 예수를 부인했다'라고 이야기하는 것은 결과에만 치우친 해석입니다. 베드로의 실망이라는 것은 우리로서는 상상할 수 없을 것입니다. 위대한 예수님이 어떻게 사람의 손에 잡혀 죽을 수가 있는가, 베드로는 넋이 빠졌을 것입니다. 그런데 그 예수님이 부활하십니다. 베드로는 무슨 생각이 들었겠습니까? '아, 예수님은 이렇게 세상 권력에 대해서만 승리한 것이 아니라, 죽음까지도 뒤집으시는구나.' 그런데 부활하신 예수님은 승천하여 더 이상 그들과 같이 있지 않게 됩니다.

예수님이 승천하시기 전 제자들이 묻습니다. "주께서 이스라엘 나라를 회복하실 때가 언제입니까?" 예수님이 느닷없는 답을 하시죠. "때와 시기는 아버지께서 자기의 권한에 두셨으니 너희가 알 바 아니다. 나는 모른다. 이제 난 간다. 잘들 있어라." 잘 있거라, 나는 간다, 이별의 말도 없이. 이 대목을 분명히 이해해야 합니다. 경악을 금치 못할 일입니다. "아니, 이렇게 하늘로 가 버리실 것이라면, 왜 부활은 하셨어요? 또 부활하실 거였다면, 죽긴 왜 죽으셨어요? 왜 우리를 이따위로 살게 하세요?"라고 묻고 싶어질 것입니다.

대체 어디서 막혔을까요? 앞으로 나가야 하는 성경의 약속에 대하여 우리는 눈을 감아 버린 셈이 되었습니다. 예수가 승천하시며 남긴 이 약속, "성령이 오신다. 그때 보자"라는 말을 듣고 왜 제자들은 마가의 다락방에 모여 기도했을까요? 달리 선택의 여지가 없었기 때문입니다. 믿었던 예수가 죽어 버린 사실만으로도 놀랐는데, 그렇게 죽음을 뒤집어 부활하셨으면 가서 빌라도와 헤롯을 붙잡아 족쳐야 할 것 아닙니까? 그리고 제자들한테는 상을 줘야 하잖아요. 그런데 예수는 아무것도 안 하시고 떠나 버리셨습니다. 약속한 성령을 기다리라는 말만 남긴 채 말입니다.

이제 예수가 가고 성령이 오셨습니다. 성령의 역사로 제자들은 충만해졌습니다. 그러자 어떤 일이 일어납니까? 사도행전 3장을 봅시다. 베드로와 요한이 기도하러 성전에 올라가는데 미문에서 구걸하는 앉은뱅이를 보자, 이렇게 선포합니다. "은과 금은 내게 없거니와 내게 있는 이것을 네게 주노니 나사렛 예수 그리스도의 이름으로 일어나 걸으라"라고 하자 앉은뱅이가 일어납니다. 일어서게 된 감격에 그는 너무 기뻐서 뛰며 고함질렀죠. 온 성에 소문이 가득합니다. "나사렛 예수의 이름으로 앉은뱅이가 일어났다." 그러자 당시 권력자들이 베드로와 요한을 잡아가서는 "너희는 앞으로 예수의 이름을 이야기하지 마라. 이따위 소리로 백성들을 미혹하지 마라"라고 위협한 다음 그들을 놓아 줍니다. 사도행전 4장입니다.

사도들이 놓이매 그 동료에게 가서 제사장들과 장로들의 말을 다 알리니 그들이 듣고 한마음으로 하나님께 소리를 높여 이르되 대주재여 천지와 바다와 그 가운데 만물을 지은 이시요 또 주의 종 우리 조상 다윗의 입을 통하여 성령으로 말씀하시기를 어찌하여 열방이 분노하며 족속들이 허사를 경영하였는고 세상의 군왕들이 나서며 관리들이 함께 모여 주와 그의 그리스도를 대적하도다 하신 이로소이다 과연 헤롯과 본디오 빌라도는 이방인과 이스라엘 백성과 합세하여 하나님께서 기름 부으신 거룩한 종 예수를 거슬러 하나님의 권능과 뜻대로 이루려고 예정하신 그것을 행하려고 이 성에 모였나이다 주여 이제도 그들의 위협함을 굽어보시옵고 또 종들로 하여금 담대히 하나님의 말씀을 전하게 하여 주시오며 손을 내밀어 병을 낫게 하시옵고 표적과 기사가 거룩한 종 예수의 이름으로 이루어지게 하옵소서 하더라 빌기를 다하매 모인 곳이 진동하더니 무리가 다 성령이 충만하여 담대히 하나님의 말씀을 전하니라 (행 4:23-31)

이 기록에 담긴 모순이 보입니까? 잡혀간 사도들을 기다리고 있던 초대교회에 감옥에서 풀려난 사도들이 돌아옵니다. 이와 비슷한 기록이 우리나라에도 있습니다. 안이숙씨가 쓴 《죽으면 죽으리라》라는 책에 보면, 일제 강점기에 순교한 사람들의 이야기가 등장합니다. 첫 번째 투옥된 이들이 있었는데, 이들은 죽지 않고 풀려났습니다. 두 번째 투옥부터 순교자가 나오기 시작했는데, 옥에 갇힌 이들을 위해 기도하던 성도들이 풀려난 이들에게 한 첫 질문은 이것이었습니다. 모두의 관심사였지요. "고문을 당할 때에 하나님이 천사를 보내어 도와주셨습니까?" 그들의 대답은 이것이었습니다. "아니요." 정말 아니라면, 어떻게 하겠습니까? 이런 방법이 하나님이 요구하시는 길이라면 어떻게 하겠습니까?

이것이 바로 사도행전 4장의 이야기입니다. 옥에 갇혔던 베드로와 요한이 풀려나자 그들을 기다리고 있던 동료들이 묻습니다. "어떻게 됐습니까?" "그들이 우리를 위협했고, 한 번 더 이런 일을 하면 잡아 죽인다고 했습니다"라고 하자 동료들이 무엇이라고 답했습니까? "맞습니다. 이것이 하나님이 일하시는 방법입니다. 시편 2편에 있는 말씀과도 같습니다. '어찌하여 이방 나라들이 분노하며 민족들이 헛된 일을 꾸미는가 세상의 군왕들이 나서며 관원들이 서로 꾀하여 여호와와 그의 기름 부음 받은 자를 대적하는가.' 옳습니다. 저들 즉 헤롯과 빌라도는 주의 일을 이루기 위한 악역을 맡았고, 우리는 주의 일에 순종하는 역할을 맡았습니다. 그러니 저들은 자기 일하고 우리는 우리 일해서 하나님의 뜻이 이루어질 것을 믿습니다." 그러자 그 모인 장소가 진동하고 성령이 충만히 임했다고 합니다.

성육신의 연장

우리 생각에는 성령이 언제 오셨어야 맞습니까? 사도들이 옥에 붙잡
혀 갔을 때 벌써 내려오셔서 본디오 빌라도를 이단 옆차기로, 헤롯을
정수리부터 엄지발가락까지 쪼갰어야 하는 것 아닙니까? 그런데 그
렇게 하지 않으셨습니다. 이것이 '십자가의 도가 멸망하는 자들에게
는 미련한 것이요 구원을 받는 우리에게는 하나님의 능력'(고전 1:18)
이라고 말씀한 현실입니다. 그런데 아무도 이 대목을 믿지 않습니다.
어렵고 괴로운 것이 싫고, 하나님이 목적하시는 영광과 찬송으로 끌
고 가기 위하여 우리로 겪게 하시는 과정에 대해서는 우리가 외면하
고 싶기 때문입니다.

　히브리서 11장은 '믿음 장'으로 불려 왔습니다. 믿음 장에는 어떤
이야기가 나올 것 같습니까? 믿음으로 넉넉히 이긴 사람들의 이야기
가 나왔을 것 같습니까? 그렇지 않습니다. 답을 얻지 못해도 충성한
사람들의 이야기가 나옵니다. 충성이나 순종으로 그들의 삶이 편해졌
다는 약속은 없습니다. 고생하였으나 보상받지 못하고 끝장난 인생들
이 등장합니다. 아브라함, 이삭, 야곱이 믿음의 선조로 영광된 인생을
살았다고 우리 입술이 고백한 것처럼, 그들이 걸어온 길 역시 세상의
헛된 승리와 비교할 수 없다는 점 역시 깨닫게 될 것입니다. 이제 우
리도 그 길에 들어섰습니다.

　이 문제에 대하여 성경은 이야기합니다. 고난과 고통뿐이고 답이
없어 보이는 이 길이 주께서 걸으신 성육신의 길이었고, 또한 우리에
게도 걸으라고 하신 길입니다. 이것이 성육신의 연장입니다. 요한복

음 14장에 따르면, 예수님이 친히 우리에게 이런 약속을 하십니다. '나를 믿는 자는 내가 하는 일을 그도 할 것이요 또한 그보다 큰 일도 하리니 이는 내가 아버지께로 감이라'(요 14:12 하).

예수가 자신의 일을 다 이루시고 아버지께로 돌아가 더 구함으로써 예수가 하신 일보다 더 큰일을 우리에게 허락하겠다고 하십니다. 그것이 무엇입니까? 아버지의 영광, 아버지의 승리, 아버지의 권능입니다. 진리요, 은혜요, 생명이요, 기적이요, 감사요, 기쁨에 해당하는 모든 것이 예수 안에서 보였던 것 같이, 하나님이 우리와 함께 우리를 통하여 일하겠다고 하십니다. 하나님이 당신의 통치에 우리를 부르십니다. 모든 은혜와 기적과 승리와 기쁨이 예수를 통하여 온 것 같이, 우리를 통하여 모든 인류에게 증거가 되고 모범이 되고 자랑이 되는 인생을 살게 하겠다고 말씀하십니다.

연습하고 실천하라

그러니 우리가 지금 직면한, 다만 해결되기만을 바라는 우리의 고난이 어떻게 하나님이 일하시는 조건이 되며, 하나님이 그 안에서 당신의 영광을 받으시는가를 알아야 합니다. 에베소서 4장에서는 이렇게 설명합니다.

그러므로 내가 이것을 말하며 주 안에서 증언하노니 이제부터 너희는 이방인이 그 마음의 허망한 것으로 행함 같이 행하지 말라 그들의 총명이 어두워지고 그들 가운데 있는 무지함과 그들의 마음이 굳어짐으로 말미암아 하나님의 생명에서 떠나 있도다 그들이 감각 없는 자가 되어 자신을 방탕에 방임하여 모든 더러운 것을 욕심으로 행하되 오직 너희는 그리스도를 그같이 배우지 아니하였느니라 진리가 예수 안에 있는 것 같이 너희가 참으로 그에게서 듣고 또한 그 안에서 가르침을 받았을진대 너희는 유혹의 욕심을 따라 썩어져 가는 구습을 따르는 옛 사람을 벗어 버리고 오직 너희의 심령이 새롭게 되어 하나님을 따라 의와 진리의 거룩함으로 지으심을 받은 새 사람을 입으라 (엡 4:17-24)

옛사람과 새사람의 차이는 무엇일까요? 거룩함에 있습니다. 그리고 명예에 있습니다. 옛사람이 감각 없는 자로 방탕에 방임하는 헛된 삶을 사는데 불과하다면, 새사람인 우리는 생명력이 넘치는 삶을 삽니다. 우리의 본질과 정체성을 생명의 아름다움과 부요함과 영광으로 열매 맺고 삽니다. 이런 삶이 그다음 구절에 구체적으로 묘사되어 있습니다.

그런즉 거짓을 버리고 각각 그 이웃과 더불어 참된 것을 말하라 이는 우리가 서로 지체가 됨이라 분을 내어도 죄를 짓지 말며 해가 지도록 분을 품지 말고 마귀에게 틈을 주지 말라 도둑질하는 자는 다시 도둑질하지 말고 돌이켜 가난한 자에게 구제할 수 있도록 자기 손으로 수고하여 선한 일을 하라 무릇 더러운 말은 너희 입 밖에도 내지 말고 오직 덕을 세우는 데 소용되는 대로 선한 말을 하여 듣는 자들에게 은혜를 끼치게 하라 하나님의 성령을 근심하게 하지 말라 그 안에서 너희가 구원의 날까지 인치심을 받았느니라 너희는 모든 악독과 노함과 분냄과 떠드는 것과 비방하는 것을 모든 악의와 함께 버리고 서로 친절하게 하며 불쌍히 여기며 서로 용서하기를 하나님이 그리스도 안에서 너희를 용서하심과 같이 하라 (엡 4:25-32)

여기 나온 권면 중 무엇인지 모를 것 같은 내용은 하나도 없습니다. 이렇게 사는 것이 신앙생활인 것은 다들 잘 압니다. 다 알았으니 어떻게 해야 할까요? 분냄과 악독과 노함과 비방이 나오려는 상황에서 실천해야 합니다. 써야 할 때 써야죠. 쓸 필요 없는 데서 떠들지 말고, 밤낮 '사랑합니다', '축복합니다' 말로만 그러지 말고, 우리에게 그 필요를 요구하는 때에 사랑을 실천해야죠. 그것이 인생입니다. 우리는 매일 이 도전 속에 있습니다.

　세상은 '네 방법대로 해라'라고 부추기며 위협하고, 신앙은 '네가 져라'라고 권면합니다. 정작 그걸 해야 할 때는 안 하고, 할 필요 없을 때에는 떠들고 다녀서 입만 살았을 뿐 아무것도 못하며 살고 있죠. 가장 쉽게 이것부터 해 보십시오. 좋은 표정으로 "안녕하셨어요?" 인사하는 것입니다. 우리는 속으로 이렇게 대답해 왔습니다. '잘난척하기는'. 아니요. "안녕하셨어요?" 하면 "네. 안녕하세요. 감사합니다"라고 해야죠. 그때 해야죠. 무슨 남북통일을 원하고, 세계 평화를 바란다는 명분에 붙들려 매일 해야 하는 인사를 외면하고 삽니까? 매일 벌어지는 일상, 매일 다가오는 도전을 받아들이십시오. 매일 다가옵니다.

　우리는 눈빛 하나 따뜻하게 마주치지 못합니다. 어디에 사랑이 있고, 어디에 용서가 있고, 어디에 겸손이 있습니까? 정작 해야 할 때 안합니다. 매일이 그렇죠. 매일 자책하지만, 또 매일 신자답게 살지 못하고 회개만 하잖아요. 필요할 때 해야죠. 우리가 왜 영어를 왜 못하죠? 우리는 영작을 해야 말이 나오는데, 영작한 다음에 말을 하려고 하면 길을 묻던 외국인이 이미 다 가 버리잖아요. 매일 보는 데 왜 못하죠? 해야 하는 줄 아는데 놓쳐서 그렇습니다. 그러니까 연습해야 합니다.

저번에 아시안 게임이 열릴 때 우리나라 선수들이 뛰는 축구 경기를 보면서 이런 생각이 들었습니다. 프리미어리그만 보다가 아시안 게임을 보려니 한심해 보입니다. 다들 안 뛰고 서 있는 것처럼 보입니다. 이동해서 공간을 만들어야 하는데, 할 줄 몰라 다 서 있습니다. 보는 우리는 한심해 합니다. 그런데 그들이 할 수 있는데도 그렇게 가만히 있는 걸까요? 그들로서는 최선을 다하고 있는 것입니다. 우리 마음에 쏙 들게 잘하는 선수는 메시 하나밖에 없습니다. 메시는 어떻게 할 수 있었을까요? 남들보다 더 연습했을 것입니다. 연습이란 육체의 힘과 기술을 익히는 정도가 아닙니다. 한계를 넘어설 때까지 집중력과 정신력을 발휘하는 것입니다. 그런데 우리는 그만큼 연습하지 않았습니다. 기술도 모자라고 정신력도 모자랍니다. 왜 그럴까요? 무얼 하는지 몰라서 그렇습니다. 축구가 무엇인지 몰라서 그렇습니다.

마찬가지로 신자로 산다는 것이 무엇인지 모릅니다. 추상명사와 명분 이외에 다른 건 모르겠는 것입니다. 말을 하라고 하면 엄청나게 심각한 이야기만 합니다. 온 인류의 운명과 역사에 대해 말로는 책임을 다 집니다. 그런데 실제로 자기 자리에서 요구되는 일은 하나도 못해냅니다. 교회 공동체의 중요성은 무엇입니까? 같은 팀인데 패스를 잘해야 할 것 아녜요? 그런데 우리끼리는 쳐다보지도 않습니다. "빨리 가서 공 주워 와" 그러면 "왜? 네가 갖고 튀려고?" 이런 말이나 합니다. 우리가 무엇을 하고 있는지 모르기 때문입니다.

세상에 나가서 실천하려면, 먼저 교회에서 해 봐야 할 것 아닙니까? 여기는 우리끼리 모인 곳이잖아요. 하나님이 우리에게 교회를 허락하신 이유입니다. 세상에서 실패하고 와서 자책했다고요? 다음에 하나 더 하려고 노력해야죠. 원래 축구라는 건 골이 안 나오는 경기입니다. 서른 번 차서 겨우 골 하나 나옵니다. 괜찮습니다. 첫 골이 두 골이 되고 세 골이 될 것입니다. 이것이 연륜입니다. 하나님이 우리에게 원하시는 것이죠. 그런데 우리는 하루가 무엇인지를 모르니까 신앙생활이 누적되지 않고 반복될 뿐입니다. 연습을 안 하고 늘 막막하고 놀래서 왔다 갔다 한 게 전부입니다. 히브리서 8장에 있는 이 구절을 늘 명심합시다.

지금 우리가 하는 말의 요점은 이러한 대제사장이 우리에게 있다는 것이라 그는 하늘에서 지극히 크신 이의 보좌 우편에 앉으셨으니 (히 8:1)

하늘 보좌 우편에서 지금도 예수님이 우리를 위하여 기도하고 있는 하루, 바로 지금입니다. 히브리서는 이렇게 권면합니다. 십자가를 지나서 하늘 보좌 우편에 앉으신 예수님이 오늘도 너희 삶을 지키고 계신다, 그러니 믿음으로 살아라, 네가 겪는 그 고난 속에 영광이 담겨 있다고 믿어라, 네 할 일 해라, 네가 질 수 있는 짐을 져라, 네 자리를 지키며 네 실력으로 감당할 수 있는 일을 해라, 오늘을 살아라, 그리하면 영원한 영광의 중한 것이 네게 담겨지리라. 아멘입니다.

기 도

하나님 아버지, 오늘 하루의 중요성과 우리 마음에 들지 않는 우리 존재와 현재의 실력에 대하여 기대와 믿음을 가지게 되었습니다. 열심히 살아서 하나님의 자녀 된 영광의 자리에 이르는, 우리 마음의 기쁨과 자랑이 넘치는 그런 인생을 살아 내는 우리 모두가 되게 하여 주시옵소서. 예수님 이름으로 기도합니다. 아멘.

15.
우리는 뒤로 물러가
멸망할 자가 아니요

19 그러므로 형제들아 우리가 예수의 피를 힘입어 성소에 들어갈 담력을 얻었나니 20 그 길은 우리를 위하여 휘장 가운데로 열어 놓으신 새로운 산 길이요 휘장은 곧 그의 육체니라 21 또 하나님의 집 다스리는 큰 제사장이 계시매 22 우리가 마음에 뿌림을 받아 악한 양심으로부터 벗어나고 몸은 맑은 물로 씻음을 받았으니 참 마음과 온전한 믿음으로 하나님께 나아가자 23 또 약속하신 이는 미쁘시니 우리가 믿는 도리의 소망을 움직이지 말며 굳게 잡고 24 서로 돌아보아 사랑과 선행을 격려하며 …… 38 나의 의인은 믿음으로 말미암아 살리라 또한 뒤로 물러가면 내 마음이 그를 기뻐하지 아니하리라 하셨느니라 39 우리는 뒤로 물러가 멸망할 자가 아니요 오직 영혼을 구원함에 이르는 믿음을 가진 자니라 (히 10:19-39)

구원과 시간

히브리서 10장 26절 이하의 말씀은 우리를 긴장하게 합니다.

> 우리가 진리를 아는 지식을 받은 후 짐짓 죄를 범한즉 다시 속죄하
> 는 제사가 없고 오직 무서운 마음으로 심판을 기다리는 것과 대적하
> 는 자를 태울 맹렬한 불만 있으리라 모세의 법을 폐한 자도 두세 증
> 인으로 말미암아 불쌍히 여김을 받지 못하고 죽었거든 하물며 하나
> 님의 아들을 짓밟고 자기를 거룩하게 한 언약의 피를 부정한 것으로
> 여기고 은혜의 성령을 욕되게 하는 자가 당연히 받을 형벌은 얼마나
> 더 무겁겠느냐 너희는 생각하라 (히 10:26-29)

그렇지 않아도 예수 믿는 일은 참으로 어려운데, 성경에 이런 무서운
경고가 중간중간 등장해 두려울 때가 있습니다. 히브리서 6장에서도
이런 경고를 만난 적이 있습니다. 6장에서는 '내세의 능력을 맛보고
도 타락한 자들은 다시 새롭게 하여 회개하게 할 수 없다. 그는 예수
를 십자가에 다시 못 박는 꼴이 된다'라는 말씀이 있었고, 10장에서는
'예수의 피와 성령의 역사를 욕되게 하는 죄가 있다'라고 이야기합니
다. 이런 경고는 히브리서 전체 맥락에서 이해해야 합니다. 대개 성령
모독죄나 용서받지 못할 죄를 언급할 때에 히브리서 6장과 10장을 인
용하는데, 사실 이 말씀에는 우리가 생각하는 것보다 훨씬 더 깊은 뜻
이 담겨 있습니다.

　히브리서가 하는 꾸중과 격려에는 이런 내용이 들어 있습니다. 예

수를 믿고 천국 간다는 복음은 더 깊은 내용을 담고 있는데, 그것은 믿으면 끝이 아니라 믿고 나서 예수가 다시 오시는 날까지 긴 시간이 있음을 전제로 합니다. 예수를 믿고 하나님의 자녀가 된 이후에 심판의 날 또는 각자의 죽음으로 끝나는 인생의 마지막까지 시간이 있습니다. 예수 믿고 사는 시간을 가지는데, 도대체 그 시간은 어떤 의미가 있느냐에 답하는 책이 히브리서입니다. 구원받은 이후의 시간에 대한 회의가 생겨나는 것은 예수를 믿고 진심을 바치는데도 기대한 것 같은 신앙생활을 하지 못하는 현실 때문입니다.

고난이 있는 것이 신자의 현실인데, 그렇다면 고난은 잘못 때문에 일어나는 징벌이나 심판이냐, 그럼 잘하면 형통하게 되느냐 하는 문제도 여기 포함됩니다. 우리가 예수를 믿고 난 후에 당장 천국에 가는 것이 아니라 예수를 대적하는 환경 속에서 살아가야 한다, 이처럼 외적 고난은 물론 내적 고난도 신자의 신앙 현실에 있다, 그렇게 히브리서는 이야기합니다.

오호라 나는 곤고한 자로다

내적 갈등을 다룬 대표적 성경 구절을 찾아가 봅시다. 로마서 7장입니다.

내가 행하는 것을 내가 알지 못하노니 곧 내가 원하는 것은 행하지 아니하고 도리어 미워하는 것을 행함이라 만일 내가 원하지 아니하

는 그것을 행하면 내가 이로써 율법이 선한 것을 시인하노니 이제는
그것을 행하는 자가 내가 아니요 내 속에 거하는 죄니라 내 속 곧 내
육신에 선한 것이 거하지 아니하는 줄을 아노니 원함은 내게 있으나
선을 행하는 것은 없노라 내가 원하는 바 선은 행하지 아니하고 도
리어 원하지 아니하는 바 악을 행하는도다 만일 내가 원하지 아니하
는 그것을 하면 이를 행하는 자는 내가 아니요 내 속에 거하는 죄니
라 그러므로 내가 한 법을 깨달았노니 곧 선을 행하기 원하는 나에
게 악이 함께 있는 것이로다 내 속사람으로는 하나님의 법을 즐거워
하되 내 지체 속에서 한 다른 법이 내 마음의 법과 싸워 내 지체 속
에 있는 죄의 법으로 나를 사로잡는 것을 보는도다 오호라 나는 곤
고한 사람이로다 이 사망의 몸에서 누가 나를 건져내랴 (롬 7:15-24)

24절의 고백은 인류가 역사 내내 내지른 비명입니다. 선악을 구별하
지 못하는 것도 문제지만, 알면서도 잘되지 않는 것 역시 큰 문제입니
다. 더 놀라운 점은 예수를 믿고 난 다음에도 이 비명이 사라지지 않는
다는 것입니다. "오호라 나는 곤고한 사람이로다 이 사망의 몸에서 누
가 나를 건져내랴"(롬 7:24). 믿기 전과 동일한 현실입니다. 왜 나는 죄
만 짓는가, 선을 행하는 것은 어쩌다 일생에 한두 번 있을 뿐, 못난 짓
은 안 하려고 하는데도 왜 자꾸 저지르는가 하는 비명에 대한 답이 예
수로 주어집니다. 그다음 25절을 보면, '우리 주 예수 그리스도로 말
미암아 하나님께 감사하리로다'라는 구절에서 확인할 수 있습니다.

그러니 24절에 나온 '나는 왜 죄밖에 짓지 못하는가' 하는 비명에
대하여 25절에서 '우리 주 예수 그리스도로 말미암아 하나님께 감사

하리로다'라고 했으니 분명 문제가 해결된 것 같습니다. 그런데 25절
을 찬찬히 살펴보면, '우리 주 예수 그리스도로 말미암아 하나님께 감
사하리로다'라고 한 후 '그런즉 내 자신이 마음으로는 하나님의 법을
육신으로는 죄의 법을 섬기노라'로 이어짐으로써, 그 비명과 갈망에
예수가 답이 되었으니 이제 예수 그리스도로 말미암아 다시는 죄를
꿈도 꾸지 않는다, 오직 선한 생각만 하고 의로운 결정만 내린다, 그
래야 할 것 같은데 신앙생활과 우리 현실이 그렇듯이 아직도 죄의 법
이 남아 있고 그 힘이 약화된 것 같지도 않습니다.

물론 선을 향한 의지와 소원은 더 커졌습니다. 그런데 신자답게 살
겠다는 의욕과 명분이 강화되자, 죄의 힘 역시 더욱 강화되어서 우리
가 지르는 비명이 옛날보다 더 처절해졌습니다. 이것이 현실입니다.
저도 겪어 보았으니 잘 압니다. 또 여러분이 교회 나올 때 짓는 표정
을 보면 압니다. 시원한 표정으로 교회 오는 사람이 없습니다. 우리의
현실입니다.

이 문제에 대한 답을 히브리서가 새 언약을 소개한 데서 발견할 수
있습니다. '옛 언약은 효력이 없으므로 내가 너희와 새로운 언약을 맺
어 너희에게 둔 목적이 반드시 성취되게 하겠다. 새 언약은 내가 너희
마음에 둔 것이다'라고 하셨습니다. 새 언약이 들어왔는데, 이 언약은
옛 언약이 하지 못했던 죄와 사망을 몰아내고 이것만 남기겠다는 것
이 아닙니다. 현실에서 보다시피 예수를 믿으면 바로 천국으로 부름
을 받는 것이 아니라, 예수를 믿고 하나님의 자녀가 되었음에도 죄악
이 권력을 잡고 있는 환경 속에 우리가 남겨져 있습니다. 예수 그리스
도로 말미암아 주어진 새 언약이, 하나님의 뜻을 이루시려는 거룩하

고 권능에 찬 약속이 우리 속에 들어와 옛 죄와 사망의 권세가 꺾이지 않은 갈등의 현실을 만들어 낸다고 말합니다. 그러니 놀랍습니다.

우리는 "하나님, 왜 갈등과 실패를 완벽하게 해결해 주는 구원을 주시지 않습니까?"라고 질문합니다. 이 질문이 나와야 마땅합니다. 우리는 십자가로 인하여 더 이상 갈등과 실패는 없을 거라고 막연히 믿는데, 현실은 그렇지 않기 때문에 스스로 자신을 괴롭힙니다. 회개하고 또 회개하고, 울고 금식하고 자학하여 어떻게 해서든지 죄를 생각에서 몰아내려고 합니다. 이에 대해 성경은 "괜찮다. 생명의 성령의 법이 이길 것이다"라고 이야기합니다.

성령도 우리의 연약함을 도우시나니

로마서 8장 1절 이하를 봅시다.

> 그러므로 이제 그리스도 예수 안에 있는 자에게는 결코 정죄함이 없나니 이는 그리스도 예수 안에 있는 생명의 성령의 법이 죄와 사망의 법에서 너를 해방하였음이라 (롬 8:1-2)

그러면 이제 죄를 안 짓게 되었다는 말입니까? 아닙니다. 생명의 성령의 법이 들어와서 죄와 사망의 법이 몰고 간 운명과 그 궁극적 결과를 이길 것이라고 합니다. 소멸시키고 해소하고 쫓아내어 이기는 것이 아니라, 그 둘 사이의 갈등이 '오호라 나는 곤고한 사람이로다'라는 비탄과 절규를 자아내지만, 결국 비극과 절망으로 끝나지 않게 하여 이 길 것이라고 합니다. 8장 12절 이하를 봅시다.

> 그러므로 형제들아 우리가 빚진 자로되 육신에게 져서 육신대로 살 것이 아니니라 너희가 육신대로 살면 반드시 죽을 것이로되 영으로써 몸의 행실을 죽이면 살리니 무릇 하나님의 영으로 인도함을 받는 사람은 곧 하나님의 아들이라 너희는 다시 무서워하는 종의 영을 받지 아니하고 양자의 영을 받았으므로 우리가 아빠 아버지라고 부르짖느니라 성령이 친히 우리의 영과 더불어 우리가 하나님의 자녀인 것을 증언하시나니 자녀이면 또한 상속자 곧 하나님의 상속자요 그리스도와 함께 한 상속자니 우리가 그와 함께 영광을 받기 위하여 고난도 함께 받아야 할 것이니라 (롬 8:12-17)

이 구절도 애매하기 짝이 없습니다. 너희는 하나님의 자녀이며 하나님의 후사 곧 그리스도와 함께 영광을 받기로 약속된 자이다, 그런데 영광을 받으려면 고난도 받아야 한다, 하지만 무서워할 필요 없다, 너희가 아들이며 하나님 아버지가 너희 아버지인 것을 기억하라는 권면입니다. 이런 권면은 왜 나왔을까요? 하나님이 우리 아버지라는 사실을 현실에서 실감했다면 이런 말씀으로 권면할 필요가 없습니다. 그저 누리면 그만이기 때문입니다. 그러려면 갈등이 없고 공포와 의심이 없어야 하는데, 이 권면이 나온 것은 우리 현실이 그렇지 않기 때문입니다.

신앙 현실은 애매하고 무섭고 망한 것 같은 현실이다, 그것이 하나님이 예수로 말미암아 너희 즉 구원받은 자녀들에게 주는 기회며 시간이며 과정이다, 이렇게 이야기합니다. 물론 여기서 '아멘'이 나올 수는 없을 것입니다. 너희가 틀려서 이렇게 잘못된 길을 가고 있는 것이 아니라 성경이 약속한 길을 걷고 있는 것이라고 이야기합니다. 로마서 8장은 그러니 걱정하지 말라는 말을 반복합니다. 걱정하지 말라는 격려는 왜 나왔을까요? 결과가 아직 안 나왔기 때문에 격려하는 것입니다. 이미 결과가 나와 있으면 걱정하지 말라는 격려는 필요 없습니다.

> 이와 같이 성령도 우리의 연약함을 도우시나니 우리는 마땅히 기도할 바를 알지 못하나 오직 성령이 말할 수 없는 탄식으로 우리를 위하여 친히 간구하시느니라 (롬 8:26)

말할 수 없는 탄식은 왜 나오는 것일까요? 얼마나 한심하고 못났으면 성령이 우리를 위해 탄식하며 기도하겠습니까? 그러니 성령이 오셔서 우리를 편들어 주시며, 하나님의 영이 우리 안에서 지금은 예수 그리스도로 말미암아 이루신 구원의 완성으로 가는 과정이라고 이야기해 주시는 것입니다. 예수를 믿는다고 해서 신통하거나 시원해지지 않습니다. 잠깐잠깐은 그럴 수 있습니다. 그러나 대부분의 시간은 '이게 뭔가?' 하는 날들이 많습니다. 이러한 사실을 왜 알아야 할까요? 이런 과정이 무엇을 만들어 내고 왜 필요한가를 모르면 체념하고 포기하게 되기 때문입니다. 잘잘못이라는 것이 잘하고 못하고의 개념으로 남는 것이 아니라, 잘못한 것마저도 하나님이 들어 일하신다는 걸 모르게 됩니다. 한 사람의 생애에 걸쳐 그를 훈련하여 앞으로 나아가게 한다는 걸 모르게 됩니다. 이어서 더 봅시다.

> 우리가 알거니와 하나님을 사랑하는 자 곧 그의 뜻대로 부르심을 입은 자들에게는 모든 것이 합력하여 선을 이루느니라 (롬 8:28)

실패도, 못난 것도 일을 한다고 해석해야 맞습니다. 이 구절을 나중에 더 풍성하게 풀어 보겠습니다.

예언적 완료와 성도의 현실

그다음에 이런 격려가 이어집니다.

> 하나님이 미리 아신 자들을 또한 그 아들의 형상을 본받게 하기 위하여 미리 정하셨으니 이는 그로 많은 형제 중에서 맏아들이 되게 하려 하심이니라 또 미리 정하신 그들을 또한 부르시고 부르신 그들을 또한 의롭다 하시고 의롭다 하신 그들을 또한 영화롭게 하셨느니라 (롬 8:29-30)

하나님의 자녀들의 운명은 예수 안에서 이미 결정되어 있다고 하십니다. 그 운명이, 그 승리와 영광이 결정되어 있습니다. 미리 아셨고, 부르셨고, 의롭다고 하셨고, 영화롭게 하셨습니다. 미래에 일어날 일인데, 전부 완료형으로 표현되어 있습니다. 이를 예언적 완료, 선지적 완료라고 합니다. 선지적 완료라고 했으니 결국 완료될 일을 현재 누려야 하는데, 지금은 완료되지 않은 상태에 있습니다. 하지만 결국 예정된 운명으로 가고야 말 것입니다. 우리는 결국 승리로 갈 거면 이런 시간을 가질 필요가 있나 하고 생각합니다. 지금 이 시간은 어떤 시간입니까? 헤매는 시간입니다. 하지만 성경은 이런 시간들이 일한다고 이야기합니다. 그러니 우리의 신앙 현실과 인생에서 일어나는 모든 일에 대해 더 적극적인 이해를 가지라고 이야기합니다. 무엇에 대해서까지입니까? 실패까지도 말입니다. 얼마나 열심히 격려하는지 보십시오. 31절 이하를 봅시다.

> 그런즉 이 일에 대하여 우리가 무슨 말 하리요 만일 하나님이 우리를 위하시면 누가 우리를 대적하리요 자기 아들을 아끼지 아니하시고 우리 모든 사람을 위하여 내주신 이가 어찌 그 아들과 함께 모든 것을 우리에게 주시지 아니하겠느냐 누가 능히 하나님께서 택하신 자들을 고발하리요 의롭다 하신 이는 하나님이시니 누가 정죄하리요 죽으실 뿐 아니라 다시 살아나신 이는 그리스도 예수시니 그는 하나님 우편에 계신 자요 우리를 위하여 간구하시는 자시니라 (롬 8:31-34)

우리를 위하여 십자가를 지셨을 뿐만 아니라 그렇게 구해 낸 우리를 위하여 지금도 하늘 보좌 우편에서 기도하고 계신 분이 예수이고, 그 예수를 보내신 이가 우리 하나님이라고 합니다. 이런 이야기를 계속하는 것은 우리에게 이 격려가 필요해서 그렇습니다. 우리의 현실을 돌아보면 '나는 아닌가 보다'라는 생각이 들 만큼 자신이 없습니다. '이건 예수 믿는 게 아니다. 이건 아니다'라는 생각이 들 때마다 새겨야 하는 말씀입니다. '이것으로 끝이 아니다. 너는 결코 망하지 않는다.' 뒤에는 이렇게 이어집니다.

누가 우리를 그리스도의 사랑에서 끊으리요 환난이나 곤고나 박해나 기근이나 적신이나 위험이나 칼이랴 기록된 바 우리가 종일 주를 위하여 죽임을 당하게 되며 도살 당할 양 같이 여김을 받았나이다 함과 같으니라 (롬 8:35-36)

36절은 하나님의 자녀가 되었음에도 평안하지 않고 마음에 확신이 없다는 이야기입니다. 도살 당할 양같이 '오늘 콱 죽어 버릴까. 내일 죽어 버릴까' 그런 생각이 드는 것이 당연하다고 합니다. 그래서 이렇게 나아가죠.

내가 확신하노니 사망이나 생명이나 천사들이나 권세자들이나 현재 일이나 장래 일이나 능력이나 높음이나 깊음이나 다른 어떤 피조물이라도 우리를 우리 주 그리스도 예수 안에 있는 하나님의 사랑에서 끊을 수 없으리라 (롬 8:38-39)

어디까지 내려가 보았습니까? 더 이상 희망이 없는 자리, 더 이상 타협할 수 없는 원망의 자리, 분노의 자리, 절망의 자리, 부끄러움의 자리, 비참한 자리까지 내려가 보았습니까? 거기에 대해 하신 말씀입니다. 왜 하나님은 우리에게 이런 과정을 요구하실까요? 제자도에서는 이렇게 표현합니다. '누구든지 나를 따라오려거든 자기를 부인하고 자기 십자가를 지고 나를 따를 것이니라'(마 16:24 하). 우리는 이 구절을 '지극함'으로 받아들입니다. 구절의 뜻은 모르고 지극함, 열심, 진심으로만 받아들이는 것입니다. '자기를 부인하고'라는 말씀은 '내 이해와 능력 밖까지 좇아가는 것'을 의미합니다.

　우리는 하나님이 십자가로 일하신다는 것이 얼른 납득이 가지 않습니다. '십자가를 진다'는 것은 육체를 따라 시간과 공간과 경우를 사는 것입니다. 예수께서 오셔서 무슨 일을 하고 가셨습니까? 문둥병자를 고치고 죽은 자를 살리고 오병이어의 기적을 베풀며 바다를 잠잠케 하셨습니다. 그랬던 이가 십자가에서 죽으셨습니다. 그것이 하니님이 일하시는 방법이요 우리를 부르신 복된 기회라고 합니다. '구원을 받을 만한 다른 이름을 우리에게 주신 일이 없'다는 사도행전 4장 12절의 선언은 '예수가 십자가를 져서 구원을 이루셨듯이, 우리가 받은 구원은 인생의 말 못할 모든 정황을 거쳐서 완성하도록 되어 있다'라는 의미입니다.

하나님과 동역하는 우리

그럼 이제 어떻게 해야 합니까? 우리의 실력을 키워 하나님의 부르심에 기꺼이 응답해야 합니다. 잘잘못이라는 것이 잘하고 못하고의 문제만은 아닙니다. 매 순간 매 경우에 후회가 따라옵니다. 잘못해도 벌

받아 죽지 않고 살아가기 때문에 부끄럽고 민망합니다. 그래서 생각 이란 걸 하게 됩니다. '이건 뭘까. 난 왜 이럴까.' 그럴 때 성령께서 깨 닫게 하시죠. "똑똑히 봐. 네 실력이 어느 정도인지 그 실체를, 진실을 봐. 네가 하는 그 일에 무슨 명예가 있으며 무슨 가치가 있는지." 이런 일이 우리 인생 내내 벌어집니다.

편안하면 안일해집니다. 새벽 기도에 와 보셨습니까? 거기에는 오 늘이 마지막이라고 생각하는 사람만 나옵니다. 편안한 사람은 안 옵 니다. 편안한 사람 중에는 이런 사람만 옵니다. 미국 갔다 왔는데 시 차 적응이 안 돼서 까짓것 깨어 있느니 가서 기도나 해야겠다는 사람 만 옵니다.

고난이 우리에게 일을 합니다. 내가 기대한 정도에 미치지 못하는 나입니다. 내가 최선을 다했는데, 왜 하나님은 뒤집어 놓으셨는지 여 전히 알 수 없습니다. 그것이 우리 인생입니다. 하나님이 끝없이 이 일을 하십니다. 성경은 참으로 놀라운 선언을 하는데, 우리는 아마 쉽 게 지나쳤을 대목입니다. 갈라디아서 5장 16절입니다.

> 내가 이르노니 너희는 성령을 따라 행하라 그리하면 육체의 욕심을 이루지 아니하리라 육체의 소욕은 성령을 거스르고 성령은 육체를 거스르나니 이 둘이 서로 대적함으로 너희가 원하는 것을 하지 못하 게 하려 함이니라 (갈 5:16-17)

현실입니다. 여러분은 좋은 생각이 하나 떠오르면 꼭 그 하나만 생각 납니까? 반드시 따라 들어오는 것이 있죠. 그 따라 들어오는 것 중에 무서운 시험이 있습니다. "잘난 척 좀 하지 마. 가만히 좀 있어"와 같은 말입니다. 그런 말이 듣기 싫어 우리는 아무것도 안 해 버리고 맙니다. 선한 일을 선택하기도 어려운데, 막상 선택해서 실천하면 주변에서 꼭 딴죽을 걸죠. "네가 뭐라고 나서냐? 좀 가만히 있어." 아니요. 교회에서는 나서야 합니다. 좋은 일이 있으면 '아멘'도 큰소리로 해야 합니다. "당신이 뭔데 유난을 떨어?"라는 말이 듣기 싫어 우리는 아무 것도 안 하고 있습니다. 그저 죄나 안 짓고 다니면 다행이라고 생각합니다. 그래서 교회 공동체에 감사와 기쁨이 없습니다. 질책하려는 말이 아닙니다. 한국 교회가 지금 왜 전부 겁을 먹고 있는지 그 이야기를 하려고 합니다.

우리가 이 자리에 와 있습니다. 우리는 성령을 따라 행해야 하는 일을 시도조차 못하게 하는 시험을 받고 있습니다. 우리는 위대하게도 못하고 훌륭하게도 못합니다. 그러니 가장 작은 일부터 하나씩 하십시오. 뭐가 있을까 생각하며 둘러보십시오. 우리에게는 망설이는 마음과 자원하는 마음의 갈등이 늘 있습니다. 그럴 때마다 자발성을 가지고 "내가 주를 따르겠습니다. 여기서 선을 행하겠습니다"라는 마음으로 실천하십시오. 하나님은 우리에게 자원하는 마음과 실력이 생기기를 원하십니다. 그래서 우리에게 기회를 주시는 것입니다.

예수의 생애를 보십시오. 예수는 그 모든 권능을 가지고도 겟세마네에서 이렇게 기도했습니다. "아버지여, 할 만 하시거든 이 잔을 내게서 비켜 주시옵소서." 이는 정직한 기도입니다. 그러나 곧이어 예수는 자원하여 아버지의 뜻을 좇습니다. 베드로가 예수를 붙잡으러 온 말고의 귀를 베자, 예수님은 이렇게 말씀하십니다. "지금 내가 아버지께

구하면 열둘의 군대(열두 개의 사단 정도에 해당하는 병력)가 올 수 있다. 그러나 그렇게 하면 아버지의 뜻이 어떻게 되겠느냐?" 아버지의 뜻은 십자가로 말미암은 구원입니다. 그리스도의 피로 값을 치른 다음 지금 채우는 이 일을 가리킵니다. 무얼 채웁니까? 탕자의 비유로 가 봅시다.

　우리는 탕자의 비유를, 방탕한 아들이 회개하고 돌아온 이야기로만 알고 있습니다. 부흥 시대에는 그 관점이 제일 중요했습니다. 이제야 비로소 큰아들 이야기를 하기 시작했습니다. 큰아들은 왜 등장할까요? 이 비유에서 작은아들의 귀환은 거지가 돌아오는 것이 아니요, 아버지에게 내침을 당해서 방황하다가 돌아오는 것도 아니요, 아들로 나갔다 아들로 들어오는 것입니다. 그러니 나가 있는 동안도 그는 아들입니다. 아버지가 잔치를 베풀면서 "내 아들이 돌아왔다"라고 기뻐합니다. '네가 돌아왔으니 아들로 회복시켜 주마'가 아닙니다. 돌아온 아들이 한 간청은 이것입니다. "저는 아버지의 아들이라는 이름을 감당할 수 없으니 저를 품꾼의 하나로 여겨 주십시오." 아버지가 말합니다. "무슨 소리냐? 얘들아, 목욕시켜라. 새 옷으로 갈아 입혀라. 가락지를 끼우고 송아지를 잡아라." 이렇게 됐죠. 그러자 큰아들이 뭐라고 화를 냅니까? "집 나가서 아버지의 재산을 다 탕진한 놈을 위해서 송아지를 잡아 주십니까? 나는 아버지의 말을 어긴 적이 없는데, 나에게는 왜 염소 새끼 한 마리도 안 잡아 주십니까?" 아버지가 말하죠. "얘야. 내 것이 다 네 것이 아니냐." 이 말은 무슨 의미입니까? "너는 네가 맡은 일, 네가 지금 하고 있는 일이 얼마나 굉장한지 모르겠느냐?" 이 비유에 나온 중요한 대조입니다. "너는 지금 자녀로서 훈련을 받고 있다. 네가 아무것도 아니라고 생각하는 그 일이 무엇인지 아느냐? 너는 나와 함께 창조 세계를 다스리는 자다."

욥기에 나온 내용입니다. 욥은 억울하게 고난을 당했는데, 그의 친구들이 와서 "네가 잘못해서 벌을 받는 것이니 회개하라"라고 충고합니다. 욥은 자신에게 왜 이런 일이 일어났는지 모르겠다며 하나님 앞에 나아갑니다. "하나님, 왜 이런 일이 생겼는지 설명해 주십시오." 욥기 후반부에 하나님이 욥에게 나타나셔서 무엇을 보이십니까? 창조 세계를 보이십니다. "나는 창조의 하나님이다. 나는 인과율의 영역을 벗어나 있다. 넌 지금 억울하다고 나한테 항의하는 거냐? 네가 억울해 하는 바로 그 원칙 곧 무에서 유를 만들어 죽은 자를 살리는 창조 세계에 내가 너를 초청했다는 것을 모르겠느냐?" 이 말을 들은 욥이 회개합니다. "그러므로 내가 스스로 거두어들이고 티끌과 재 가운데서 회개하나이다"(욥 42:6).

어떤 최악의 형편도 하나님의 통치에 방해가 되지 않습니다. 최악의 존재일지라도 하나님의 영광을 가릴 수 없고 하나님에게 외면될 수도 없습니다. 그런 조건에서도 하나님은 당신이 영광받는 그 일을 하실 것입니다. "하나님, 나는 내 조건, 내 자리에서 일어나겠습니다." 이 책임, 이 선택, 이 기회가 신앙생활입니다. 나 하나의 씨름이 나 하나에 그치지 않습니다. 우리로 말미암아 하나님의 임재가 드러나 세상의 빛으로 존재하게 될 것입니다.

기 도

하나님 아버지. 히브리서의 꾸중은 꾸중이 아니라 하나님의 놀라운 요구입니다. 우리를 향한 뜻입니다. "너는 겨우 그 정도가 아니다. 너는 나의 귀한 자녀다. 너는 나와 함께 통치하며 나의 영광을 물려받아야 한다." 그렇게 우리 생애와 우리 조건을 하나님의 크신 권능 아래에서 받아들이게 하옵소서. 거기서 이기게 하옵소서. 승리하게 하옵소서. 감사와 기쁨이 우리 것이 되게 하옵소서. 예수님 이름으로 기도합니다. 아멘.

16.
선진들이 이로써 증거를 얻었느니라

1 믿음은 바라는 것들의 실상이요 보이지 않는 것들의 증거니 2 선진들이 이로써 증거를 얻었느니라 3 믿음으로 모든 세계가 하나님의 말씀으로 지어진 줄을 우리가 아나니 보이는 것은 나타난 것으로 말미암아 된 것이 아니니라 4 믿음으로 아벨은 가인보다 더 나은 제사를 하나님께 드림으로 의로운 자라 하시는 증거를 얻었으니 하나님이 그 예물에 대하여 증언하심이라 그가 죽었으나 그 믿음으로써 지금도 말하느니라 5 믿음으로 에녹은 죽음을 보지 않고 옮겨졌으니 하나님이 그를 옮기심으로 다시 보이지 아니하였느니라 그는 옮겨지기 전에 하나님을 기쁘시게 하는 자라 하는 증거를 받았느니라 …… (히 11:1-12)

경고가 아닌 격려

히브리서 11장은 '믿음 장'이라는 별칭을 가지고 있고, 이 장에는 믿음
의 선조가 많이 등장합니다. 여기서 믿음을 다루는 이유는 이 편지를
받게 될 히브리 공동체가 직면한 문제에 답을 주기 위해서입니다. 그
런데 '믿음 장'이라는 별칭이 붙어 있다고 해서 백과사전에서 보듯 믿
음에 관한 설명을 여기에 다 모아 두었다고 생각하면, 히브리서 11장
에서 말하는 믿음을 오해하게 됩니다.

이 글은 초대교회 안에 있는 예수를 믿는 히브리인들의 공동체에
보낸 편지이고, 그들에게는 현실적으로 닥친 박해와 고난이 있었습니
다. 그들은 자기네가 받는 고난을 이해할 수 없어 힘들어합니다. 우리
가 무얼 잘못했기에 이런 고난이 있을까 하는 의심이 일었던 것입니
다. 이 서신에서는 고난은 잘잘못의 문제 때문에 주어진 것이 아니다,
예수를 믿는 현실에서 고난이란 당연히 겪어야 하는 과정이다, 라고
말합니다. 그러니 흔히 이야기하는 '믿음으로 이겨 내라'와 같은 격려
는 맞는 말이지만, 이 믿음은 의지나 동력에 불과하고 내용은 담겨 있
지 않습니다. 히브리서는 바로 이 문제를 주제로 다루어 설명합니다.
11장이 등장하기 전, 10장에는 어떤 경고가 있었는지 살펴봅시다.

우리가 진리를 아는 지식을 받은 후 짐짓 죄를 범한즉 다시 속죄하
는 제사가 없고 오직 무서운 마음으로 심판을 기다리는 것과 대적하
는 자를 태울 맹렬한 불만 있으리라 모세의 법을 폐한 자도 두세 증
인으로 말미암아 불쌍히 여김을 받지 못하고 죽었거든 하물며 하나

님의 아들을 짓밟고 자기를 거룩하게 한 언약의 피를 부정한 것으로
여기고 은혜의 성령을 욕되게 하는 자가 당연히 받을 형벌은 얼마나
더 무겁겠느냐 너희는 생각하라 (히 10:26-29)

이 말씀을 히브리서 전체의 맥락을 벗어나 이해하게 되면, 6장에 나
온 '한 번 빛을 받고 하늘의 은사를 맛보았으나 타락한 자'에 대한 주
의와 마찬가지로 심각하고 무서운 경고로 받아들이게 됩니다. 어떤
죄를 지으면 용서받지 못하는가, 본문은 전혀 그런 이야기를 하고 있
지 않습니다.

본문에 나온 경고는 이런 관점에서 보아야 합니다. '모세의 법도
어기면 그렇게 큰 벌을 받았거늘, 하물며 예수의 피로 세운 언약을 범
하면 그 벌이 얼마나 더 크겠느냐.' 이 말은 물론 맞습니다. 그런데 더
나아가야 합니다. 모세에게 준 법은 우리가 잘 아는 대로 율법이고,
시내 산에서 이스라엘 백성들에게 준 것입니다. "너희는 거룩한 백성
이다. 그러니 이방 나라들과는 달라야 한다." 이것이 시내 산 언약 곧
모세를 통해 준 율법이라면, 예수가 와서 맺은 십자가로 세운 언약은
하나님의 자녀가 된 우리 마음에 하나님의 법을 둔 새로운 존재로서
의 삶을 요구합니다.

앞서 모세의 법을 설명할 때도 말씀드렸습니다. 이스라엘 백성을
출애굽 하게 하여 광야 생활을 하게 한 것은 애굽을 벗어나게 하는 것
이 궁극적 목적은 아니었다, 가나안에 들어가는 것이 목적이었다, 그
런데 애굽에서 나오는 일과 광야 생활은 하나님이 다 책임지셨다, 그
러면 가나안에 들어가는 일은 누가 책임져야 했는가, 이스라엘 백성

스스로 결정하고 책임져야 했다, 그러나 너희 조상은 이 일에 실패했다, 너희는 선조들이 광야에서 불순종했던 것 같이 하지 마라, 모세의 법이 너희를 다른 나라와 구별된 존재로 살게 했다면, 예수로 말미암은 법은 너희를 하나님이 요구하는 영광스러운 존재가 되도록 이끌어 간다, 그러기에 너희는 과거로 되돌아갈 수 없다, 그렇게 이야기합니다. 이처럼 이 경고는 앞으로 나아가라는 이야기였습니다.

히브리서 10장 39절에서 보듯 우리는 '뒤로 물러가 멸망할 자가 아니요 오직 영혼을 구원함에 이르는 믿음을 가진 자'인 것입니다. 그러니 '뒤로 물러나지 말고 앞으로 나아가라'는 이야기입니다. 앞으로 가고 있다, 하나님이 너희를 당신의 영광의 찬송으로 부르고 있다, 그곳을 향해 가라, 그래서 이 시간이 주어져 있다, 이런 맥락에서 믿음이 등장합니다.

보상의 원리를 넘어서 있는 믿음

그렇다면 히브리서 11장에 나온 믿음은 우리에게 어떤 유익을 주는 말씀으로 소개되어 있을까요? 믿음은 바라는 것들의 실상이요 보이지 않는 것들의 증거니 선진들이 이로써 증거를 얻었다, 믿음은 모든 세계가 하나님의 말씀으로 지어진 줄을 알게 하는 것이라며 믿음을 소개합니다. '믿어야 돼'라는 성경의 격려는 당연한 것이고, 이 말씀 앞에 순종해야 하는 것도 당연하지만, 그 뒤에 나열된 사람들 곧 아벨, 에녹, 노아와 같은 사람들은 무엇을 위해 여기 등장했을까요?

범죄한 인류의 조상 아담이 하나님의 법을 어겨 사망을 자초하였는데, 사망을 초래한 그 법을 상회하는 것이 믿음입니다. 이 일이 어떻게 가능합니까? 하나님은 가인과 아벨이 어떻게 사는지 관망만 하지 않으시고, 아벨에게 나타나 의의 제사가 무엇인지 알려 주셨다, 에녹에게는 하나님이 동행하셔서 그로 하여금 죽음을 보지 않고 승천하게 하셨다, 노아에게는 멸망당할 인류 앞에서 그와 그의 가족이 구원을 얻도록 간섭하셨다, 즉 하나님은 당신이 만든 인류가 그들이 범한 죄 때문에 멸망으로 끝나는 것을 원치 않으셨다, 하나님이 개입하셨다, 어떻게 개입하셨는가? 보상의 원리를 넘어선 하나의 특별한 방법을 도입하셔서 지금까지 역사를 이어가고 계신다, 그것이 믿음이다, 이렇게 말합니다.

하나님은 전에 우리가 알고 있던 보상의 원리, 인과율, 원인과 결과의 법칙을 넘어서 있는 '믿음'이라는 방법을 도입하셨습니다. 믿음이라는 말 자체가 그렇습니다. 하나님이 역사에 개입하셨다, 우리가 자초한 멸망의 운명대로 내버려 두지 않으셨다, 이렇게 설명하는 것이 믿음입니다. 그래서 11장 6절에 나오는 말씀 "믿음이 없이는 하나님을 기쁘시게 하지 못하나니 하나님께 나아가는 자는 반드시 그가 계신 것과 또한 그가 자기를 찾는 자들에게 상 주시는 이심을 믿어야 할지니라"에서처럼 하나님은 목적을 갖고 계시며, 우리가 하나님에게 항복하기를 원하십니다.

세상이 가진 목적은 무엇입니까? 세상이 만들 수 있는 건 멸망밖에 없습니다. 결국 다 죽습니다. 그런데 세상과 반대로 하나님은 인류와 역사를 외면하는 분이 아니십니다. 하나님이 우리를 위하여 간섭하시고 목적을 가지고 개입하고 계시다는 것을 역사와 현실 속에서 경험합니다. 바로 우리가 예수를 믿게 된 것이죠. 예수를 믿는다는 것은 다른 어떤 방법으로도 믿게 할 수 없는 것을 믿는 것입니다. 하나님이 지금도 일하고 계시다는 증거입니다.

남포교회에 와서 서로 친구가 되는 예는 종종 있습니다. 제가 아는 한 집사님은 LA에 있는 한인 식당에서 설렁탕에 소주 한 잔을 놓고 식사하는데, 저 건너편에 낯익은 얼굴이 보이더라는 것입니다. 서로 "어?" 하며 반가워했는데, 아무리 생각해도 어디서 만났는지 모르겠더랍니다. 그럼 무엇부터 따지죠? 같은 고향인가, 같은 대학 나왔나, 같은 고등학교 나왔나, 군대는 어딘가, 다 따져 보아도 서로 일치하는 데가 없는데, 마지막에 "어, 남포교회!"가 되었죠. 그래서 반가운 마음에 서로 거나하게 취하셨답니다. 얼마나 신비한 방법으로 예수를 믿게 되는지 우리가 인생 내내 보아 왔습니다.

예언의 성취자 예수

히브리서 11장에서 믿음을 도입하여 하는 이야기를 들여다보면, 믿음은 막막하다는 이야기를 합니다. 믿는데 자기 자신에게 근거가 없고, 우리가 기대하는 만큼 하나님이 안 해 주십니다. 그러니 왜 예수는 믿어서 이 고생인가 싶습니다. 우리가 제일 겁내는 질문이 "당신은 믿음이 있어?"입니다. 이 질문이 제일 어렵습니다. 믿음이 있으면 완벽해야 할 것 같은데 완벽해지지 않습니다. 그렇다고 믿음이 없다고 말할 수도 없습니다. 그래서 "믿음은 있는데, 더 이상 물어보지는 마" 이렇게 되고 말았습니다. 신자의 현실적 믿음과 자신에 대한 이해는 늘 이렇습니다. "이게 뭐냐? 이게 믿는 거야, 마는 거야? 난 왜 맨날 이 꼴이야? 대체 하나님은 뭐하고 계셔? 하나님, 나한테 왜 이러세요?" 우리가 언제나 하는 기도입니다. 우리는 자신의 실존을 이해할 수 없을 때마다 하나님에게 화를 냅니다. 믿음이 우리의 이해나 기대와 다르기 때문입니다. 그러나 이것이 알 수 없는 하나님의 재창조의 방법이요, 목적이요, 내용입니다.

이 문제를 아주 명쾌하게 풀어낸 설명이 있습니다. 레슬리 뉴비긴이라는 영국 신학자가 쓴 책 《포스트모던 시대의 진리》에 나온 글입니다. "신중한 관찰과 정보에 대한 합리적 정리는 지식의 본질적인 조건들이다. 데카르트가 고전적으로 명확하게 표현한 과학적 방법은 확실한 지식에 이르는 경로가 되었다. 하지만 데카르트의 방법론이 결코 발견할 수 없는 한 가지가 있는데, 전 우주가 존재하는 목적은 절대 발견할 수 없다. 왜냐하면 목적은 그것이 실현되기까지 그 목적을 만든 자의 정신 안에 감춰져 있다. 그것이 온전히 실현될 때에야 그 결과물을 과학적 방법에 의해 연구용으로 사용할 수 있게 된다. 그때까지는 가능하지 않다. 그 목적은 오로지 그 목적을 만든 자가 그것을 계시하기 위해 결정해야만 알 수 있다. 만약 목적이 중요한 설명의 범주라면, 계시는 없어서는 안 될 확실한 지식의 원천이다. 서로 다른 사물들을 연결하는 원인과 결과는 관찰과 추론으로 발견할 수 있지만 목적은 결코 발견할 수 없다."[7]

결국 믿음이란 우리가 그 믿음의 목적을 기다릴 수밖에 없는 것입

니다. 그런데 무엇을 근거로 하여 기다리는 것이 가능할까요? 하나님
이 우리에게 도입하신 믿음이라는 방법 속에 아주 중요한 내용의 계
시가 있습니다. 목적과 내용과 약속의 신실하심이 있습니다. 어디에
있습니까? 예수에게 있습니다. 마태복음 13장입니다.

> 제자들이 예수께 나아와 이르되 어찌하여 그들에게 비유로 말씀하
> 시나이까 대답하여 이르시되 천국의 비밀을 아는 것이 너희에게는
> 허락되었으나 그들에게는 아니되었나니 무릇 있는 자는 받아 넉넉하
> 게 되되 없는 자는 그 있는 것도 빼앗기리라 그러므로 내가 그들에
> 게 비유로 말하는 것은 그들이 보아도 보지 못하며 들어도 듣지 못
> 하며 깨닫지 못함이니라 이사야의 예언이 그들에게 이루어졌으니
> 일렀으되 너희가 듣기는 들어도 깨닫지 못할 것이요 보기는 보아도
> 알지 못하리라 이 백성들의 마음이 완악하여져서 그 귀는 듣기에 둔
> 하고 눈은 감았으니 이는 눈으로 보고 귀로 듣고 마음으로 깨달아
> 돌이켜 내게 고침을 받을까 두려워함이라 하였느니라 그러나 너희
> 눈은 봄으로, 너희 귀는 들음으로 복이 있도다 내가 진실로 너희에
> 게 이르노니 많은 선지자와 의인이 너희가 보는 것들을 보고자 하여
> 도 보지 못하였고 너희가 듣는 것들을 듣고자 하여도 듣지 못하였느
> 니라 (마 13:10-17)

예수님은 어떤 예언의 성취라고 말씀하십니까? 선지자 이사야가 소

---

7) 레슬리 뉴비긴 지음, 김기현 옮김, 《포스트모던시대의 진리》(IVP), 74-75쪽.

명을 받을 때에 들은 예언의 성취입니다. 이사야 6장에서 하나님이 말씀하십니다. "누가 우리를 위하여 갈꼬?" 이에 이사야가 "내가 여기 있나이다. 나를 보내소서"라고 하자 "그래, 가라. 그러나 네가 전한 것을 백성들은 깨닫지 못할 것이다. 그들은 듣지 못하고 보지 못할 것이다. 그들이 듣고 볼까 봐 내가 겁이 난다"라고 말씀하십니다. 그렇게 이사야 선지자는 보냄을 받습니다. 백성들이 깨닫는 것을 왜 하나님이 겁내실까요? "내가 하려는 일이 너희 기대와 이해로 잘못 전해질까 봐 내가 겁을 낸다. 내가 하려는 것은 이보다 큰 것이다. 그러니 못 알아들을 소리를 가서 전해라." 못 알아들을 소리의 진정한 내용은 예수 안에 있습니다. 그래서 예수가 온 것입니다. "너희는 못 알아듣는다. 그래서 내가 왔다. 내가 그 약속을 이루기 위하여 왔다. 내가 그 약속의, 그 믿음의, 그 목적의, 그 방법의 주인공이다. 내가 답이다." 이렇게 된 것입니다.

말로 설명할 수 없는 믿음

우리는 예수를 보았습니다. 보았는데, 설명이 되지 않습니다. 누구에게 이야기해서 우리의 신앙을 이해시키며, 내가 왜 예수를 믿게 되었는지를 공감하자고 하겠습니까? 믿는 사람끼리만 보입니다. 본 사람들만 아는 거죠. 말과 생각만으로는, 믿음이라는 결과물이 나오지 않습니다. 그래서 예수님이 뭐라고 그러십니까? "선지자들과 너희 조상들이 나를 보기를 그렇게 소원했다." 이것이 무슨 약속인가, 어떻게 하자는 것인가, 그때 그들은 알 수 없었다. 그러나 하나님이 그때도 역사에 개입하셨다. 역사에서 보다시피 이스라엘 백성들은 애굽에서도 나오고 바벨론에 팔려 가기도 하였다. 그 모든 역사의 현장에서 하나님이 목적을 이루기 위하여 그들을 붙들고 씨름하셨다. 결코 하나님이 그들을 포기하지 않으셨다. 이런 역사를 우리가 가지고 있습니다.

세상 역사도 그렇습니다. 많은 역사가들이 이야기합니다. "인류 역사가 멸망하지 않은 것이 기적이다. 멸망할 이유는 너무나 많았다." 누가 살려 놨을까요? 하나님이 살려 놓으셨죠. 하나님은 말씀하십니다. "너희가 실패했다고 내 창조를 무효가 되게 놔둘 수는 없다. 나는 창조자 하나님이다." 이렇게 전 인류를 향해 역사 속에서 발언하고 계십니다. 그리고 그 증거로 역사의 한복판에 예수님이 오십니다.

믿음에 대해 설명하다 보면 늘 아브라함에게까지 거슬러 올라갑니다. 아브라함은 어떤 설명으로 소개되어 있으며, 믿음을 언급할 때 왜 자꾸 아브라함이 등장하는지를 본문으로 돌아와 생각해 봅시다. 하나님은 믿음의 내용과 목적을 아브라함의 때에 와서 더 구체화하고 확장하십니다.

믿음으로 아브라함은 부르심을 받았을 때에 순종하여 장래의 유업으로 받을 땅에 나아갈새 갈 바를 알지 못하고 나아갔으며 믿음으로 그가 이방의 땅에 있는 것 같이 약속의 땅에 거류하여 동일한 약속을 유업으로 함께 받은 이삭 및 야곱과 더불어 장막에 거하였으니 이는 그가 하나님이 계획하시고 지으실 터가 있는 성을 바랐음이라 믿음으로 사라 자신도 나이가 많아 단산하였으나 잉태할 수 있는 힘

을 얻었으니 이는 약속하신 이를 미쁘신 줄 알았음이라 이러므로 죽
은 자와 같은 한 사람으로 말미암아 하늘의 허다한 별과 또 해변의
무수한 모래와 같이 많은 후손이 생육하였느니라 (히 11:8-12)

아브라함과 사라의 등장은 이렇습니다. 아브라함은 자신의 근거와 뿌
리를 끊었다, 그는 부평초처럼 나그네 인생을 살았다, 그는 떠돌이로
사느라 한 곳에 정착할 수 없었다, 그런데 거기서 하나님은 결과를 수
확하셨다, 이것이 아브라함입니다. 사라도 그렇습니다. 사라는 잉태
할 수 없었다, 그러나 사라는 애를 낳았을 뿐만 아니라 그 후손이 인
류 역사상 가장 많은 후손을 만들어 냈다, 이것이 사라입니다.

　이처럼 아브라함의 생애는 믿음을 설명하는 중요한 증거가 됩니
다. 하나님은 구원받을 조건과 원인을 갖고 있지 않은 아브라함에게
일하셔서 무엇을 이루셨습니까? 이스라엘 역사입니다. 이스라엘의
하나님은 아브라함과 이삭과 야곱의 하나님입니다. 왜 그렇게 불려야
합니까? "너희는 너희가 만든 나라가 아니고, 내가 만든 나라다"라는
의미가 여기 들어 있습니다. 우리는 어떠합니까? 우리도 예수를 믿으
면 아브라함의 후손이 됩니다. 그는 믿음의 조상이기 때문입니다. 성
경이 하고 싶은 이야기가 바로 이것입니다. 그러니 이런 보이는 약속
과 증거들이 무엇을 낳았습니까? 예수를 만났습니다. 이런 일이 우리
를 어디로 끌고 갑니까? 우리를 믿음의 막막한 자리로 끌고 갑니다.
믿음의 막막한 자리란 무엇입니까? 로마서 1장 16절 이하를 봅시다.

　내가 복음을 부끄러워하지 아니하노니 이 복음은 모든 믿는 자에게

구원을 주시는 하나님의 능력이 됨이라 먼저는 유대인에게요 그리고 헬라인에게로다 복음에는 하나님의 의가 나타나서 믿음으로 믿음에 이르게 하나니 기록된 바 오직 의인은 믿음으로 말미암아 살리라 함과 같으니라 (롬 1:16-17)

복음은 하나님의 능력입니다. 17절에 나온 '믿음으로 말미암아 살리라'라는 것은 무엇일까요? 대개 우리는 믿음이 영웅적이어야 한다고 생각합니다. 물론 믿음은 좋을수록 좋습니다. 그러나 성경이 주장하는 것은, 믿음은 하나님이 시작하셔서 우리로 항복하게 하는 것이라고 합니다. 믿음은 은혜로 시작해서 책임으로 나아갑니다. 하나님은 은혜라는 방법을, 예수로 말미암은 이 증거를 택하셨습니다. 그리하여 예수가 자신을 위하여 죽지 않고 우리를 위하여 죽어 우리가 예수 믿는 사람이 되면 예수께서 우리를 위하여 십자가를 지신 것 같이 우리도 그 자리까지 나아가 자발적으로 항복하는 자가 되기를 원하십니다.

믿음으로 믿음에 이르게 하나니

믿음이 믿음을 만듭니다. 하나님이 도입한 재창조 곧 하나님의 간섭하심으로 우리가 믿는 사람이 됩니다. 하나님의 목적은 우리가 예수를 따르는 사람이 되게 하는 것이지 도덕성이나 업적, 명분을 소유한 존재가 되라는 것이 아닙니다. 인간이라는 존재가 가진 가치에 대한 분별과 선택과 책임을 지는 사랑, 믿음, 이런 것들은 백 퍼센트 자발성을 가지지 않는 한 성립되지 않습니다. 이해관계를 떠난, 공포를 벗어난, 하나님에게로의 자유롭고 자발적인 항복이니 말입니다. 그래서 하나님의 기쁨이 되고, 하나님이 우리를 기뻐하신다는 말을 받을 수 있는 자리로 끌고 가려는 것이 역사요, 우리의 현실입니다. 매일 벌어지는 일상이 우리에게 "너 이 일은 어떻게 할래? 여기서는 무슨 잣대를, 무슨 판단의 기준을 적용할래?"라고 묻습니다. 마가복음 9장을 봅시다.

이에 그들이 제자들에게 와서 보니 큰 무리가 그들을 둘러싸고 서기관들이 그들과 더불어 변론하고 있더라 온 무리가 곧 예수를 보고 매우 놀라며 달려와 문안하거늘 예수께서 물으시되 너희가 무엇을 그들과 변론하느냐 무리 중의 하나가 대답하되 선생님 말 못하게 귀신 들린 내 아들을 선생님께 데려왔나이다 귀신이 어디서든지 그를 잡으면 거꾸러져 거품을 흘리며 이를 갈며 그리고 파리해지는지라 내가 선생님의 제자들에게 내쫓아 달라 하였으나 그들이 능히 하지 못하더이다 대답하여 이르시되 믿음이 없는 세대여 내가 얼마나 너희와 함께 있으며 얼마나 너희에게 참으리요 그를 내게로 데려오라 하시매 이에 데리고 오니 귀신이 예수를 보고 곧 그 아이로 심히 경련을 일으키게 하는지라 그가 땅에 엎드러져 구르며 거품을 흘리더라 예수께서 그 아버지에게 물으시되 언제부터 이렇게 되었느냐 하시니 이르되 어릴 때부터니이다 귀신이 그를 죽이려고 불과 물에 자주 던졌나이다 그러나 무엇을 하실 수 있거든 우리를 불쌍히 여기사도와 주옵소서 예수께서 이르시되 할 수 있거든이 무슨 말이냐 믿는 자에게는 능히 하지 못할 일이 없느니라 하시니 곧 그 아이의 아버지가 소리를 질러 이르되 내가 믿나이다 나의 믿음 없는 것을 도와 주소서 하더라 (막 9:14-24)

우리는 '할 수 있거든이 무슨 말이냐 믿는 자에게는 능히 하지 못할 일이 없느니라'라는 구절만 따로 떼어서 외워 왔습니다. 그런데 이 말씀은 어떻게 주어진 말씀입니까? 귀신 들린 자식을 고쳐 달라고 찾아온 한 아버지의 비명에 대한 예수님의 답입니다. 이 아버지는 예수를 어떻게 만나게 됩니까? 믿음이 좋아서 만나게 된 것이 아닙니다. 자식이 귀신 들려서 아무 때나 불에도 던져지고 물에도 던져지는데, 안 찾아간 데가 어디 있겠습니까? 용하다는 곳은 다 돌고 돌아도 아이가 낫지 않자, 예수의 소문을 듣고 결국 여기까지 온 것입니다. 그런데 마침 예수는 변화 산에 가서서 없고, 예수의 제자들은 아이를 고치지 못합니다. 그런 상황에 예수님이 오십니다. 아이 아버지가 다짜고짜 "살려 주십시오"라며 애원합니다. 예수님이 "왜 이렇게 되었느냐?"라고 묻습니다. 아이의 아버지는 "어릴 적부터 아이가 귀신에 들려서 죽을 고비를 얼마나 많이 넘겼는지 모릅니다. 무엇이든지 할 수 있거든 좀 도와주십시오"라며 애원합니다. 이에 예수님이 "할 수 있거든이 무슨 말이냐 믿는 자에게는 능히 하지 못할 일이 없느니라"라고 하십니다.

예수님의 이 말은 꾸중이 아닙니다. 딱 맞부딪쳤죠. 아이의 아버지가 무엇이라고 말합니까? "내가 믿나이다 나의 믿음 없는 것을 도와

주소서"라고 합니다. "나의 믿음 없는 것을 도와주소서." 이 얼마나 감사한 고백입니까? 누가 우리에게 완벽한 믿음을 가지라고 했습니까? 그건 시간이 걸립니다. 완벽한 믿음을 가지기 전에는 무엇이 우리를 '믿습니다'로 끌고 갑니까? 현실이 끌고 갑니다. 자식이 아픈데 어떡할 것입니까? 우리 현실에 일어나는 모든 일이 우리를 어디로 끌고 갑니까? 예수에게로 끌고 갑니다. 해 볼 수 있는 것은 다 해 보았죠. 계룡산에도 가 보고, 용하다는 곳은 안 가 본 데 없이 다 찾아 다녔죠. 그래도 문제가 해결되지 않습니다. 예수를 만나야 해결되는 문제라서 그렇습니다. 예수를 만나면 예수가 우리를 어디로 끌고 갑니까? 자기를 부인하는 자리로 끌고 갑니다. '나를 따라 오려거든 자기를 부인하고 자기 십자가를 지고 나를 따를 것이니라'(마 16:24 중). 여기서 우리가 무너지는 거죠. 잘못 믿었나? 내가 뭘 잘못했나? 아니요. 그렇지 않습니다.

우리의 현실에 하나님이 믿음이라는 방법으로 도전해 오십니다. 우리를 창조하실 때에 원래 목적하셨던 인간의 존엄성과 영광을 회복하려고 작정하셔서 지금 우리에게 도전해 오는 현실이 주어진 것입니다. 하나님이 일하고 계십니다. 모세가 했던 질문을 떠올려 봅시다. 호렙 산 떨기나무 사이에서 하나님이 모세에게 "내 백성을 구하려고 널 보낸다. 가서 내 백성을 구원해 내라"라고 하자, 모세는 "하나님, 사십 년 전에는 뭐하고 계셨습니까? 어떻게 일을 이처럼 반대로 하십니까? 지난 세월 동안 뭐하고 계시다가 이제 와서 저더러 가라니요. 저는 희망이고 의욕이고 다 없어졌습니다. 이제 와서 무엇을 하라는 것입니까? 저 이제 팔십입니다, 팔십." 하나님이 뭐라고 대답하셨습니까? "나는 스스로 있는 자다. 나는 하나님이기를 중단하지 않는 하나님이다. 그 사십 년간 내내 일했느니라. 너는 깊어졌느니라. 이제야 일할 수 있다."

우리는 자신의 인생이 왜 늘 희희낙락해야 한다고 생각할까요? 우리가 형통할 때는 뇌가 출장합니다. 우리를 못살게 구는 고난만이 손쉬운 답에서 우리를 건져 냅니다. 고난으로 연단되지 않으면 우리의 신앙은 십자가로 돌아가 질질 짜고 우는 게 전부가 되어 버립니다. "하나님, 어제보다 나은 내일이 되게 하여 주옵소서. 저 그렇게 살겠습니다." 이런 용기, 이런 의욕, 이런 모험이 우리에게 필요합니다.

도전에 응하는 하루하루

《열두 가지 인생의 법칙》을 쓴 조던 B. 피터슨(Jordan B. Peterson)이라는 교수가 있습니다. 이 책에서 이것 하나는 꼭 기억해야 합니다. '당신의 인생을 다른 사람과 비교하지 말고, 어제의 당신보다 오늘의 당신이 나은가 비교해라.' 얼마나 정곡을 찌르는 도전입니까?

예수를 믿어 어제보다 오늘 더 나은 사람이 되었는가를 돌아보십시오. 흠 없이 살라는 말이 아닙니다. 하나님의 백성이라는 말이 잘 어울리는 멋진 인간으로 우리가 채워지며 나아가고 있는가? 그 시련을 달게 받아 훈련되고 있는가? 그렇게 물어야 합니다. 하나님은 매일 일하십니다. 우리가 자는 시간은 우리가 포기하고 자폭한 시간입니다. 죽음을 미리 체험하는 것이죠. 눈을 떠서 아침을 만나면 하나님이 "오늘 하루 더 나아가자" 그렇게 부르십니다. 그러니까 그 하루를, 그 모진 도전을 다 받아 내야 합니다. 늘 이기지는 않습니다. 그러나 진 것도 일을 할 것입니다. 그런데 우리는 진 것을 후회하고 지워 버리고 와서 눈물로 때우고 맙니다.

절망을 이겨 내야 합니다. 절망을 울어서 넘기지 말고, 절망을 견뎌 내어 넘어서야 됩니다. 슬픈 날은 슬퍼하다 주무십시오. 내일이 오면 내일 다시 시작하십시오. 체념에 속지 마십시오. 체념에 속으면 안 됩니다. 이것은 다 우리를 비겁한 데로 끌고 갑니다. "그냥 대충 살아. 뭘 유난을 떨어?" 이 자리를 넘어가야 합니다. 그게 매일의 삶입니다. 하루만큼 나아져야 합니다. 이것이 성경이 하는 이야기입니다.

하나님이 일하고 계십니다. 아담이 실패했다고 끝내지 않으시며 다시 일하셨습니다. 이것이 역사입니다. 우리의 현실에 예수를 보내어 우리가 겪은 신기한 하나님의 역사를 맛보게 하셨습니다. 이것이 믿음의 역사입니다. 그리고 마침내 어디로 가자고 하십니까? 가나안에 들어가자고 하십니다. 가나안은 어디일까요? 하나님의 영광의 찬송이 되는 자리입니다. 그러니 이제 무얼 해야 합니까? 매일 겪어 보아야 합니다. 우리가 속상해하는 '하나님은 나한테 왜 이러십니까?' 가 일을 합니다. 그러니 이것을 깨달으십시오. 잘되지 않더라도 생각이라도 그렇게 해 보십시오. 그렇게 하루를 이해하면, 우리는 후회와 절망으로 가는 것이 아니라 매일 더 나은 데로 발전할 것입니다. 누구를 부러워할 필요 없는 인생임을 기억하는 복된 신자가 되기를 바랍니다.

기 도

하나님 아버지, 우리를 믿음의 길로 붙드셨습니다. 하나님이 일하고 계십니다. 우리가 아는 모든 기대, 이해, 그리고 만족을 넘어서 있는 하나님의 기쁘신 뜻으로 부름을 받았으니 그 도전에 응하는 하루하루가 되게 하옵소서. 하나님의 자녀라는 이름의 명예를 누리며, 예수를 믿는다는 고백의 기적을 우리 삶에 녹여 내게 하시옵소서. 예수님 이름으로 기도합니다. 아멘.

17.

그들의 하나님이라 일컬음 받으심을
부끄러워 아니하시고

…… 16 그들이 이제는 더 나은 본향을 사모하니 곧 하늘에 있는 것이라 이러므로 하나님이 그들의 하나님이라 일컬음 받으심을 부끄러워 아니하시고 그들을 위하여 한 성을 예비하셨느니라 17 아브라함은 시험을 받을 때에 믿음으로 이삭을 드렸으니 그는 약속들을 받은 자로되 그 외아들을 드렸느니라 18 그에게 이미 말씀하시기를 네 자손이라 칭할 자는 이삭으로 말미암으리라 하셨으니 19 그가 하나님이 능히 이삭을 죽은 자 가운데서 다시 살리실 줄로 생각한지라 비유컨대 그를 죽은 자 가운데서 도로 받은 것이니라 …… (히 11:13-31)

우리의 이해와 다른 믿음

히브리서 11장에서 말하는 믿음을 성경이 설명하는 대로 따라가는 중입니다. 믿음이라는 단어는 세상에서도 좋은 의미로 쓰이고 있어서, 자칫 기독교가 말하는 믿음을 세상이 정의하는 대로 이해해 버릴 우려가 있다는 점을 염두에 두고 살펴보아야 합니다. 히브리서는 신자들이 성경의 의도대로 믿음을 이해하기를 바라서 믿음에 관한 설명을 하고 있습니다. 예수를 믿고 구원을 얻어 하나님의 자녀로 복된 약속을 품고 사는데 현실은 왜 어려운가, 아무리 잘하려고 해도 왜 기대처럼 살아지지 않는가에 대해 히브리서는 답을 줍니다. 이 답은 '견뎌라. 믿음을 가져라'라는 식의 위로로 주어지지 않습니다. 대신 '현실이라는 과정이 어떤 의미를 지녔는가'를 믿음이라는 단어로 설명해 나갑니다.

성경이 말하는 믿음은 우리의 이해와 사뭇 다릅니다. 성경이 믿음에 대해 설명하고자 할 때에는 거의 언제나 아브라함을 언급합니다. 아브라함이 등장한 것은, 그가 믿음의 조상이라고 불릴 만한 증언을 위해 뿌리가 끊기고 기대가 꺾인 인생이 되었기 때문입니다. 아브라함은 본토 친척 아비 집을 떠나 아무것도 이룰 근거를 갖지 않은 상태에서 믿음의 조상이라는 이름을 받게 되었습니다. 또한 그가 장차 열국의 아비가 되고 그의 자손이 하늘의 별과 바다의 모래 같이 될 것이라는 약속을 받았음에도 자손이라고는 유일하게 얻은 이삭밖에 없고, 그 이삭마저 죽이라는 명령을 받습니다. 아브라함은 그의 행위로 믿음의 조상이 된 것이 아니라 없는 것을 있는 것으로 부르시는 이로 말미암아 믿음의 조상이 되었습니다. 처음부터 믿음이 좋아서 하나님이 이삭을 바치라고 할 때에 척척 내놓았고 이것 때문에 믿음의 조상으로 불렸으리라 추측하는 것은 우리 생각일 뿐입니다. 성경이 하고 싶은 이야기는 그런 식의 인과관계가 아니라, 아브라함의 생애가 갖는 의미이고 그 내용은 하나님이 만드셨다는 것입니다.

　믿음을 설명하는 히브리서 11장의 시작은 이렇습니다. '타락한 아담이 사망과 멸망을 끌어들여 자초한 비극을 하나님이 외면하거나 그대로 놓아두지 않고 개입하셔서 어떻게 해서든지 당신의 창조를 완성하려고 하신다.' 이런 증거를 아벨의 제사에서, 에녹과의 동행에서, 노아의 방주에서 발견합니다. 성경이 이들을 들어 믿음을 언급하면서 내내 희망을 이야기합니다. 어딘가에 출구를 열어 놓고 있는 것입니다. 그 증거가 구체적으로 무엇인가를 아브라함에게서 발견하고자 합니다. 그런데 아브라함이 가지고 있던 근거가 열매를 맺은 것도 아니요, 그가 가졌던 기대가 보상을 받은 것도 아닙니다. 그래서 우리로서는 막막하기 짝이 없게 되었습니다.

아브라함과 모세에 나타난 하나님의 일하심

지난 장에서 우리는 믿음에 대해 이런 결론을 내렸습니다. '믿음은 막막한 것이다. 우리에게는 근거가 없고 우리로서는 기대도 할 수 없는 것이니 막막하게 여겨지는 것이 당연하다.' 이렇게 믿음은 막막한 것인데, 아브라함은 어떻게 믿음의 조상으로 등장하는지 살펴봅시다.

아브라함은 창조와 부활을 경험한 자로 등장합니다. 바로 이삭 사건에서 그렇습니다. 낳을 수 없는 아이를 얻었으니 창조를 경험했고, 그렇게 얻은 아이를 바치라는 명령을 받고 바쳤으나 돌려받으면서 부활을 경험했습니다. 다른 건 다 차치하고 아브라함이 믿음의 조상이 된 이유는 하나님이 아브라함의 생애에 창조와 부활로 간섭하셨기 때문입니다. 이것이 중요한 이유는 우리가 아무것도 바랄 수 없을 때에도 하나님이 우리에게 선한 것과 복을 담아 주실 수 있고, 우리의 기대가 꺾인 자리, 이제 망했다고 하는 자리도 끝이 아니라고 증거해 주기 때문입니다. 믿음이 무엇인가를 아브라함의 생애에 담아 '아브라함을 봐라'라고 이야기합니다.

아브라함이 얼마나 좋은 믿음을 가졌는가를 말하려는 것이 아닙니다. 아브라함의 생애가 자기 실력이 아닌, 세상적인 이해를 벗어나 있는 하나님의 창조와 부활이라는 능력 속에 묶여 있다, 그래서 결국 믿음의 조상이라는 지위를 가졌다, 이렇게 된 것입니다.

아브라함을 창조와 부활의 인생을 산 사람이라고 소개해 놓고, 그 다음으로 제일 많이 거론하여 설명한 인물이 바로 모세입니다. 본문 말씀에 모세가 이렇게 많이 등장하는 이유는 무엇일까요? 자신에게 원인이 없는 잘못된 결과가 발생했으나 그것으로 끝이 아닌, 오히려 더 큰 반전이 기다리고 있는 생애임을 분명히 보여 주기 때문입니다. 모세는 바로가 통치하는 시대에 히브리 백성으로 살고 있었습니다. 당시 애굽에는 히브리 노예들이 너무 많아져 애굽 사람들은 히브리인들에 대한 경계심을 품게 되었는데, 모세는 이런 시대에 태어났습니다. 히브리인들이 번성할까 두려워 사내아이를 낳으면 죽이라고 하던 때에 사내로 태어난 것입니다. 히브리서 11장에서는 '그 부모가 아름다운 아이임을 보고 석 달을 숨겨'라고 멋지게 표현했지만, 이런 서술은 좋은 결과를 알고 있는 자리에서 과거를 조명하는 평가이고, 제대로 읽으면 애를 썼는데도 석 달밖에 못 버텼던 것입니다. 석 달 만에 아이를 내버려야 했다는 말입니다. 그런데 이 아이를 누가 구합니까? 바로의 공주가 아이를 발견하여 데려다 키웁니다. 당시 법대로 하면, 모세는 히브리인의 아이로 드러난 바로 그 자리에서 죽임을 당했어야 마땅합니다. 그런데 뜻밖에도 바로의 공주가 아이를 데려와 기르죠. 기가 막힌 일입니다.

　바로의 궁전으로 들어가게 된 모세는 신변을 보호받고 출생의 비밀도 모른 채, 장래가 촉망되는 애굽의 주요 인물로 성장합니다. 자라면서 모세는 자기가 히브리 백성이라는 것을 알게 되었고, 돌이켜 자기 민족을 구할 생각을 합니다. 어느 날 모세는 애굽 관원이 히브리인을 압제하는 모습을 보고는 의협심에 그를 쳐 죽입니다. 다음 날 밖에 나가 봤더니 이번에는 히브리 동족끼리 싸우는 걸 봅니다. 모세가 그들을 보며 말리죠. 그런데 그들이 "어제 애굽 관원을 죽인 것 같이 우리도 죽이려느냐. 우리가 언제 너보고 간섭해 달랬냐?"라고 따집니다. 자신의 행위가 탄로 난 것을 알게 된 모세는 도망칩니다. 그런데 이 장면이 히브리서 11장에서는 이렇게 멋지게 표현되어 있습니다.

　믿음으로 모세는 장성하여 바로의 공주의 아들이라 칭함 받기를 거절하고 도리어 하나님의 백성과 함께 고난 받기를 잠시 죄악의 낙을 누리는 것보다 더 좋아하고 그리스도를 위하여 받는 수모를 애굽의

모든 보화보다 더 큰 재물로 여겼으니 이는 상 주심을 바라봄이라 믿
음으로 애굽을 떠나 왕의 노함을 무서워하지 아니하고 곧 보이지 아
니하는 자를 보는 것 같이 하여 참았으며 (히 11:24-27)

마치 모세는 최고의 믿음에서 우러난 행동을 한 것처럼 기록되어 있
지만, 실제 일어난 역사는 그렇지 않습니다. 모세는 달리 대책이 없었
습니다. 그래서 미디안 광야로 도망친 것인데, 26절에서는 '그리스도
를 위하여 받는 수모를 애굽의 모든 보화보다 더 큰 재물로 여겼'다고
표현했습니다. 이 구절에서 그리스도는 예수를 가리키는데, 왜 예수가
구약의 인물인 모세 이야기에 등장할까 하는 생각이 들겠지만, 여기서
그리스도는 해방자이자 구원자를 의미합니다. 따라서 '모세는 구원자
로서 받아야 하는 수모를 감수했다'라는 의미입니다.

　그런데 히브리서의 묘사와 달리, 당시 역사는 그렇지 않았습니다.
그는 어찌할 도리가 없어서 도망친 것입니다. 미디안 광야로 도망친
모세는 결혼하여 자녀를 낳습니다. 첫째 아들의 이름을 '게르솜'이라
고 지었는데, 이는 '이방 나그네'라는 뜻입니다. 이름만 놓고 보면 모
세 자신은 '이제 난 끝났다. 난 여기서 이렇게 죽는다' 그런 마음이었
던 것입니다. 그런데 히브리서에서는 왜 이렇게 호의적으로 표현했을
까요? 사람이 보기에는 비극이고 절망이고 더 이상 낙이 없다고 생각
되는 모든 것으로도 하나님은 최선의 결과와 복을 만드셨다고 증언
하는 중이기 때문입니다.

우리를 붙들고 있는 믿음

여기서 믿음의 의미를 다시 새겨볼 필요가 있습니다. 믿음이란, 하나님이 인류가 자초한 실패와 절망을 뒤집기로 작정하여 새롭게 도입하신 은혜의 방편입니다. 당시 모세는 아무것도 모르고 어떻게 해야 할지도 모르고 그래서 뭘 구하지도 않은 상태에서 하나님이 마음껏 모세를 간섭하셔서 민족의 지도자로 세워 당신의 뜻을 인류의 운명으로 만드는 데 중요한 역할을 맡기셨습니다. 그것이 믿음입니다. 28절부터 봅시다.

> 믿음으로 유월절과 피 뿌리는 예식을 정하였으니 이는 장자를 멸하는 자로 그들을 건드리지 않게 하려 한 것이며 믿음으로 그들은 홍해를 육지 같이 건넜으나 애굽 사람들은 이것을 시험하다가 빠져 죽었으며 믿음으로 칠 일 동안 여리고를 도니 성이 무너졌으며 (히 11:28-30)

넘을 수 없는 장벽, 홍해, 장자를 죽이는 열 번째 재앙, 이런 예들은 왜 등장했을까요? 이 모든 재앙 속에서 다만 한 가지 행동 즉 문설주에 어린 양의 피를 바른 일만으로 살아납니다. 굉장하지 않습니까? 원자탄이 터졌는데, 손가락에 침 한 번 묻혀 볼에 대어 살아났다고 하면 얼마나 말이 되지 않습니까? 그런데도 이스라엘 백성은 유월절 사건이나 가로막힌 홍해 앞에서 뭐라고 원망합니까? "그러게 왜 끌고 나왔냐? 그냥 거기서 죽게 놔두지. 하필 여기까지 끌고 와 실컷 고생시킨 다음 홍해에 빠트려 죽이겠단 말이냐?"라고 불평합니다. 그러나 하나님은 그러한 불평을 뚫고 들어와 그들의 절망과 비명이 찬송이 되게 하셨습니다. "우리는 도저히 그 땅에 못 들어가겠습니다. 거기 사는 아낙 자손이 얼마나 장대한지, 그들 앞에서 우리는 한낱 메뚜기 같아 보였을 것입니다"라고 하는 절망과 자폭까지 물리치셨습니다.

이스라엘 백성이 가나안에 들어가서는 어땠을까요? 여리고 성을 무너뜨렸으나 그들이 잘해서 무너뜨린 것이 아닙니다. 그저 일곱 바퀴를 돌았을 뿐인데, 그것도 힘차게 돌았을 거라 생각되지 않습니다. 그저 일곱 바퀴를 돌자 여리고 성이 홀로 무너진 것입니다.

이 모든 것이 믿음이라는 말 속에 들어 있는, 하나님이 인류를 향하여 가지신 적극적인 긍휼과 자비와 열심입니다. 우리 모두가 놀라는 것은 무엇인가요? 근거가 없고 기대가 꺾인 가운데에서 죽어나는 현실입니다. '난 뭔가. 이게 뭔가' 하는 한숨 속에 '왜 나는 믿음이 이것밖에 안 될까?'가 들어 있습니다. 그렇지 않습니다. 충분히 있습니다. 우리에게 믿음이 충분히 있다는 말은, 우리가 믿음을 생산해 내는 것이 아니라는 의미입니다. 우리가 믿음을 붙잡고 있는 것이 아니라 믿음이 우리를 붙잡고 있습니다.

모세가 미디안 광야에서 40년을 보내고 모든 기대가 다 꺾인 다음에 하나님이 그를 만나 주십니다. 불이 붙은 떨기나무 가운데 나타나신 하나님이 "모세야, 내가 너를 내 백성에게 보내어 애굽의 손에서 구원하려고 한다. 그러니 그들에게로 가라"라고 하자 모세가 반문합니다. "하나님, 왜 일을 이렇게 하십니까? 사십 년 전에 제가 일하겠다고 나섰을 때는 뭐하고 계시다가 이제 와서 팔십 먹은 저더러 무엇을 하라고 그러십니까?" 이때 하나님의 대답이 놀랍습니다. "모세야, 나는 어느 순간도 하나님이기를 중단한 적이 없다. 그 사십 년이 아무것도 아니었다고 생각하느냐? 그때 네가 가장 많은 훈련을 받았다." 이것이 '나는 스스로 있는 자이니라'에 담긴 의미입니다.

바로 우리도 이와 같습니다. 여러분은 도대체 주일날 무슨 생각을 하며 교회에 나오십니까? 아무 생각 없이 나오셨을 것입니다. 놀러 가고 싶은 유혹이 왜 없었겠습니까? 그런데 나가 봤더니 마음이 불편합니다. 등산을 갔더니 꼭 굴러 떨어질 것 같아서 이 마음으로 등산하느니 교회 가서 졸자, 그렇게 생각하고 교회 오니 마음이 편해지더랍니다. 예배드리고 가면 무슨 설교를 들었는지 기억은 안 나지만, 가는 발걸음이 행복하니 이게 낫습니다.

하나님이 우리를 이렇게 붙잡고 계십니다. 아무것도 아니라고 생각하는 지금 이 시간이 일을 합니다. 우리가 볼 때는 답답하지만 말입니다. 그런데 결과가 빨리빨리 나타나면, 문맥이 사라집니다. 문맥이 사라지면, 내용이 담기지 않습니다. 문맥을 단단하고 넓게 준비해야 보화든, 복이든, 자랑이든, 명예든 담아서 자기 것으로 삼을 수 있습니다. 하나님은 우리 인생 내내 우리라는 컨텍스트를 단단하게 만드신 다음, '그땐 그랬지. 그때 그러지 말았어야 했는데. 이번에 돌아가면 잘할 거야'로 날줄과 씨줄을 만들듯이, 무엇을 담아도 괜찮도록 크고 넓고 깊은 그릇을 우리 안에 만드십니다. 그런 후에 쌓고 담아 누르고 넘치도록 하나님의 영광과 자랑을 채우십니다.

하나님과 동역하는 신자

11장 마지막에 이르면 라합이 등장하는데, 라합의 이야기는 우리에게 희망을 줍니다. 31절을 봅시다.

> 믿음으로 기생 라합은 정탐꾼을 평안히 영접하였으므로 순종하지
> 아니한 자와 함께 멸망하지 아니하였도다 (히 11:31)

라합은 어떻게 정탐꾼을 숨겨 줄 수 있었을까요? 믿음이 얼마나 훌륭했기에 그런 행동을 할 수 있었을까요? 무슨 안목이 있었기에 그들을 알아보았을까요? 라합에게 안목이나 믿음이 있어서가 아닙니다. 라합은 직업상 밤새 영업을 해 왔을 것이고, 그녀의 집 말고는 문을 연 곳이 없어서 정탐꾼들이 거기로 숨어들었을 것입니다. 그는 정탐꾼들을 살려 주려고 했다기보다, 손님을 받았을 뿐입니다.

그런 라합이 장차 어떻게 됩니까? 다윗의 선조가 됩니다. 환장할 일입니다. 우리가 이것만은 없었으면 좋겠다고 생각하는 것이 일을 하는 정도가 아니라 가장 큰 영광을 만들어 냅니다. 믿음은 그런 것입니다. 우리가 후회하고 분노하며 "하나님, 나한테 왜 이러세요?"라고 지른 비명이 다 찬송으로 바뀔 것입니다. 그것이 십자가입니다. 언제 우리가 십자가를 필요로 했으며, 언제 우리가 죄를 용서해 달라고 먼저 간구한 적이 있습니까? 하나님은 우리를 죄 없다고 하시는 것에서 더 나아가 영광으로 부르고 계십니다. 한 영혼도 놓치지 않고 이 일을 하고 계십니다. 이것이 인류 역사입니다. 그러니 우리가 자주 되뇌는

'나는 아닐 거야'라는 그 생각을 깨기 위해서 이런 말씀을 기억할 필요가 있습니다. 시편 39편입니다.

> 여호와여 나의 기도를 들으시며 나의 부르짖음에 귀를 기울이소서
> 내가 눈물 흘릴 때에 잠잠하지 마옵소서 나는 주와 함께 있는 나그
> 네이며 나의 모든 조상들처럼 떠도나이다 (시 39:12)

시인은 자신을 '주와 함께 있는 나그네'라고 표현하였습니다. 자신을 아무것도 아닌 존재, 하나님에게서 가장 멀리 떨어진 존재처럼 여겼던 것입니다. 주와 함께 있어도 시원하지 않습니다. 하나님이 일하시는 중이라서 그렇습니다. 결과가 아직 안 나와서 그렇습니다.

유진 피터슨은 어린 시절에 아버지가 푸줏간을 운영해서 그도 여덟 살 때부터 앞치마를 입고 아버지와 함께 고기를 만졌습니다. 그래서 입은 옷마다 전부 피가 튀었죠. 유진 피터슨이 나중에 어린 시절의 그 장면을 "나는 여덟 살 때부터 에봇을 입었습니다"라고 회상합니다. 멋지죠. 하나님과 같이 일하고 있는 우리의 옷에도 피가 튀어 있습니다.

우리 인생이 그렇습니다. 태어나면서부터 어느 한 순간도 하나님이 우리를 외면하신 시간은 없습니다. 가장 비극적이고 가장 아닌 것 같은 일과 가장 지극한 복이 한자리에 공존합니다. 가장 대표적 사건이 '마리아의 예수 잉태 사건'입니다. 처녀가 아이를 뱄습니다. 있을 수 없는 일입니다. 그런데 그 애가 메시아입니다. 그러니 마리아 자신은 얼마나 말이 안 되었겠습니까? 그는 모든 수치와 오해를 감수해야

했습니다. "내가 안 그랬어요." 그런데 배 속에 아이가 있습니다. 내가 안 만들었는데 애가 있으면 누구의 아이입니까? 도대체 이 아이는 누구의 것입니까? 내가 낳지만 내가 만든 아이가 아닙니다. 가장 큰 수치와 가장 큰 영광이 마리아의 배 속에 있습니다. 십자가의 고난이 그 영광과 함께 있습니다.

우리가 그렇습니다. 나중에 낳아 보면 알게 됩니다. 배 속에 품고 있는 동안은 창피하고 이게 뭔가 싶습니다. 예수보다 육 개월 먼저 세례 요한을 잉태한 엘리사벳이 마리아의 방문을 받자 이렇게 말합니다. "여인 중에 네가 복이 있도다." 굉장합니다. 우리 모두의 현실, 지금의 조건과 정황이 기적과 영광의 과정입니다. 그것이 기독교입니다. 안 믿어져도 할 수 없습니다. '아하, 이 일은 이래서 그랬던 거구나'라고 깨닫게 되는 날, 함께 모여 그 기적과 영광을 나눠 주기 바랍니다.

기 도

하나님 아버지, 우리는 하나님이 우리 인생에 개입하시는 큰 능력과 영광을 미처 다 보지 못해서 주께서 옆에 계시고 함께하심에도 그저 늘 두려워하고 불안해하고 어쩔 줄 몰라 합니다. 결국 주께서 우리를 붙드사, 영광의 자리로 갈 것을 증거로 받았지만, 우리는 자신을 나그네로밖에는 느낄 수가 없습니다. 오늘 말씀을 통하여 이것이 역사적 증언이고 지금까지 일하시는 하나님의 변함없는 성실하심이라고 기억하여 이제 자신의 어려움을 인내할 수 있는 그런 한 걸음을 내딛게 하여 주옵소서. 그리고 우리 중에 "그것이 참으로 성경의 기록과 같더라. 내 인생에도 하나님이 이런 기적과 복을 주시더라"와 같은 자랑을 서로가 함께 나누는 때를 속히 주시옵소서. 예수님 이름으로 기도합니다. 아멘.

18.

믿음으로 말미암아 증거를 받았으나

32 내가 무슨 말을 더 하리요 기드온, 바락, 삼손, 입다, 다윗 및 사무엘 과 선지자들의 일을 말하려면 내게 시간이 부족하리로다 33 그들은 믿 음으로 나라들을 이기기도 하며 의를 행하기도 하며 약속을 받기도 하 며 사자들의 입을 막기도 하며 …… 37 돌로 치는 것과 톱으로 켜는 것 과 시험과 칼로 죽임을 당하고 양과 염소의 가죽을 입고 유리하여 궁 핍과 환난과 학대를 받았으니 38 (이런 사람은 세상이 감당하지 못하 느니라) 그들이 광야와 산과 동굴과 토굴에 유리하였느니라 39 이 사 람들은 다 믿음으로 말미암아 증거를 받았으나 약속된 것을 받지 못 하였으니 40 이는 하나님이 우리를 위하여 더 좋은 것을 예비하셨은 즉 우리가 아니면 그들로 온전함을 이루지 못하게 하려 하심이라 (히 11:32-40)

조건이나 자격이 아닌 믿음

어느덧 11장 말미에 이르렀습니다. 32절을 보면, "내가 무슨 말을 더 하리요 기드온, 바락, 삼손, 입다, 다윗 및 사무엘과 선지자들의 일을 말하려면 내게 시간이 부족하리로다"라고 되어 있습니다. 히브리서 11장에 등장할 정도의 사람이라면, 믿음의 위인일 것이라고 우리는 기대합니다. 그런데 여기 열거된 사람들은 그리 대단한 사람들이 아 닙니다. 그래도 다윗과 사무엘은 위인이지 않은가 하는 생각이 들 수 있지만, 그렇지 않습니다. 다윗은 씻을 수 없는 죄를 용서받은 은혜의 주인공으로 등장하였고, 사무엘은 원래 낳을 수 없는 아이인데 한나 가 기도하여 얻었을 뿐 사무엘 자신에게 위대한 점은 없습니다. 기드 온이나 바락이나 입다 역시 사사기에서 보았듯 다 부족한 사람들입 니다.

　히브리서 11장은 믿음이라는 것이 우리가 기대하는 바와 다르다, 용도가 다르며 평가가 다르다는 이야기를 하고 싶어 합니다. 믿음에 는 은혜와 책임이 그 안에 함께 맞물려 있는데, 믿음의 근거와 시작은 은혜이고 믿음의 목적과 내용은 책임입니다. 우리는 기독교가 은혜 와 사랑과 믿음의 종교라고 이야기하지만, 믿음에 대한 이해는 세상 이 정의하는 방식에서 벗어나지 못하고 있습니다. '예수를 믿으면 구 원을 얻는다'라는 말에서 가장 중요한 단어가 무엇이냐고 물으면 '예 수'라고 대답할 줄은 압니다. 예수, 믿음, 구원 중 예수가 가장 중요한 데, 예수가 주인공이라고 말하면서도 결국 기독교 신앙을 평가할 때 는 매사에 믿음이 등장합니다. "난 믿음이 없어. 내 믿음은 연약해."

이렇게 믿음이 조건이나 자격으로 작용합니다. 예수는 조건과 자격을 깨려고 들어오셨는데, 우리는 끊임없이 그 은혜를 다시 조건과 자격으로 만들어 버립니다. 히브리서 11장은 성경이 믿음에 대해 하고 싶은 이야기 즉 '믿음이란 도대체 무엇인가? 믿음은 어떻게 우리 것이 되는가?'를 말하기 위해 존재합니다.

믿음의 시작은 이렇습니다. 인류가 하나님 앞에서 책임 있는 선택을 실패하는 바람에 하나님이 새롭게 도입한 방법이 믿음입니다. 이는 기적이며, 은혜입니다. 하나님을 선택하지 않고 죄를 선택하여 실패한 필멸의 존재들을 하나님이 구원하기 위하여 새롭게 도입하신 방법이 믿음입니다. 그래서 믿음은 부활이자 구원이며 재창조라고 이야기할 수 있습니다. 부활과 구원과 재창조가 믿음이라는 단어 속에 다 들어 있는 것입니다.

믿음이란, 그릇된 선택을 하여 멸망할 수밖에 없는 우리를 하나님이 용서하시고 구원하신 방법을 일컫는데, 구원의 가장 중요한 내용은 우리가 아담처럼 '하나님을 외면하는 것'을 선택하지 않고, '하나님을 즐거워하는 것'을 선택하게 된 것이라고 할 수 있습니다. 이것이 믿음이라는 단어 속에 들어 있는 하나님의 수단과 방법이며, 재창조에서 가장 중요한 초점입니다.

그렇다면 믿음을 논하는 히브리서 11장의 말미에 기드온, 바락, 삼손, 입다, 다윗, 사무엘과 같은 인물들은 왜 등장했을까요? 믿음 장을 처음 시작할 때에 노아, 아벨, 에녹을 언급한 이유와 같습니다. 아브라함이 등장하기 전에 이미 하나님은 아벨에게 나타나셨고, 에녹에게 나타나셨고, 노아에게도 나타나셨습니다. 하나님이 당신을 배반하고 사망의 운명을 자초한 인류를 외면하지 않으시고 간섭해 오셨음을 이들의 이름을 열거하여 이야기하기 위해서입니다.

사사 시대에 이스라엘이 하나님을 외면하고 파멸의 길로 갈 때 하나님은 그들을 그냥 놔두지 않고 간섭하여 구원하셨다. 다윗 왕의 시대에 사무엘을 허락하신 것도 하나님이 인류라는 존재와 운명과 역사에 대하여 절대 포기하지 않으시고 창조의 목적을 이루기 위하여 여전히 개입하고 계셨다를 기드온, 바락, 삼손, 다윗, 사무엘을 들어 설명하기 위해서입니다. 그리고 이제 예수까지 보내셨습니다. 하나님이 인간을 창조하실 때 가지셨던 원래 목적 즉 우리가 기꺼이 하나님을 즐거워하여 선택하고, 하나님에게 기꺼이 순종하는, 책임 있는 피조물로 살도록 하기 위해 개입하고 일하셨음을 그렇게 예수로 증언하신 것입니다.

예수를 믿고 난 이후

은혜를 받는다는 말은 무슨 뜻일까요? 만일 우리가 공짜로 학교에 다닐 수 있게 되었다면, 이는 우리더러 훌륭해지라고 은혜로 보냄 받은 것일 겁니다. 그런데 우리는 여기를 자주 놓칩니다. 우리 인생을, 잘잘못에 대해 상벌을 받는 대가관계로만 이해하기 때문에 '예수를 믿으면 잘해야 되고, 못하면 벌 받는다'라는 생각이 여전히 우리를 쫓아다닙니다. 그래서 기회를 주고 시간을 주어 책임 있는 사람으로 자라 가라고 부름받았다는 생각을 놓치고, 잘잘못에 묶이는 바람에 번번이 회개로 돌아갑니다.

　히브리서는 십자가로 돌아가라고 이야기하지 않습니다. 오히려 십자가로 승리한 예수, 승천하여 하늘 보좌 우편에 앉아 지금도 우리를 위하여 기도하시는 예수를 이야기합니다. 우리 인생에 대해서도 예수를 믿은 이후의 현실을 주목하라고 경고하며 격려합니다. '너 잘 살아라. 공부 잘해라'라는 이야기입니다. 매번 십자가로 돌아가 그 밑에 가서 울고 짜고 회개하는 일은 시작일 뿐이다, 그것은 과거다, 오늘이 있다, 이렇게 가는 것입니다. 그러니 책임 있는 신자로 살기 위해 분발하는 자리로 가야지, 자격과 조건을 갖추거나 무흠하고 벌 받을 일이 없는 것을 전부로 알고 있어서는 안 됩니다. 주일 예배 시간에 대표 기도를 맡게 되면, 자신이 얼마나 자격 없는 존재인가를 주저리주저리 나열하지 말고 공동체를 위해 더 나은 기도를 드리십시오. 혼자 기도할 때에도 "하나님, 어제 일은 묻지 마십시오. 오늘 멋지게 살 힘을 주시옵소서. 그리고 내일은 더 잘해 보겠습니다" 그래야 합니다. 어제를 언급하려면 '오늘은 그러지 않겠습니다'라는 의미로 언급하고, 잘못을 회개하려면 결벽을 떨려고 하지 말고 거기서 일어난 일로 어떻게 나아졌는지를 돌아보는 의미로 돌이켜야 합니다.

　이런 일에 가장 적절한 예로 소개되는 인물이 바로 욥입니다. 욥은 의인인데, 억울한 일을 당합니다. 친구들이 와서 "네 고난은 네가 잘못했기에 받는 벌이다"라고 다그치자, 욥은 "나는 잘못한 게 없다"라고 항변합니다. 이에 친구들은 "그따위로 말하는 것만 봐도 너는 죄인이다"라고 몰아세웁니다. 욥은 "아니다. 나는 너희의 판단을 받아들일 수 없다"라며 물러서지 않습니다. 하나님이 나중에 등장하여 말씀하십니다. "욥아, 내가 너를 창조할 때에 잘잘못이 판단 기준이 되게 만들지 않았다. 잘잘못이 전부가 아니다. 너는 나의 창조의 통치에 참여하는 동반자다"라는 답을 주십니다. 그래서 욥이 뭐라고 합니까? "제가 티끌과 재 가운데서 회개합니다. 고난으로 모든 걸 다 뺏기고 내 몸이 병들더라도 아무 상관이 없습니다. 이제 하나님의 일하심에 동참하겠습니다"라고 말한 다음 분연히 일어납니다. 하나님이 요구하시는 것이 바로 이것입니다. 티끌과 재 가운데서 회개한 다음 분연히 떨쳐 일어나기를 원하십니다.

사랑과 믿음의 대상으로 부르심

자격이나 환경이나 조건은 중요하지 않습니다. 티끌과 재처럼 한심한 존재라도 상관없습니다. 하나님이 우리를 통치의 동반자로 부르셨으니 하나님이 목적하신 영광의 자리에 기꺼이 서겠습니다, 이렇게 나가야 합니다. 이런 사람들을 소개한 장이 믿음 장입니다. 믿음이 좋아서 무흠하고 완벽하고 걱정할 일이 없고 죄책감이 들지 않는 자들을 소개한 장이 아닙니다.

과거에 읽었던 글을 하나 소개합니다. 명확하지는 않으나, 대체로 이런 내용이었던 것으로 기억합니다. '성경은 추상적 원리를 고집하지 않는다. 대신, 원리를 구현하고 거기에 실체를 부여하는 생생한 삶과 구체화된 역사적 실존을 담고 있다.' 추상명사를 말하고 명분을 주장하고 규칙을 내세우는 것이 아니라, 실제로 콩나물을 무치고, 비빔

밥을 만들어 그렇게 우리의 피와 살이 되는 일용할 양식을 만들고 먹어 몸소 우리가 무언가를 할 수 있어야 합니다. 영광과 책임과 위대한 것을 분별하고 실제로 살아 내야 합니다. 이렇게 행하려면 당연히 짐을 져야 합니다. 그 짐을 질 실력이 있고 근력이 있는 존재를 만들려는 것이 믿음을 도입한 이유입니다. 말로 때우라고 준 것이 아니라 실체가 되라고 합니다. 그것이 인생이고 역사입니다.

역사 내내 하나님이 말씀하신 것이 무엇입니까? 너희가 보는 것이 전부가 아니다, 보이는 것, 잘잘못, 인과율, 보응의 법칙이 전부가 아니다, 나는 너희를, 잘하면 복 주고 못하면 벌하려고 만들지 않았다, 나는 그런 하나님이 아니다, 너희를 복되고 위대하게 하여 나의 사랑과 믿음의 대상으로 대하려고 불렀다, 이렇게 말씀하십니다. 사랑과 믿음의 대상이라는 것은 무슨 의미일까요? 대등한 관계라는 의미입니다. 물론 신과 피조물은 결코 대등할 수 없습니다. 하지만 관계에서는 대등할 수 있습니다. 하나님의 사랑과 믿음의 대상이 된다는 말은 바로 그런 의미입니다.

어떤 커플을 놓고 주변에서 '한 쪽이 너무 기운다'라고 말하는 것을 종종 들어 보았을 것입니다. 보통 가문을 두고 하는 말입니다. 부유하고 유서 깊은 집에 비해 상대적으로 못 배우고 지위가 낮은 집을 말할 때 흔히 '기운다'라는 표현을 씁니다. 하지만 결혼은 그것을 극복합니다. 그렇지 않습니까? 사랑은 그걸 극복합니다.

사랑 없이, 단지 결혼을 위한 결혼을 하려고 조건을 따지다 보면 별의별 게 다 꼴 보기 싫습니다. 공부 잘하는 것도 꼴 보기 싫고, 잘생긴 것도 꼴 보기 싫습니다. "잘생긴 사람이 왜 여태껏 장가도 못 가서 나한테까지 왔대?" 이렇게 비꼬고 싶어집니다. 그런데 눈에 콩깍지가 씌면 무엇이든 감수합니다. "그 사람 몸이 약하대", "괜찮아. 내가 평생 보살필게", "그 사람 아이를 못 낳는대", "괜찮아. 입양하면 돼." "돈이 없대", "아, 내가 더 많이 벌면 돼." 뭐든지 문제가 되지 않습니다. 다 괜찮습니다.

　하나님이 우리를 향해 이런 마음입니다. 그래서 우리에게 이런 관계를 요구하십니다. 네 부족한 점, 네가 잘못하는 것 모두 감수하겠다, 대신 너는 나를 사랑해라, 나를 기뻐해라, 나는 네게 능력을 요구하지도, 네가 수단이 되는 것을 원하지도 않는다, 네가 가진 게 없어도 되고 네가 못나도 되고 네가 괴팍해도 된다, 그러니 나를 사랑해다오, 이것이 하나님의 사랑입니다. 이것이 기독교입니다.

　성경이 말하는 이런 주제에 대한 좋은 사례가 있어서 소개합니다. 레슬리 뉴비긴이라는 신학자가 있습니다. 그는 영국 성공회의 주교였는데, 인도에 선교사로 파견되어 30년 동안 힌두교도들을 기독교로 개종하는 역할을 맡았습니다. 그는 힌두교도 사제들과 함께 모여 서로 각자의 종교를 소개하며 공부하였는데, 그중 한 힌두교 사제가 성경을 읽은 소감을 이렇게 말했습니다. "내가 보기에 당신네 성경은 우주의 역사, 곧 창조 세계 전체의 역사와 인류의 역사를 독특하게 해석한 책입니다. 그래서 역사 속에서 막중한 배역을 맡은 인간에 대한 해석도 독특하죠. 아주 특이합니다. 세상의 종교 문헌을 통틀어도 성경에 견줄 만한 것은 없습니다."[8]

---

8) 레슬리 뉴비긴 지음, 윤종석 옮김, 《성경 한 걸음》(복 있는 사람), 18쪽.

다른 종교나 다른 신은 힘만 가졌고, 가진 힘으로 보복하거나 보장해 줄 뿐입니다. 그러나 기독교가 말하는 하나님은 우리와 함께 다스리자는 분입니다. 창조와 부활에 우리를 동반자로 부르셨습니다. 책임을 지라는 정도가 아닙니다. 하나님과 함께 권력을 갖고 다스리는 것입니다. 오죽하면 예수님이 요한복음 14장에서 이런 말씀을 하셨겠습니까. '나를 믿는 자는 내가 하는 일을 그도 할 것이요 또한 그보다 큰 일도 하리니 이는 내가 아버지께로 감이라'(요 14:12 하).

더 나아가라

역사학자들은 인류 역사를 보며 '역사가 멸망하지 않고 여기까지 온 건 기적이다'라고 이야기합니다. 왜 아직까지 역사가 멸망하지 않고 이어져 왔을까요? 하나님이 지키고 계셨기 때문입니다. 그렇다면 빨리 답을 내리시지 왜 이렇게 질질 끌고 계실까요? 하나도 버리지 않으시고 다 구원하시기 위해서입니다. 그러기 위해서는 역사가 길어야 합니다. 소설이 길어야죠. 절정에 이르려면 곡절이 있어야 할 것 아닙니까? 그는 어디서 태어났고, 유년 시절은 어떻게 보냈으며, 부모는 누구이고, 그가 사는 동네는 어떤 곳이고, 시대는 어떤 시대였는가가 죽 이어져야 합니다. 그래야 본문을 담을 수 있습니다. 그렇지 않으면 스토리가 없고, 명분만 돌아다니게 됩니다. 스토리가 없으면 전후가 없고, 전후가 없으면 곡절이 없고, 곡절이 없으면 절정이 없습니다. 이 절정이라는 것을 우리가 납득하도록, 우리의 것이 되도록, 하나님이 역사를, 경우를, 육체를, 고민을, 갈등을, 도전을 허락하십니다.

아무런 갈등 없이 정답만 내놓는 것을 '비정하다. 무정하다'라고 평가합니다. 우리는 죄가 엄청난 역할을 하는 큰 세력이라고 알고 있어서 그런지 객관성을 갖추고 사심이 없는 것을 최고로 치는 경향이 있지만, 그건 가장 소극적이고 부정적인 덕목일 뿐입니다. 성경은 더 해 보고 더 나아가라고 합니다. 부활이 있기 때문입니다. "괜찮다. 해 봐라. 해 보고 넘어지면, 실패를 통해 배워라. 실패가 너희로 손해 보게 하지 않을 것이다." 그렇게 이야기합니다. 본문 33절 이하에 나온 것처럼 말입니다. '믿음으로 나라들을 이기기도 하며 의를 행하기도 하며 약속을 받기도 하며 사자들의 입을 막기도 하며 불의 세력을 멸하기도 하며 칼날을 피하기도 하며 연약한 가운데서 강하게 되기도 하며 전쟁에 용감하게 되어 이방 사람들의 진을 물리치기도 하며'(히 11:33-34)라고 나와 있습니다. 믿음으로 기적을 일으키기도 하고, 믿음을 가졌으나 핍박을 받아 죽기도 하고, 억울해하기도 하고, 망하기도 한 일이 열거되어 있습니다.

마치 예수의 생애와 똑같습니다. 무한하신 예수님이 유한한 인간의 몸으로 오셨습니다. 이루 말할 수 없는 일입니다. 그는 오셔서 가난한 자와 죄인의 친구로 사셨고, 그 시대와 사회 속에서 아무런 지위도 없이 지냈습니다. 많은 기적을 이루었지만, 그런 기적이 십자가의 길을 막지 못했습니다. 그는 십자가를 져야 했는데, 이는 가장 큰 치욕이자 고통이었습니다. 그렇게 그는 죽어 버리고 마는 일을 해야 했습니다. 세상의 기준에서 보자면 아무것도 아닌 것이 되고 말았습니다. 그러나 거기에 하나님은 부활을 담으셨습니다. 무덤에다 영광을 담으신 것입니다.

성경이 하고 싶은 이야기는 이것입니다. 이 영광을 우리의 어디에나 담을 수 있습니다. 우리가 살아 내는 오늘에 하나님이 기적을 담을 수 있고 죽음에도 영광을 담을 수 있다는 걸 기억하십시오. 그러니 과거에 묶여 있지 마십시오. '어제 못나게 굴었는데, 오늘은 어떻게 잘난 척을 해?'와 같은 과오에 붙잡히지 말고 어제와 다른 사람이 되십시오. "너 어제는 와서 지랄을 떨더니 오늘은 웬일이야? 웬 그럴 듯한 낯짝을 하고 왔어?"라는 말을 듣더라도 "음, 이런 걸 기적이라고 하지"라고 웃으며 넘기십시오. 우리만이 할 수 있습니다. 왜 사소하고 이상한 데서 연속성을 고집합니까? '어제 그랬는데, 오늘 뭘 유난을 떨겠어?' 유난을 떨어야 합니다. 왜 그럴까요? 우리만이 할 수 있는 특권이기 때문입니다. 세상은 못합니다.

우리가 해결해야 할 문제는 어떤 식으로 도전해 올까요? "다음 〈보기〉 중에서 먹을 수 있는 것을 고르시오. ① 석탄 ② 자갈 ③ 진흙 ④ 스테이크" 이렇게 출제되지 않습니다. "다음 〈보기〉에 있는 것을 먹으시오." 이렇게 문제가 나옵니다. 그런데 왜 못할까요? 해 보지 않아서 못합니다. 한번 해 보세요. 계속 못해도 되니까, 한번 도전해 보세요. 실제로 해 보면 우리 것이 됩니다. 우리의 살이 되고, 우리의 실력이 되고, 우리의 명예가 됩니다. 성경은 그것을 요구합니다.

끝나지 않은 드라마

그래서 어디로 가라고 합니까? 38절부터 봅시다.

> (이런 사람은 세상이 감당하지 못하느니라) 그들이 광야와 산과
> 동굴과 토굴에 유리하였느니라 이 사람들은 다 믿음으로 말미암아
> 증거를 받았으나 약속된 것을 받지 못하였으니 (히 11:38-39)

이 구절은 무슨 뜻일까요? 아직 드라마가 끝나지 않았다, 해서 그들
이 증거는 갖고 있으나 결과는 아직 보지 못했다, 그런 의미입니다.
그들의 배역이 끝났을 때에도 드라마는 계속되고 있어서 그들이 증
거는 가졌으나 결과는 보지 못했습니다. 그 뒤를 우리가 잇고 있습니
다. 40절입니다.

> 이는 하나님이 우리를 위하여 더 좋은 것을 예비하셨은즉 우리가 아
> 니면 그들로 온전함을 이루지 못하게 하려 하심이라 (히 11:40)

드라마에서는 끝이 좋아야 전부 좋습니다. 결말이 좋으면, 앞에서 고
생한 것도 복이고, 바보같이 굴었던 일도 복입니다. 반대로 끝이 안
좋으면, 앞에서 아무리 잘했어도 망하는 것입니다. 그런데 그 뒤는 오
늘을 사는 자들, 바로 우리에게 달려 있습니다. 우리는 성경에서 신앙
의 선조들에 대한 이야기를 읽어 왔습니다. 히브리서를 보면, 이스라
엘 백성이 가장 크게 책망받은 대목이 어디입니까? 출애굽 하여 광야

로 나왔는데 가나안에는 안 들어가고 애굽으로 돌아가자고 했다, 꺼내 주었는데 다시 돌아가자고 그랬다, 이것이 가장 못난 짓이다, 그건 안 된다, 그래서 광야에서 다 죽었다, 조상들의 불신앙을 보아 온 너희에게 권면한다, 너희는 가나안에 들어가라, 들어가서 너희에게 준 특권을 마음껏 누려라, 너희에게는 책임이고 짐으로 여겨지겠지만 그것이 명예다, 너희가 살아 온 과거를 다 승리로 만드는 오늘을 가지고 있다, 그것이 너희의 책임이고 권리다, 이렇게 말하는 것입니다.

톰 라이트(Nicholas Thomas Wright)는《히브리서 주석》에서 이야기합니다. '이런 저런 감정을 짜내려 하지 말고, 스스로 마음속에 진리를 떠올려 순종하고 인내해라.' 무슨 말인지 이해될 것입니다. 실컷 울어 자기 속을 시원하게 하려 애쓰지 말고, 눈물을 닦으면서 갈 길을 가십시오. 이런 저런 감정을 쥐어 짜내려 하지 마십시오. 십자가 밑에 가서 울지만 말고 생각하십시오. '그래. 여기가 출발점이었지. 하나님이 당신의 아들까지 십자가에 못 박아서 죽음을 뒤집으셨다. 그러니 이제 나는 과거로 돌아갈 수 없다. 이미 시작한 길이다. 앞으로 나아가는 일만 남았다. 그러니 오늘을 잘 살자.' 그렇게 다짐하십시오.

성경이 하는 이야기를 잘 생각해 보기 바랍니다. 죄에게 종노릇하지 말고 하나님께 순종하라, 육체의 일을 좇지 말고 성령의 열매를 맺어라, 악에게 지지 말고 선으로 악을 이겨라, 지혜와 분별을 동원하여 성령 충만하게 살아라, 이런 명령은 우리에게 짐이나 규칙으로 요구되는 것이 아닙니다. "너 훌륭해져라. 아무것도 걱정하지 말고 다만 훌륭해져라. 이는 인간 된 특권이다. 음악도 듣고, 미술도 감상하고, 건강하고 충만해져라. 좋은 나무가 되어 늘 풍성한 열매를 맺어라." 이

것이 어떻게 짐이고, 강요겠습니까? 얼마나 감사한 요구입니까? 만들
어서 달라는 것이 아닙니다. 우리에게 그런 존재가 되라는 것입니다.
이 요구는 이 시대를 사는 현대인으로서, 오늘이라는 일상을 살아가
는 실존자로서, 기독교 신앙을 실천해 보는 기회이자 명예로운 책임
임을 이해하는 자리입니다. 오늘이라는 하루는 우리만이 제대로 살아
볼 수 있고, 우리만이 누릴 수 있는 특별하고 위대하고 명예로운 것임
을 놓치지 마십시오. 그 영광을 기억하여 우리의 하루하루가 참으로
기쁨과 감사로 채워지는 그런 시간이 되기 바랍니다.

기 도

하나님 아버지, 우리의 짧은 인생에 하나님은 얼마나 많은 것을 담으려고 하
시는지요. 우리 인생 속에 출애굽도 있고 바벨론 포로도 있고 십자가도 있고
그리고 가장 중요하게 하나님의 기다리심이 있습니다. 하나님, 하루라도 빨
리 신자 된 명예와 영광을 우리로 확인하게 하옵소서. 우리의 인생을 울고불
고로 버무리지 말고, 감사와 자랑과 기쁨과 하나님을 아는 지식과 능력으로
채우사 매일매일 하나님과 동행하는, 기쁘고 자랑스럽고 모두에게 영광이 되
는 그런 인생을 살게 하여 주시옵소서. 예수님 이름으로 기도합니다. 아멘.

19.

구름 같이 둘러싼
허다한 증인들이 있으니

———

1 이러므로 우리에게 구름 같이 둘러싼 허다한 증인들이 있으니 모든 무거운 것과 얽매이기 쉬운 죄를 벗어 버리고 인내로써 우리 앞에 당한 경주를 하며 2 믿음의 주요 또 온전하게 하시는 이인 예수를 바라보자 그는 그 앞에 있는 기쁨을 위하여 십자가를 참으사 부끄러움을 개의치 아니하시더니 하나님 보좌 우편에 앉으셨느니라 3 너희가 피곤하여 낙심하지 않기 위하여 죄인들이 이같이 자기에게 거역한 일을 참으신 이를 생각하라 4 너희가 죄와 싸우되 아직 피흘리기까지는 대항하지 아니하고 5 또 아들들에게 권하는 것 같이 너희에게 권면하신 말씀도 잊었도다 일렀으되 내 아들아 주의 징계하심을 경히 여기지 말며 그에게 꾸지람을 받을 때에 낙심하지 말라 (히 12:1-5)

신자만이 체념하지 않는다

본문 1절에서는 '이러므로 우리에게 구름 같이 둘러싼 허다한 증인들이 있으니 모든 무거운 것과 얽매이기 쉬운 죄를 벗어 버리고 인내로써 우리 앞에 당한 경주를 하'자고 말씀합니다. 구름 같이 둘러싼 허다한 증인들이란, 바로 앞 장인 11장에 나온 믿음의 사람들을 가리킵니다. 그래서 별 생각 없이 이 구절을 읽으면 '저 위인들처럼 우리도 믿음을 지켜 훌륭한 신자가 되자'로 교훈을 삼게 됩니다. 이는 당연하고 또 마땅한 해석입니다.

그런데 11장에서도 보았듯이, 믿음에 대한 중요한 증거는 우리의 범죄와 실패에도 불구하고 하나님이 당신이 창조한 세계와 인류를 포기하지 않으셨다는 사실에 있습니다. 실패한 인류를 하나님이 원래 창조의 목적으로 회복시키시고 마침내 그들로 승리하게 하겠다고 작정하신 것이 성경이 말하는 인류 역사입니다. 아벨에게서나 에녹에게서나 또한 노아에게서나 믿음이 무엇인지 아직 모르는 때에도 하나님은 당신의 은혜와 구원의 손길을 세상에 펼치셨습니다. 그리고 마침내 아브라함에게 오자 믿음이 본격적으로 공식화됩니다.

아브라함은 믿음의 조상으로 부름받습니다. 그런데 이 일은 앞서 보았다시피 우리가 생각하는 것 같은 손쉬운 방법론이 아니었습니다. 그렇다면 믿음이란 무엇일까요? 믿음에 대해 제가 이렇게 정리해 보았습니다. '믿음은 은혜로 시작해서 책임을 목적하여 나아가는 것이다.' 믿음은 하나님이 하시는 일과 그 목적하심 속에 우리의 자발적이고 자율적인 반응을 목표하고 있기에 은혜이면서 동시에 책임입니다.

그런데 믿음은 은혜를 전제하고 있기에 순서상 책임이라는 결과로
열매 맺히는 것입니다.

　　그런데 신자 대부분은 신앙생활이 가지는 시작과 결과 사이의 모
호함을 견디지 못해 체념하고 맙니다. 체념은 '은혜가 목적하는 책임
을 다하도록 하나님이 우리를 어떻게 이끄시는가'를 오해하는 데서
부터 옵니다. 하나님 없이 사는 사람들은 나이가 들면 다 체념할 수밖
에 없습니다. 체념을 잘하면 그냥 허허로워지는 것이고, 좀 더 적극적
으로 살려고 하면 분노로 나옵니다. 이것이 인생입니다. 그러나 신자
들은 그럴 수 없습니다. 허허롭게 슬쩍 외면할 수도, 무조건 분노하고
볼 수도 없습니다. 결국 우리는 명예로워지고 정말 영광의 자리에 이
르게 될 것입니다. 이 사실을 잘 알려면 본문이 말하는 '우리에게 구
름 같이 둘러싼 허다한 증인들'에 대한 이해가 있어야 됩니다.

　　당시 히브리서 수신자들이 당한 현실적 어려움과 어느 시대건 모
든 교인들이 당하는 어려움은 예수를 믿고 난 다음에 본격화됩니다.
교회사 내내 그래 왔습니다. 예수를 믿기 전이라면 인생을 세상사에
맡기고 조화롭게 살면 그만이지만, 예수를 믿고 난 다음에는 그럴 수
가 없습니다. 신앙이라는 것이 모든 생각과 판단과 책임에서 나를 붙
들고 있기 때문입니다. 그런데 신앙만으로는 살 수 없는 것이 현실이
라서 신앙생활을 한다는 것은 마음이 흔들리고 혼란스럽고 자책과
타협이 반복되는 것의 연속입니다. 우리는 '하나님은 당신이 창조하
신 인류를 놓아두거나 외면하지 않으셨다'라는 사실에 위로를 얻으
며 이 시간을 살아 내고 있습니다. 또한 이러한 하나님의 적극적인 목
적을 이루기 위한 길로 예수와 십자가를 가지고 있습니다. 그런데 그

래 봤자 예수를 모르는 사람들이나 예수를 믿고 약속을 받은 사람들이나 인생이 고달프기는 마찬가지입니다. 여기에 대해 우리는 어떤 답을 가지고 있는지, 어떻게 신앙을 유지해야 하는지에 대해 히브리서는 대답합니다. 우리 앞에 있는 구름 같은 허다한 증인들은 무엇을 증언하고 있을까요? 하나님의 개입을 증언하고 있습니다. 그런데 여기서 말하는 하나님의 개입이란, 하나님이 다짜고짜 간섭하셔서 우리를 납득시키는 방법으로는 나열되어 있지 않습니다. 이 대목을 다시 한번 생각해 봅시다.

욥을 예로 들어 생각해 봅시다. 욥은 자신이 알고 있는 한 가장 완벽한 인생을 삽니다. 그는 도덕적으로나 신앙적으로나 어느 면에서든 흠이 없었습니다. 그러나 그는 고난을 당합니다. 어느 날 갑자기 자신의 모든 삶이 무너지고 말할 수 없는 고통이 찾아옵니다. 자녀들을 다 잃고 재산도 다 빼앗기고 온몸에 병이 납니다. 욥의 재난 소식을 듣고 친구들이 위로하러 찾아옵니다. 그들이 내놓은 해결책은 "너 빨리 회개해라"라는 것이었습니다.

욥기 서두에 설정된 대로 욥은 완전한 의인입니다. 그러니 그는 이 대답을 할 수 있습니다. "나는 잘못한 게 없다. 회개할 것도 없다." 친구들은 이렇게 꾸짖습니다. "그따위로 말하는 것만 봐도 너는 죄인이다." 이런 비슷한 상황에서 우리가 하는 이야기는 무엇이죠? "너는 너무 교만해." 이 말에는 누구나 다 걸리죠. 교만하지 않으려면 죽는 수밖에 없습니다. 살아 있는 한 교만하죠. 그런데 친구들이 계속 "네까짓 게 왜 살아 있어?"라는 식으로 공격해 오자 욥은 죽어납니다.

욥은 친구들과 총 3라운드를 거치며 논쟁하는데, 매회 세 명의 도전자가 연이어 공격해 옵니다. 세 친구의 도전을 연속으로 받고, 마지막에는 엘리후가 나와 확인 사살까지 합니다. 그런 다음에야 하나님이 등장하시죠. 그런데 하나님의 대답이 영 시원치 않습니다. 우리가 기대하는 대답이 아닙니다. 고난을 주신 분명한 이유라든가 속 시원한 설명이 없습니다. 대신 하나님은 욥에게 창조 세계를 보여 주며 가르치십니다. "인간은 그저 창조의 수혜자에 불과한 것이 아니다. 나의 창조와 통치에 참여하는 것이 인간이 존재하는 가치이자 내가 목적한 바이다'라고 가르치십니다. 놀랍습니다. 우리가 완벽을 기한 것으로는 하나님이 만족하지 않으신다는 사실입니다. 그러니 신자의 인생은 잘잘못을 따지는 것으로는 설명이 되지 않습니다. 아무리 잘해도 만족이 없습니다. 여기가 어렵습니다. 교회 안에서 자주 볼 수 있는 행동은 타인에게 흠을 잡히지 않으려고 숨어 버리는 것입니다. 적극적인 신앙생활을 해야 하는데, 책망이나 지적은 받기 싫고 애써서 나서 봤자 '모난 돌이 정 맞는다'는 말만 들으니 나서기가 싫습니다. 그래서 다들 숨습니다.

사실 신앙생활에서 체념이 제일 무섭습니다. 고난의 과정과 인생이라는 정황을 바르게 이해하지 못하면 우리는 숨을 수밖에 없고, 그저 욕 안 먹고 인생을 마치는 것밖에는 바랄 것이 없는 가난한 신앙이 되고 맙니다. 이런 소극적인 인생을 하나님이 기뻐하지 않으십니다. 그래서 우리에게 자꾸 도전해 오십니다. 우리가 도망가면 끝까지 따라가 도전하십니다. 우리의 소원은 언제나 형통을 벗어나지 못합니다. "하나님, 제발 다시는 하나님을 찾아 올 필요가 없게 해 주세요. 오늘 다 울고 다 털어 놓을게요. 그러니 다시는 제 마음에 자책을 주지 마십시오. 원망을 주지 마십시오. 다시는 하나님을 귀찮게 하는 일이 없게 해 주십시오." 하나님은 그렇게는 못하겠다고 말씀하십니다. 그래서 욥은 어디로 갑니까? 우리가 아는 윤리, 우리가 아는 안심을 넘어 저 위, 창조 세계를 통치하고 창조물을 다스리는 하나님의 동역자로 부름을 받습니다. 우리도 마찬가지입니다.

기대하지 않은 곳에서 일하신다

요셉은 또 어떻습니까? 그는 자기 인생이 아주 기가 막혔을 것입니다. 형들이 요셉을 미워해서 죽이려다가 '죽이느니 팔아먹자'라고 해서 애굽에 종으로 팔립니다. 팔려 간 애굽에서는 종으로 성실히 일했으나 모함을 받아 옥에 갇힙니다. 그것도 아주 험한 감옥입니다. 요셉의 발은 차꼬를 차고 그의 몸은 쇠사슬에 매입니다. 그는 아마 넋이 빠졌을 것입니다. 그런데 그런 그가 나중에 애굽의 총리가 됩니다. 아마 요셉은 자기 인생을 이해하지 못했을 것입니다. 나중에 형들이 식량을 구하러 애굽에 와서 그에게 절할 때에야 자기가 어려서 꾸었던 꿈이 무엇인지를 이해합니다. 자신의 인생이 우연히 이 자리에 오게 된 것이 아니라, 어떤 인격적 존재가 자신의 인생을 주관했다는 사실을 깨닫게 됩니다.

요셉은 고난 당할 때에 말씀으로 이겨 냈을까요? 그렇지 않습니다. 그는 고난에 적극적으로 반응하지 못했습니다. 시편 105편에서 보는 바와 같이 '그의 발은 차꼬를 차고 그의 몸은 쇠사슬에 매였으니 곧 여호와의 말씀이 응할 때까지라 그의 말씀이 그를 단련하'였다고 합니다. 이 구절을 요셉이 하나님의 말씀을 적극적으로 붙들었다로 이해하면 안 됩니다. 요셉이 말씀을 붙잡은 것이 아니라 말씀 곧 하나님이 요셉을 붙잡으신 것입니다. 요셉은 죽어났을 것입니다. 그런데 그런 그가 총리가 되어 세상을 구합니다.

성경이 요셉을 통해 하고 싶은 이야기는 무엇일까요? '네가 겪는 고난이 너를 위대하게 한다. 더 나아가 이 고난은 세상을 향한 하나님의 은혜와 기적에 동참하는 길이다'라는 것입니다. 하지만 요셉은 자기가 고난 중에 있을 때에는 그 일이 무엇인지 몰랐을 것입니다. 자기가 하지 않은 선택에 대하여 "나는 억울하다. 나는 불행하다"라고밖에는 생각하지 못했을 것입니다.

나오미라는 여인을 잘 알 것입니다. 룻의 시어머니죠. 나오미는 베들레헴 사람인데, 그곳에 기근이 들자 남편과 두 아들을 따라 모압으로 피난을 갑니다. 굶어 죽게 되어 도착한 모압에서 그 땅 여인 둘을 며느리로 얻습니다. 그러다가 나오미의 남편과 아들 둘이 죽게 됩니다. 갑자기 과부가 된 나오미와 두 며느리는 처량한 인생을 살아갑니다. 피난 간 곳에서도 뾰족한 수가 없자, 나오미는 다시 고향에 돌아가기로 합니다. 고향으로 돌아가기 전 두 며느리에게 "너희는 아직 젊고 희망이 있으니 여기에 남아 너희 고향에서 제2의 인생을 살라"고 합니다. 이에 큰 며느리 오르바는 자기 인생을 찾아 떠나고 룻은 나오미를 따르겠다고 합니다. 나오미가 고향으로 돌아오자 동네 사람들이 "보라. 저 여인은 나오미가 아니냐. 그가 돌아왔다"라고 떠들어 댑니다. 동네 사람들의 반응을 보며 나오미가 말합니다. "나를 나오미라 부르지 마라. 나를 '마라'라고 불러다오." 나오미는 '기쁨'이라는 뜻이고 마라는 '쓰다'라는 뜻입니다. '쓰다'는 것은 슬픔 그 이상의 의미입니다. 그런데 이 슬픈 여인에게서 기적이 일어납니다. 며느리 룻이 보아스와 결혼하여 오벳이 태어납니다. 오벳은 이새를 낳고 이새는 다윗을 낳습니다. 나오미의 인생을 생각해 보십시오. 기근 때문에 고향을 떠나야 했고, 떠난 곳에서는 가진 것을 다 잃어버려 다시 고향으로 돌아올 수밖에 없었던 비운의 여인, 그래서 자기 이름을 '나오미'에서 '마라'라고 스스로 바꾼 여인이 손자를 안고 기쁨의 찬송과 감사를 드리게 되었습니다.

구약성경이 이 일을 기록한 이유가 무엇일까요? 우리가 이해할 수 없는 처지에서 하나님이 일하신다는 것을 나타내기 위해서입니다. 우리가 만들지 않은 것, 기대하지 않은 것, 그래서 불만인 것, 원망일 수밖에 없는 것을 갖고서 하나님이 일하십니다.

좀 더 가면 더욱 기막힌 인생이 나옵니다. 바로 라합입니다. 라합은 여리고 성의 기생이었습니다. 이스라엘 정탐꾼들이 그녀에게 왔을 때 라합은 그들을 살려 줍니다. 왜 라합이 그들을 살려 주었다고 생각합니까? 여리고에서 라합의 신분은 '불가촉천민'에 해당할 정도의 지위였습니다. 어쩌면 그는 여리고가 망하기를 바라던 사람이었을지 모릅니다. 라합의 신분은 당시 사회에서는 회복되기 어려운 자리였기 때문입니다. 라합으로서는 자기가 사느냐 못 사느냐를 떠나서 이 성이 뒤집어지는 것을 보고 싶었을 것입니다. 그렇지 않았겠습니까? 그런데 그는 여리고 성이 멸망할 때 이스라엘 민족에 의해 구원을 얻습니다. 그런데 이 정도로 끝나지 않습니다. 더 나아갑니다.

보아스의 아버지는 살몬이고 어머니는 라합입니다. 보아스는 룻과 결혼합니다. 기가 막히죠. 이스라엘 사람들은 원래 이방 여인과 결혼하지 않았지만, 살몬도 라합을 아내로 맞이하고, 보아스도 룻을 아내로 맞이합니다. 그리고 그들의 후손으로 다윗이 태어납니다. 예수 그리스도의 출생이 그 족보를 통해 이루어집니다. 아무것도 만들어 낼 수 없던 조건과 현실을 가지고 하나님은 당신이 원하시는 기적, 기쁨, 영광을 인류 안에 만드십니다.

이들보다 성경에서 가장 말이 안 되는 인물이 누구라고 생각합니까? 저는 마리아를 꼽습니다. 마리아는 위에 나온 어떤 인물들보다 더 말이 안 되는 사람입니다. 자기가 만들지도 않은 아이를 자기 몸에 지니고 있기 때문입니다. 이처럼 우리 앞에 허다한 증인들이 있습니다. 그들이 만들어 낸 역사가 아닙니다. 세상의 기준으로 보면, 그들은 최악의 경우로 내몰렸고 세상에서 가장 낮고 가장 절망적인 자리로 내몰렸지만, 하나님은 기꺼이 거기에다 세상이 만들 수 없는 것을 담으십니다.

지금 네 인생을 몸소 걸으라

왜 그렇게 하셨을까요? 세상은 자기 욕심을 채우면 하나님을 찾지 않기 때문입니다. 그것이 구약 내내 나오는 우상입니다. 하나님이 우상에 대해 질색하시는 이유가 무엇일까요? "그렇게 타협하고 살지 마라. 우상이 해 줄 수 있다는 생각으로 만족하지 마라. 나는 너희를 그렇게 목적하지 않았다." 이것이 성경이 하고 싶은 이야기입니다. 하나님이 그들에게 담으셨던 이 많은 증거와 역사를 보았으니 이제 무엇을 해야 합니까? "하나님이 이렇게 하셨구나. 하나님이 아브라함을 불러내시고, 이삭과 야곱과 요셉과 이후 모든 인류 역사에서 우리를 위대하게 만드는 일을 하셨다. 그러니 내 인생을 더욱더 적극적으로 이해해 보자." 이렇게 다짐해야 합니다. 인생을 적극적으로 이해한다는 것은 무슨 뜻일까요?

우리가 가진 신앙의 소원은 하나님의 뜻에 순종하는 것일 겁니다. 제럴드 싯처가 쓴 《하나님의 뜻》은 여러 번 추천한 책이므로 다들 읽어 보았을 것입니다. 그 책의 가장 중요한 교훈은 무엇일까요? 싯처는 우리가 하나님의 뜻을 구하는 이유를 자신의 책임을 면하기 위해서라고 보고 있습니다. 일이 잘 안 풀리면, "아, 제 잘못이 아닙니다. 하나님이 이 길로 가라고 하셨잖아요"라며 하나님을 탓하려는 것이죠. 절대 자기 책임이 아니라고 생각하죠. 그래서 죽어라 기도합니다. 책임 안 지려고 말입니다. 하나님이 우리에게 요구하시는 건 '지금 네 인생을 몸소 걸으라'는 것입니다. "이 길이 맞습니까? 저 길이 맞습니까?"라고 기도해서 하나님이 "이 길이다"라고 일러 주면 그 길을 가야겠죠. 어느 길도 가지 않으면서 '이 길일까, 저 길일까' 하며 갈림길에서 가만히 멈춰 서있는 것은 순종이 아닙니다. 하지만 어느 길인지 알 수 없게 하나님이 끌고 가는 것이 우리 현실입니다.

분명하고 확실한 길은 잘 안 보입니다. 우리 각자에게 고유하고 모호한 고난의 자리가 있을 뿐입니다. 그리고 우리 모두가 싫어하는 선택이 기다리고 있습니다. 고난이 닥칠 때 하나님에게 따지죠. "왜 나를 이때 요 모양 요 꼴로 여기에 보내셨습니까?""내가 네게 복을 주려고 그런다.""이게 복이라고요? 평생 웬수가 집안에 있는 걸요?" 자기 자식을 천사라고 부르는 부모가 어디 있습니까? 자기 인생이 만족스러운 사람이 어디 있습니까? 세상 사람들이야 불만족스러울 때가 없을지 몰라도 우리는 많습니다. 그래서 불평합니다. "하나님, 이게 뭡니까? 제가 얼마나 열성을 다하여 주 앞에 모든 것을 내놓겠다고 했습니까?" 그런데 하나님은 '계속 걸으라'고만 하십니다. 순종이란 무엇입니까? 하나님이 우리에게 요구하시는 인생을 수용하는 것입니다. 그러니 매일 한숨 쉬고 울며 그 길을 가십시오. 우리 앞에 있는 이 허다한 증인들이 다 울고불고 걸어간 길입니다.

아브라함을 이야기하면서 말씀드린 적 있습니다. 아브라함에게 믿음의 조상이라는 별칭이 붙은 가장 큰 이유는, 믿음의 가장 중요한 내용인 창조와 부활이 그의 생애 속에 담겨 있기 때문입니다. 그러나 아브라함은 당시에 그 뜻을 잘 이해하지 못했습니다. 하나님이 이삭을 주겠다고 하셨을 때, 그들 부부가 웃었던 사실을 기억할 것입니다. 웃어서 자식 이름이 '이삭'이 되었습니다. '웃음'이라는 뜻입니다. "우리 나이가 몇인데요, 하나님. 백세에요, 백세.""내년에 네가 아들을 안으리라.""하나님, 그런 말씀 마시고 여기 있는 아이나 잘 키우게 해 주십시오." 굳이 따지자면 아브라함이 웃지 않고 사라가 웃었습니다. 하나님이 말씀하시죠. "사라, 너 웃었다." 사라가 우기죠. "안 웃었습니다." 하나님이 말씀하십니다. "너 아들 낳으면 이삭이라고 지어라." 그러니까 늘 그렇게 "이삭아, 이삭아" 하며 자식을 부를 때마다 무엇을 깨달았겠습니까? 하나님이 뭐든지 하실 수 있다고 배웠을 것입니다. 그래서 이제 믿음의 경지에 이르렀는데, 하나님이 그 아들을 바치라는 것입니다.

믿음의 경지에 이르렀다고 말씀했는데, 어떻게 그는 이 경지에 이르렀죠? 만족으로 경지에 왔습니다. 그런데 그 만족스러운 아들을 내놓으라고 하십니다. 아브라함은 어떻게 내놓을 수 있었을까요? 그는 달리 방법이 없었을 것입니다. 불순종할 방도도 없고, 도망갈 데가 없어서 내놓습니다. 이삭이 부활할 줄은 모르고 달리 선택할 길이 없어 내놓습니다. 그러나 아브라함이 가진 근거는 있습니다. '내가 낳을 수 없었을 때에 이삭을 낳았다'죠. 그래서 내놓습니다. 정말 칼을 들고 잡습니다. 천사가 말리죠. 그리고 그때 하나님의 약속이 주어집니다. "아브라함아, 내가 네 믿음을 봤다. 내가 내 이름을 두고 맹세하여 너로 열국의 아비, 곧 모든 민족의 아비가 되게 하겠다." 하나님은 왜 이때 약속을 주시죠? 이미 창세기 12장에서 했던 약속입니다.

내가 너로 큰 민족을 이루고 네게 복을 주어 네 이름을 창대하게 하리니 너는 복이 될지라 너를 축복하는 자에게는 내가 복을 내리고 너를 저주하는 자에게는 내가 저주하리니 땅의 모든 족속이 너로 말미암아 복을 얻을 것이라 하신지라 (창 12:2-3)

창조가 부활입니다. 없는 데서 있게 하고 망한 것을 승리로 바꿀 수 있다, 이것이 믿음입니다. 하나님이 우리에게 가지신 뜻이며, 우리에게 펼치시는 당신의 권능입니다. 그런데 왜 이렇게 긴 시간을 두셨을까요? 우리에게 시간을 허락하여 순종을 배우게 하려고 그렇게 하신 것입니다. 믿음에서 우리 몫인 책임은 어떻게 지는 것일까요? 우리 인생에 담으신 하나님의 본문을 우리에게 증거하고 반응하라고 하십니다. 그렇게 책임을 지는 것입니다. 여기서 말하는 반응은 어떤 반응일까요? 죽을 것 같고 끝난 것 같은 데서 우리가 할 수 있는 반응입니다.

산 제물로 드리라

성경에는 이 반응에 대한 중요한 두 지침이 나옵니다. 하나는 로마서 12장 이하에 있는 '너희 몸을 하나님이 기뻐하시는 산 제물로 드리라'입니다. 여기서 '산 제물'은 삶으로 드리는 제사입니다. 우리 인생을 하나님이 본문을 담는 컨텍스트로 삼으신다는 뜻입니다. 우리가 인생에서 타협하고 포기하려는 것을 하나님이 막으십니다. 어떻게 막습니까? 끊임없이 도전하셔서 이것이면 끝났다고 생각하는 데서 끝나지 않았음을 보게 하십니다. 그래서 우리보고 이렇게 살라고 합니다. "네 믿음만큼 해라. 각자 믿음의 분량대로 해라. 너희가 못할 일을 시키지 않았다. 완벽해지라거나 해결하라고 하지 않는다. 악으로 악을 갚지 말고 선으로 악을 이겨라." 악인을 감동시켜 회개하게 하라는 말이 아닙니다. 저 바보가 악한 역할을 하면, 너는 선한 역할을 맡고 있다는 걸 기억해라, 그런 의미입니다.

그렇게 살면, 고린도전서 13장 곧 사랑 장의 요구를 이루게 됩니다. 이것이 두 번째 지침입니다. 사랑은 어떻게 하는 것이라고 성경은 말씀합니까? 사랑은 오래 참는 것이라 말합니다. 이 구절을 영어로 풀어내면 이렇습니다. 'Love is long-suffering.' 사랑은 오랜 고통입니다. 사랑하기에 고통스럽게 사는 것입니다. 고통을 면하게 해 달라고 기도하는 것이 아니라, 이 고통을 감수하고 사는 것입니다. 세상의 악함과 비참함을 보며, 그 속에서 아무짝에도 쓸모없는 존재가 되고 피해를 보는 것까지 견뎌야 합니다. 하나 더 가면 무엇이죠? 사랑은 온유하고, 성내지 않고, 이기적이지 않고, 무례히 행치 않습니다. 이렇게 성숙해 가는 것입니다.

하나님이 우리를 고통과 절망밖에 없는 세상에 보내어 빛으로, 생명으로 사용하십니다. 우리 자신을 위해서 그리고 온 인류를 위해서 그렇게 하십니다. 모두를 구하고 싶어 하시는 하나님의 뜻을 위해서 우리를 사용하시는 것입니다. 우리는 하나님의 사랑과 영광의 대상이면서 농시에 그것을 이루시는 하나님의 동역자로 사는 것입니다. 이러한 삶은 온통 눈물과 죽음뿐입니다. 그래서 하나님이 예수를 보내셨습니다. 예수님은 외부에서 들어와 봉사와 구제를 명분 삼아 잘난 척하며 다녀간 것이 아니라, 우리 인간과 동일한 처지와 조건 속에 던져지셨습니다. 이것이 성육신입니다. 예수가 그렇게 오셨는데, 우리는 왜 벗어나려고만 하죠? 그 위대한 일을 우리한테 함께하자고 하시는데 말입니다. 하나님이 우리보고 같이하자고 하셔서 우리도 "나의 하나님, 나의 하나님, 어찌하여 나를 버리시나이까" 이 자리까지 이르게 되는 것입니다. "나는 형통해. 나는 아무 근심이 없어"라는 생각이 드는 것은 우리가 신앙 현실을 잘못 알고 있기 때문입니다. 어느 때고 쉬운 경우란 없습니다.

예수가 승천하시면서 '하늘과 땅의 모든 권세를 내게 주셨으니'라는 자리에 가서야 '너희는 땅 끝까지 가라'라는 말이 나옵니다. 그리고 땅 끝까지 가는 동안 우리가 자라납니다. 결국 히브리서 5장 8절에서 보았던 것 같이, '그가 아들이시면서도 받으신 고난으로 순종함을 배워서 온전하게 되'신 영광의 자리에 이르게 되는 것입니다. 이 과정을 통과하지 않는 신자는 없습니다.

히브리서 12장에 이런 말씀이 나옵니다. '어찌 아버지가 징계하지 않는 아들이 있으리요 징계는 다 받는 것이거늘 너희에게 없으면 사생자요 친아들이 아니니라'(히 12:7 하-8) 하나님이 우리 안에 무엇을 이루려는지 우리로서는 알지 못하니까 끝없는 원망 속에서 각자의 체념을 정당화하며 삽니다. 로완 윌리엄스는 그의 책에서 이 이야기를 이렇게 정리했습니다. "정말로 끔찍한 일은 우리가 실패에 안주하기로 마음먹고, 끝끝내 냉소와 절망에 무릎 꿇는 것이다."[9] 한마디로 체념하며 사는 것입니다. 체념은 자기 혼자 안 하면 그만인 것이 아니라, 누가 열심히 신앙생활 하는 꼴도 못 봅니다. 누가 적극적으로 신앙생활 하면 "너무 나서지 마"라고 말립니다. 자기만 안 하는 게 아니라 타인도 못하게 합니다.

이렇게 신앙 인생을 사는 것은 우리가 몰라서 그렇습니다. 그러니 자기 몫을 하십시오. 각자에게 주어진 시간과 장소와 경우를 헛되이 보내지 마십시오. 그리고 웃으십시오. 세상에서야 웃으면 '미쳤나 보다'라고 생각하겠지만, 우리는 한 교회로 부름받은 식구니까 서로 웃어 줄 수 있습니다.

---

9) 로완 윌리엄스 지음, 민경찬·손승우 옮김,《삶을 선택하라》(비아), 78-79쪽.

오늘날 교회가 힘을 잃은 가장 큰 이유가 무엇일까요? 모두가 가족이라는 점을 외면한 탓입니다. 다른 이유를 갖다 붙일 수 없습니다. 성경의 가르침을 알아 가는 수밖에 없습니다. 이제 막 믿어서 아직 그렇게 발을 내딛기가 힘들다면, 앞서 믿은 성숙한 신자들이 먼저 본을 보여야 합니다. 그리하여 자기 자신과 인생이 얼마나 귀한지, 내가 한 번 웃는 게 얼마나 큰일인지, 내가 오늘 교회에 나온 것이 얼마나 굉장한 일인지 깨닫는 확인과 격려로 실력이 커지는 것입니다. 그저 와서 이렇게 앉아 인상만 쓰다 돌아가 버리는 것으로는 실력이 생길 수가 없습니다. 우리의 현실과 운명과 하나님의 일하심의 위대함을 우리 생애에 담아내어 기쁨과 자랑이 있는 인생을 살아가기 바랍니다.

기 도

하나님 아버지, 우리가 웃지 못하는 것은 믿음이 없기 때문이며, 우리가 나서지 못하는 것은 하나님을 잊은 탓입니다. 우리는 그저 편하고 욕 안 먹는 삶이 전부인데, 하나님은 요구하십니다. "너희 앞에 있는 이 허다한 이 증인들을 봐라. 내가 그들에게 무엇을 담았나 봐라. 이제 이 뒤를 이을 주자는 너희다. 이 모든 것을 완결할 드라마의 해피엔딩을 연출해야 하는 주인공은 바로 너희다. 그러니 너희가 보고 배운 것들로 더욱 놀랍고 귀하고 자랑스러운 인생을 살아라. 그리하여 나의 일을 완결해 다오." 이 요구 앞에 섰으니 더욱 분발하는 신앙 인생이 되게 하여 주옵소서. 예수님 이름으로 기도합니다. 아멘.

20.
무릇 징계가
당시에는 즐거워 보이지 않고

───

······ 6 주께서 그 사랑하시는 자를 징계하시고 그가 받아들이시는 아들마다 채찍질하심이라 하였으니 7 너희가 참음은 징계를 받기 위함이라 하나님이 아들과 같이 너희를 대우하시나니 어찌 아버지가 징계하지 않는 아들이 있으리요 8 징계는 다 받는 것이거늘 너희에게 없으면 사생자요 친아들이 아니니라 9 또 우리 육신의 아버지가 우리를 징계하여도 공경하였거든 하물며 모든 영의 아버지께 더욱 복종하며 살려 하지 않겠느냐 10 그들은 잠시 자기의 뜻대로 우리를 징계하였거니와 오직 하나님은 우리의 유익을 위하여 그의 거룩하심에 참여하게 하시느니라 11 무릇 징계가 당시에는 즐거워 보이지 않고 슬퍼 보이나 후에 그로 말미암아 연단 받은 자들은 의와 평강의 열매를 맺느니라 ······

(히 12:4-13)

예수를 믿고 천국 가기 전까지

대개 신자들은 '예수를 믿어 구원을 얻는다'라는 사실은 이해하지만, 구원을 얻은 다음에는 천국에 가는 일만 남았다고 생각합니다. 그래서 천국 가기 전까지의 시간을 어정쩡하게 얼버무리며 살아갑니다. 오죽하면 '죽기 5분 전에 예수 믿는 것이 제일 좋다'라고 농담 삼아 말할 정도입니다. 예수 믿고 천국 가기 전까지의 시간을 살아 내는 법을 몰라서 가능한 한 늦게 믿고 곧바로 죽으면 제일 편할 거라고 생각하는 것입니다. 지금의 현실 곧 예수를 믿고 감격이 넘치고 헌신을 약속했는데도 이해할 수 없는 일이 펼쳐지는 신앙 현실을 납득하기 어려워서 그렇습니다.

이런 과정과 시간은 무엇을 만들어 낼까요? 히브리서는 출애굽 사건을 예로 들어 이야기합니다. 애굽 왕 바로 앞에 보인 열 가지 재앙, 홍해를 가른 사건, 구름기둥과 불기둥의 인도, 만나와 메추라기를 보내어 먹인 일까지는 하나님이 다 하셨으나 가나안에 들어가는 결단만은 이스라엘이 스스로 내려야 했던 것처럼, 광야 생활은 가나안에 들어가 살아 낼 실력을 기르는 필수 과정이라고 말입니다. 히브리서 3장부터 10장까지 내내 반복해 온 이야기입니다. 히브리서는 '예수를 믿으면 새로운 시대, 새로운 기회, 새로운 조건 속에 있다. 그것이 신앙 현실이다'라고 가르치는데, 우리는 '예수를 믿으면 형통해야 하지 않나? 왜 어려운 일이 생기나? 이런 어려움은 무엇 때문인가? 내가 무얼 잘못했나?' 하는 식으로 불평합니다. 이렇게 해서는 문제가 해결되지 않습니다.

산을 오르는 동안에는 자기가 오르고 있는 산이 보이지 않습니다. 그래서 어디까지 왔는지 알 수 없습니다. 그러다가 중간에 고갯마루를 만나면 시야가 트이고 발아래가 내려다보여 얼마나 높이 올라왔는지 알게 됩니다. 이처럼 히브리서는 우리의 시야를 트이게 하여 우리가 어디까지 왔고 또 어디로 가고 있는가를 보여 주는 안목을 제시합니다. 그러니 세세한 구절 속에 담긴 교훈과 당위를 따지며 소소한 위로를 받기보다 더 넓고 큰 안목을 발견해야 합니다. 이 안목을 히브리서가 소개하고 있고 성경, 특히 로마서 5장부터 8장까지에서 일관되게 설명합니다.

환난, 인내, 연단, 소망

이제 로마서가 보여 주는 큰 그림을 그려 보겠습니다. 로마서 5장은 이런 내용이었습니다. 우리가 예수 그리스도로 말미암아 하나님과 화목하게 되었다, 그리하여 그리스도 예수 안에서 하나님의 영광을 바라는 자 곧 약속과 소망을 가진 자가 되었다, 이것이 1절과 2절입니다. 그런데 3절에서 별안간 어떻게 치고 들어오느냐 하면, 지금의 시간과 우리의 소망이 이루어지는 과정에는 환난이 있다, 환난은 왜 들어오는가, 환난은 인내를, 인내는 연단을, 연단은 소망을 이루기 위해서라고 말씀합니다. 다른 번역본에는 환난은 경험을, 경험은 훈련된 인격을, 훈련된 인격은 소망을 이룬다고 되어 있습니다. 이렇게 소망을 이루며 완성됩니다. 심지어 예수님에게조차 환난이라는 과정이 어김없이 요구되었습니다. 앞서 읽은 구절에서도 '그가 아들이시면서도 받으신 고난으로 순종함을 배워서 온전하게 되셨은즉'(히 5:8-9 상)이라고 하여 이 사실을 확인해 줍니다. 예수님도 그렇다면 하물며 우리겠습니까? 그래서 환난, 인내, 연단, 경험, 훈련된 인격, 그리고 마침내 완성을 이루기까지 이런 긴 과정이 있는 것입니다.

그런데 '이걸 어떻게 믿느냐. 그 결국이 소망으로 완성될 것이라고 우리가 어떻게 확신하느냐. 만일 우리가 잘못했다고 운명이나 결론마저 잘못되면 어떻게 되느냐'라는 염려에 대하여 로마서는 말씀으로 확증해 줍니다. 이 소망이 확고한 것은 '우리가 아직 죄인 되었을 때에 그리스도께서 우리를 위하여 죽으심으로 하나님께서 우리에 대한 자기의 사랑을 확증하셨'(롬 5:8)기 때문이라고 합니다. 우리가 아직 죄인이었을 때에 우리를 위하여 죽으셨다면, 우리를 구원하려고 십자가를 지시고 우리를 고쳐 낸 이후 그다음 목적지인 소망과 완성을 만들어 내는 일을 왜 중단하겠느냐, 라는 것입니다. 그러면서 중요한 두 가지를 이야기합니다.

하나는 '우리가 죄인이었을 때에도 주께서 우리를 위하여 죽으실 수 있었다면, 우리가 십자가로 의롭게 된 마당에야 얼마나 더 우리를 편들어 주시겠는가'이고, 그 위에 다시 한번 강조합니다. 예수께서 죽으심으로 우리를 편들어 줄 수 있었다면, 부활하여 하늘 보좌에서 제사장직을 맡고 있는 지금은 얼마나 더하시겠는가, 예수께서 우리를 위하여 죽으심으로 죄에서 구원하셨고 이제는 부활 승천하여 지금도 우리를 위하여 기도하고 계신다, 구원받아 지금 이 땅에서 살고 있는 삶은 예수께서 편들고 붙들어 주시는 시간이다, 이 이야기를 하는 데에 이렇게 오랜 시간이 걸렸습니다. 다들 여기서 헤매느라 '이게 뭔가. 하나님은 나한테 왜 이러시는가?' 이렇게 된 것입니다. 여기가 우리 현실이자, 남이 대신해 줄 수 없는 자신의 고유한 신앙의 자리인데, 여기를 이해하지 못했던 것입니다.

얻은 구원을 살아 내라

로마서 6장에는 다음과 같은 구절이 등장합니다. "그런즉 우리가 무슨 말을 하리요 은혜를 더하게 하려고 죄에 거하겠느냐"(롬 6:1). '모든 게 다 은혜라고 하면, 공짜로 구원을 얻었고 예수님이 다 해 주셨다고 하면, 우리는 아무것도 할 필요가 없지 않은가. 그냥 놀아도 되겠다'에 대해 바울은 '그럴 수 없다. 왜냐면 이 문제는 죄를 씻음 받고 지옥 가지 않는 방법에 대한 이야기가 아니라 지옥 갈 사람, 죄의 형벌을 받아야 할 사람을 깨끗하게 하여 명예로운 길로 보내는 일이기 때문이다. 그러므로 공짜로 받았는데 무엇 때문에 열심히 사느냐 그러지 말고, 전에는 가질 수 없었던 약속과 위대해질 기회를 얻었으니 주저앉지 마라'는 것입니다. 구원은 영광과 명예와 위대함으로의 부름입니다. 그러니 나아가야 합니다.

그런데 우리는 언제나 구원을 단지 죄를 용서받고 지옥 가지 않는 것으로만 이해합니다. 이런 오해가 안타까워 제가 회개하지 말라고까지 극단적으로 이야기한 적이 있습니다. 구원의 적극적인 면을 강조하느라 그렇습니다. 이는 굉장히 어려운 말입니다. '십자가로 돌아가지 말고 앞으로 나아가라. 하나님과의 관계는 화평으로 고정되어 있다. 네가 잘못한 건 못난 짓이다. 그러니까 앞으론 잘해라'로 적용해야지, '잘못했을 때마다 십자가로 돌아가 울고불고하면 언제 나아가겠느냐' 그것이 히브리서가 하는 이야기입니다. '너희 선조들이 광야에서 하나님의 길을 거부한 것 같이 너희는 마음을 완고하게 하지 마라. 앞으로 나아가라. 믿음을 가지고 가나안에 들어가라. 하나님이 너희에게 주려고 하는 영광된 인생길을 걸어라.' 이렇게 된 것입니다.

로마서 6장은 '은혜라는 것은 우리에게 선택의 기회를 주는 것이다. 명예롭게 살 기회를 주는 것이다. 그것은 네가 책임져 보는 것이다'라고 말합니다. 이런 내용으로 6장 후반부가 이어집니다. '네가 너 자신을 누구에게 바치든지 그에 따른 결과를 얻게 된다. 네가 불순종하여 죄악에 너를 바치면 사망밖에 얻을 게 없고, 너 자신을 의에 바치면 영생을 얻는다.' 여기서는 구원을 받느냐 못 받느냐에 관한 문제를 이야기하고 있지 않습니다. '네 인생이 헛되게 끝날 것인가. 명예로울 것인가'를 대비하여 설명합니다.

우리는 지금 이 자리를 잘 살아 내지 못하고 있습니다. 자꾸 후회하고 자책하여 십자가로 돌아가는 바람에 그렇습니다. 십자가에 흠이 있다는 이야기가 아닙니다. 우리가 십자가로 자꾸 돌아가야 할 문제가 아니라, 십자가로 시작하게 하신 인생을 이제 살아 내야 한다는 의미입니다. 광야에서는 애굽으로 돌아갈 수 없었습니다. 그런데도 그들이 외쳤던 것은 무엇입니까? '애굽으로 돌아가자. 거기가 더 낫다'였습니다. 들어가라는 가나안은 들어가지 않고 불평만 늘어놓았습니다. 그래서 하나님이 어떻게 하셨습니까? 다 죽여 버리셨을망정 애굽으로는 돌려보내지 않으셨습니다. 그러니 가나안에 들어가지 못하고 광야에서 죽은 그 사람들은 구원을 얻었습니까, 못 얻었습니까? 구원을 얻었습니다. 구원은 얻었으나, 구원받은 삶을 헛되게 살았다는 말입니다. 못나게 굴었다는 것입니다. 그러니 구원을 걱정하지 말고, 얻은 구원을 현실에서 살아 보십시오.

오호라 나는 곤고한 사람이로다

'너희에게 일어나는 모든 일이 너희를 유익하게 한다. 너희 자신을 누구한테 바치느냐는 각자의 선택에 달려 있다. 너희 선택에 따른 책임과 그 결과를 보라'라고 6장에서 말한 다음 7장에서는 '오호라 나는 곤고한 사람이로다 누가 이 사망의 몸에서 나를 건져 내랴'라는 한탄이 나옵니다. 마음으로는 하나님의 법을 즐거워하는데, 육신의 법이 우리를 끌어다가 죄 아래로 자꾸 잡아가기 때문입니다. 그리고 이제 그 유명한 구절이 나옵니다. '우리 주 예수 그리스도 말미암아 하나님께 감사하리로다.' 그리스도로 말미암아 하나님에게 감사한다는 이야기가 나오면, 앞에 있던 갈등이 해결된 이야기가 나와야 할 것 같은데, '우리 주 예수 그리스도로 말미암아 하나님께 감사하리로다 그런즉 내가 마음으로는 하나님의 법을 육신으로는 죄의 법을 섬기노라'는 내용이 이어집니다. 갈등이 계속되고 있는 것입니다. 여기가 어렵습니다.

왜 갈등이 계속될까요? 하나님이 예수로 말미암아 우리를 건져 내신 것이 로마서 5장 8절에서 봤던 '우리가 아직 죄인 되었을 때에 허락하신 구원'입니다. 그런데 이것이 우리의 운명임에도 불구하고, 그후에 우리를 아담의 후손으로 태어나게 하십니다. 예수의 후손이 아닌 아담의 후손 즉 죄인으로 태어나게 하신 것입니다. 예수를 믿는 가정에서 아기가 태어나면 유아세례를 줍니다. 이제 막 태어나 죄를 지을 틈이 없는 아이도 죄인이라고 인정하는 것입니다. 그리고 그 후에 예수님이 만나 주십니다. 구원을 얻으면 여태까지 있던 아담의 유전자가 전부 사라지고 모두 형통하고 만족하고 선택의 여지없이 거룩한 길을 가게 될 것 같은데, 그렇지 않습니다. 예수를 믿고 난 다음에 그렇게 감격하고 평생 잊지 못할 은혜를 받았는데도 죄가 서슬 퍼런 역할을 해서 아담의 본능과 예수의 본능이 우리 안에서 늘 싸우는 현실을 살아갑니다.

그래서 로마서 8장이 있습니다. 왜 이런 갈등을 요구하실까요? 갈등이 필요하기 때문입니다. 이런 과정이 필요하다는 것을 우리로서는 쉽게 이해할 수 없습니다. 로마서 8장의 가치는 무엇에 있을까요? 5장, 6장, 7장을 거쳐서 8장이 나왔습니다. 앞에는 무엇이 있습니까? 선택이 있고 갈등이 있습니다. '오호라 나는 곤고한 사람이로다 예수 그리스도로 말미암아 하나님 아버지께 감사했는데도 다시 내 자신이 마음으로는 하나님의 법을, 육신으로는 죄의 법을 섬기노라.' 이런 갈등 뒤에 8장은 무슨 답을 내느냐 하면, 함께 봅시다.

그러므로 이제 그리스도 예수 안에 있는 자에게는 결코 정죄함이 없나니 이는 그리스도 예수 안에 있는 생명의 성령의 법이 죄와 사망의

법에서 너를 해방하였음이라 (롬 8:1-2)

누가 이긴다고 합니까? 예수의 유전자와 아담의 유전자가 싸우면 예수의 유전자가 이깁니다. 그런데 그냥 손쉽게 이기고 마는 것이 아닙니다. 내 안에서 갈등을 일으키고, 나로 하여금 '오호라 나는 곤고한 사람이로다'라는 탄식을 받아 낸 다음에 이긴다고 합니다. 이런 갈등이 없이 이기면 얼마나 좋겠습니까? 그러나 하나님은 그렇게 일하지 않으십니다. 우리에게 구원을 주셔서 새사람을 만들 때에도 옛사람을 죽여 버린 다음 새사람으로 쉽게 갈아 치우는 것이 아니라, 우리를 죄악 중에 태어나게 하시고 아담의 후손으로 살아 보게 하신 다음, 예수를 만나게 하십니다. 그럼 그것으로 끝일까요? 예수가 들어왔는데도 아담의 본성이 남아 있는 자리에서 우리로 갈등하며 고민하게 한 후에 완성의 길로 인도하십니다. 그런데 인도하시는 길은 평탄합니까? 그렇지 않습니다. 예수님마저도 '나의 하나님, 나의 하나님, 어찌하여 나를 버리시나이까'라는 길을 걸으셔야 했습니다. 우리가 보기에 미련해 보이는 길을 말입니다. 고린도전서 1장에 나오듯이, '십자가의 도가 멸망하는 자들에게는 미련한 것이요 구원을 받는 우리에게는 하나님의 능력'입니다. 이처럼 하나님은 우리 생각보다 훨씬 깊고 큰 것을 만들어 내려고 하십니다.

구원만 해도 그렇습니다. 하나님이 우리 손에 죽는 방법으로 구원을 베푸셨고, 구원의 완성도 우리가 죄의 본능과 예수 그리스도로 말미암아 새로 얻은 의의 본능 사이에서 갈등하고 울고 넘어지고 후회하고 절망하게 한 다음 이루십니다. 이러한 것들이 일을 한다고 이야기합니다. 생명의 성령의 법이 이긴다, 예수 그리스도 안에 있는 자들에게는 결코 정죄함이 없다, 지지 않는다, 망하지 않는다, 그러니 겁내지 말라고 말씀하십니다. 이런 과정이 있어야 하는 이유입니다. 갈등이 있고 절망이 찾아와 포기하고 싶지만 그것이 결코 손해가 되지 않으며 하나님이 그것으로 일을 한다고 말씀하십니다.

고난과 영광

목사가 되어 좋은 점은 옛날에 못나게 굴고 잘못한 것이 다 간증거리가 된다는 점입니다. 어느 누가 그런 이야기를 할 수 있겠습니까? 목사는 왜 존재할까요? 그 못난 자리에서부터 하나님이 어떻게 은혜로 이것을 뒤집었는가를 이야기하는 직분을 맡고 있으니 간증해도 됩니다. 대학 떨어진 이야기, 재수하다 도망 다닌 이야기, 얼마든지 해도 되죠. 그런 실수와 실패가 일을 합니다. 그래야 진정으로 겸손할 수 있습니다. 겸손은 자기가 못났다는 절망을 실제로 겪지 않고서는 결코 이를 수 없는 자리입니다. 책으로만 배운 겸손은 그저 동정일 뿐입니다. 어느 누구도 나보다는 낫다는 사실을 뼈저리게 느낀 자만이 겸손할 수 있습니다.

성경은 예수가 인간의 연약함을 체휼하셨다고 합니다. 친히 인생을 경험하시고 죽음을 맛보러 오신 것입니다. 히브리서 내내 예수의 대제사장직의 확고함을 어떻게 표현했습니까? '우리의 질고와 슬픔을 경험하신 분이다. 그러니 우리를 넉넉히 편드실 수 있다.' 히브리서가 주는 격려를 기억하며 로마서 8장에 나오는 격려도 함께 봅시다.

> 너희는 다시 무서워하는 종의 영을 받지 아니하고 양자의 영을 받았
> 으므로 우리가 아빠 아버지라고 부르짖느니라 성령이 친히 우리의
> 영과 더불어 우리가 하나님의 자녀인 것을 증언하시나니 자녀이면
> 또한 상속자 곧 하나님의 상속자요 그리스도와 함께 상속자니 우리
> 가 그와 함께 영광을 받기 위하여 고난도 함께 받아야 할 것이니라
> (롬 8:15-17)

고난은 영광에 붙어 다닙니다. 우리에게는 구원이 죄, 지옥, 그리고 형
벌이라는 개념과 연결되어 있지만, 성경은 죄나 구원을 언급할 때면
항상 영광과 관련지어 이야기합니다. 로마서 3장 23절에서는 '모든
사람이 죄를 범하였으매 하나님의 영광에 이르지 못'했다고 말씀합
니다. 에베소서 1장 3절 이하에 나온 말씀도 '우리가 하나님의 영광
의 찬송이 되는 것'에 관한 약속입니다. 그 적극적인 면으로의 부름이
있고 기회가 있고 현실이 있는데, 여기를 놓치며 사는 것은 우리의 무
지나 오해 때문입니다. 18절부터 계속 봅시다.

> 생각하건대 현재의 고난은 장차 우리에게 나타날 영광과 비교할 수
> 없도다 피조물이 고대하는 바는 하나님의 아들들이 나타나는 것이
> 니 피조물이 허무한 데 굴복하는 것은 자기 뜻이 아니요 오직 굴복
> 하게 하시는 이로 말미암음이라 그 바라는 것은 피조물도 썩어짐의
> 종 노릇한 데서 해방되어 하나님의 자녀들의 영광의 자유에 이르는

것이니라 (롬 8:18-21)

영광이 자주 등장하는 것을 봅니다. 그렇다면 우리로 영광의 자유에
이르게 하기 위하여 성령께서 하시는 일은 무엇일까요?

> 이와 같이 성령도 우리의 연약함을 도우시나니 우리는 마땅히 기도
> 할 바를 알지 못하나 오직 성령이 말할 수 없는 탄식으로 우리를 위
> 하여 친히 간구하시느니라 (롬 8:26)

어느 철학자가 회심한 이후에 이런 이야기를 했습니다. "세상의 그 어
떤 신이 십자가에 못 박혀 죽은 신을 믿으라고 할 수 있는가. 자기한
테 와서 무릎 꿇어야 하는 신도들을 대신해서 자신이 기도하는 신이
어디 있겠는가. 모든 것이 합력하여 선을 이룬다며 자기 앞에 무릎 꿇
는 신도들을 격려하는 신이 어디 있겠느냐." 사람이 만든 모든 신은
무섭습니다. '네가 비는 걸 내가 들어주겠지만, 대신 너는 나에게 희
생을 바쳐라.' 이렇게 이야기하는 것이 우리가 만든 신입니다. 무자비
합니다. 거기에는 영광이 없습니다. 공포밖에 없습니다. 그러나 기독
교는 다릅니다. 하나님은 우리가 하나님의 영광이 되게 하기 위하여
당신의 모든 권능을 아끼지 않으시는 분입니다.

> 마음을 살피시는 이가 성령의 생각을 아시나니 이는 성령이 하나님
> 의 뜻대로 성도를 위하여 간구하심이니라 우리가 알거니와 하나님
> 을 사랑하는 자 곧 그의 뜻대로 부르심을 입은 자들에게는 모든 것

이 합력하여 선을 이루느니라 (롬 8:27-28)

이 '모든 것'에 우리가 절망하고 원망하는 모든 걸 대입해 볼 수 있습니다. 병약한 것, 가난한 것, 머리 나쁜 것, 잘난 척하는 것을 다 갖다 집어넣어 보십시오. 뭐든지 괜찮습니다.

> 하나님이 미리 아신 자들을 또한 그 아들의 형상을 본받게 하기 위하여 미리 정하셨으니 이는 그로 많은 형제 중에서 맏아들이 되게 하려 하심이니라 또 미리 정하신 그들을 또한 부르시고 부르신 그들을 또한 의롭다 하시고 의롭다 하신 그들을 또한 영화롭게 하셨느니라 (롬 8:29-30)

이는 그저 약속에 불과한 것이 아닙니다. 이 구절은 완료형으로 되어 있습니다. 예언적 완료입니다. 정하시고 부르시고 의롭다 하시고 영광스럽게 하셨습니다. 우리에게 일어날 미래의 일이 완료형으로 묘사되어 있습니다. 로마서 8장을 다루면서 기억해야 할 점은 이것입니다. 우리의 신앙 현실 즉 우리가 이해하지 못하는 고난의 현실이 하나님이 우리를 위해 준비해 두신, 우리를 영광스럽게 하는 필수 과정이다, 예수께서 우리를 위하여 죽으셨듯이 지금은 하늘 보좌 우편에 살아 계셔서 당신의 백성을 위하여 일하고 계신다, 이런 이야기를 하는 중입니다. 31절부터 봅시다.

> 그런즉 이 일에 대하여 우리가 무슨 말 하리요 만일 하나님이 우리

를 위하시면 누가 우리를 대적하리요 자기 아들을 아끼지 아니하시고 우리 모든 사람을 위하여 내주신 이가 어찌 그 아들과 함께 모든 것을 우리에게 주시지 아니하겠느냐 누가 능히 하나님께서 택하신 자들을 고발하리요 의롭다 하신 이는 하나님이시니 누가 정죄하리요 죽으실 뿐 아니라 다시 살아나신 이는 그리스도 예수시니 그는 하나님 우편에 계신 자요 우리를 위하여 간구하시는 자시니라 누가 우리를 그리스도의 사랑에서 끊으리요 환난이나 곤고나 박해나 기근이나 적신이나 위험이나 칼이랴 (롬 8:31-35)

무엇을 격려하는 말씀입니까? 현재를 격려하고 있습니다. 지금 우리가 원망하는 것을 두고 다시 십자가로 돌아와 그 밑에서 해결해야 하는 문제가 아닙니다. 이미 십자가로 해결되어 떠다민 장래입니다. 우리는 지금 애굽을 벗어나 하나님이 우리를 떠다민 광야에 들어와 있습니다. 이곳은 가나안을 향하여 하루에 한 걸음씩 가는 곳입니다. 그래서 이 모든 격려가 우리로 지금이라는 시간을 이해하게 하여, 아까 등산의 예에서 보았듯이 시야가 보이고 안목이 생겨 여기를 벗어나게 합니다. 이런 막막함에서 벗어나야 합니다. 우리의 하루 동안에 일어나는 모든 일은 하나님이 우리에게 구체적으로 일하시는 결과입니다. 끊임없이 도전해 오시는 것입니다. 이 도전이 우리에게 "어떡할래?" 하고 묻습니다. 거기서 멋지게 구십시오. 문제를 해결하라는 것이 아닙니다. 멋지게 구세요. '멋지게'가 무엇이죠? 믿음을 가진 사람답게 구세요. 믿음 없는 사람들은 체념이나 반발밖에 할 수 없습니다. 우리만이 모든 도전과 위협과 시험 속에서 '이때는 어떻게 하는가?'

고민하며 나아갈 수 있습니다.

어떻게 살아야 하는지 고민할 때 떠오르는 주제가 있습니다. 바로 사랑입니다. 고린도전서 13장에서 사랑은 어떻게 정의되었습니까? '사랑은 오랜 고통'이었습니다. 미운 소리 참고 있는 것이 사랑이라고 했습니다. 거기서 시작하는 것입니다. 로마서 12장은 어떤 가르침을 주었죠? 믿음의 분량만큼, 실력만큼 하라는 것이었습니다. 잘난 척할 것 없습니다. 실력만큼 하면 됩니다. 미운 소리를 하지 않는 것, 마음 속에 일어나는 원망을 누르는 것, 이렇게 시작해 보는 것입니다.

어디까지 갈 수 있을까요? 마침내 우리는 죄의 본성을 누를 수 있을 것입니다. 이 말은 죄의 본성이 없어진다는 뜻이 아닙니다. 언제든 죄 생각이 떠오르지만, 죄를 향해 "조용히 해" 이렇게 꾸짖을 수 있습니다. 잘난 척할 것 없습니다. 답이 없는 곳에서는 민망한 얼굴을 하면 되지, 호들갑을 떨거나 과장할 필요가 없습니다. 누가 슬퍼하면 이 말을 해 주십시오. "미안해." 그러면 상대방이 "뭐가 미안해?"라고 물을 것입니다. 그때 따뜻한 눈으로 "내가 그냥 옆에 있어 줄게. 미운 소리하고 싶으면 나한테 해"라고 말하며 편을 들어 주십시오. 같이 있어 주기, 편들어 주기, 정답을 말하지 않기, 이것부터 해 보십시오. 누가 정답을 몰라서 이렇게 살겠습니까? 알아도 안 되니 이렇게 사는 것입니다. 그때 편들어 주고 같이 울어 주는 것, 같이 있어 주는 것, 따뜻한 눈으로 바라봐 주는 것이 우리가 할 일입니다. 하나님이 이 모든 것으로 승리와 영광을 만들어 내실 것입니다.

기 도

하나님 아버지, 하나님이 지금 일하고 계십니다. 하나님은 하나님이기를 중단하지 않으십니다. 지금도 자기 아들을 보내신 그 정성과 십자가에 매단 지극하심으로, 하늘 보좌에서 우리의 승리를 지키고 계시는 그 하나님의 약속으로 우리 인생에 개입하고 계십니다. 그러니 우리도 힘을 내어 신자 된 인생을 살아 내고, 내가 있는 자리와 내가 겪고 있는 흑암과 위협과 시험 속에서 한 줄기 빛이 되는 귀한 인생 살아 내게 하시옵소서. 예수님 이름으로 기도합니다. 아멘.

21.

그러나 너희가 이른 곳은

18 너희는 만질 수 있고 불이 붙는 산과 침침함과 흑암과 폭풍과 19 나팔 소리와 말하는 소리가 있는 곳에 이른 것이 아니라 그 소리를 듣는 자들은 더 말씀하지 아니하시기를 구하였으니 20 이는 짐승이라도 그 산에 들어가면 돌로 침을 당하리라 하신 명령을 그들이 견디지 못함이라 21 그 보이는 바가 이렇듯 무섭기로 모세도 이르되 내가 심히 두렵고 떨린다 하였느니라 22 그러나 너희가 이른 곳은 시온 산과 살아 계신 하나님의 도성인 하늘의 예루살렘과 천만 천사와 23 하늘에 기록된 장자들의 모임과 교회와 만민의 심판자이신 하나님과 및 온전하게 된 의인의 영들과 24 새 언약의 중보자이신 예수와 및 아벨의 피보다 더 나은 것을 말하는 뿌린 피니라 (히 12:18-24)

너희가 이른 곳은

본문은 히브리서 수신자들이 겪는 어려움과 절망과 낭패에 대해 주는 권면인데, 시내 산 사건을 인용하여 풀어내고 있습니다.

> 너희는 만질 수 있고 불이 붙는 산과 침침함과 흑암과 폭풍과 나팔 소리와 말하는 소리가 있는 곳에 이른 것이 아니라 그 소리를 듣는 자들은 더 말씀하지 아니하시기를 구하였으니 이는 짐승이라도 그 산에 들어가면 돌로 침을 당하리라 하신 명령을 그들이 견디지 못함이라 (히 12:18-20)

이스라엘 백성은 출애굽 하여 시내 광야에 도착합니다. 하나님이 모세를 산 위로 부르시고 빽빽한 구름과 흑암과 번개와 뇌성 가운데 강림하시자 모두가 두려워합니다. 이스라엘 백성은 '너희는 삼가 산에 오르거나 그 경계를 침범하지 말지니 산을 침범하는 자는 반드시 죽임을 당할 것이라'라는 명령을 듣고 위협과 두려움 속에 놓여 있었던 것입니다. 그런데 본문 말씀은 너희가 있는 곳은 그런 곳이 아니다, 옛날 너희 선조들은 하나님의 거룩함을 두려움으로밖에 경험할 수 없었지만 너희는 그렇지 않다, 이런 내용입니다. 22절부터 보겠습니다.

> 그러나 너희가 이른 곳은 시온 산과 살아 계신 하나님의 도성인 하늘의 예루살렘과 천만 천사와 하늘에 기록된 장자들의 모임과 교회와 만민의 심판자이신 하나님과 및 온전하게 된 의인의 영들과 새 언약

의 중보자이신 예수와 및 아벨의 피보다 더 나은 것을 말하는 뿌린
피니라 (히 12:22-24)

22절에서 말하는 '너희'는 히브리서의 수신자들과 모든 신약 백성을
가리킵니다. 그러니 우리가 이른 곳은 천만 천사들이 모여 환호하는
곳 즉 예수로 말미암아 하나님이 당신의 창조 세계를 영광으로 회복
하시고 주인공인 하나님의 백성들을 불러 환호하며 기뻐하고 찬양하
게 하는 그런 복된 자리인 것입니다. 이것이 지금 우리의 신분이자 지
위라고 말합니다. 히브리서 수신자들은 여전히 고통 속에 있고 스스
로 낙심한 상태인데, 그들이 가진 지위와 신분은 이렇게 굉장한 것이
라고 말하고 있습니다. 그런데 우리는 잘 안 믿어집니다. 도무지 승리
한 것 같지 않은 현실 때문입니다.

　히브리서 강해 첫 시간에 말씀드렸듯이, 우리가 천사를 좋아하는
이유는 무엇입니까? 천사는 구정물에 손 담그지 않고 살아도 되기 때
문입니다. 마찬가지로 우리가 아브라함이나 바울을 좋아하는 이유
도 그들이 이미 죽어 더 이상 고생하지 않는 것이 부럽기 때문일 수도
있습니다. 우리는 자신의 현실을 직시하는 것이 겁이 납니다. 현실을
살자니 고통뿐이고 믿음을 지키자니 인생이 너무 깁니다. 신앙이 좋
을 때 딱 죽으면 좋겠는데, 좋을 때는 거의 없고 편안할 때는 바른 생
각이 거의 안 납니다. 이것이 문제입니다. 히브리서가 이 문제를 뚫고
있습니다.

　지금 우리가 이른 곳은 시온 산 곧 살아 계신 하나님의 도성인 하
늘의 예루살렘입니다. 그들은 축하 행사에 모인 수많은 천사들과 하

늘에 기록된 장자들의 모임과 교회와 만민의 심판자이신 하나님과 및 온전하게 된 의인의 영들과 새 언약의 중보자이신 예수께 나아왔습니다. 아벨의 피보다 더 훌륭한, 예수가 뿌리신 피 앞에 이른 것입니다. 예수로 말미암아 하나님이 당신의 창조 세계를 영광스럽게 회복하시고 완성하신 일을 우리가 장자들과 함께 누린다고 합니다. 여기서 장자란 '하나님의 유업을 이을 자'라는 뜻으로 남녀를 불문한 하나님의 모든 백성을 가리킵니다. 이런 일이 우리도 역시 실감 나지 않는 것 같으니 성경의 비유를 들어 다시 설명하겠습니다.

어떤 비유가 가장 잘 들어맞을 것 같습니까? 탕자의 비유입니다. 잘 알다시피 이 비유는 작은아들이 자기 몫의 재산을 받아 들고 집을 나가 허랑방탕하게 살다가 거의 굶어 죽게 되자 돌아온 이야기입니다. 돌아온 그는 자기가 했던 짓이 무엇인지를 알아서 스스로 "아버지, 저는 아버지의 자식으로 불릴 자격이 없습니다. 저를 품꾼의 하나로 여겨 주십시오"라고 청합니다. 이 말에 아버지가 펄쩍 뜁니다. "무슨 소리냐? 얘들아, 내 아들을 목욕시키고 새 옷을 입혀라. 새 신을 신겨라. 가락지를 끼워라. 소를 잡아라. 함께 잔치하자." 이렇게 됐죠. 작은아들이 집을 나가 허랑방탕하게 지내며 자신에 대해 스스로 절망했을 때에도 그는 아버지의 자식이었습니다. 다들 여기를 놓칩니다.

우리가 선 곳은 시온 산과 하늘의 예루살렘이며 천만 천사가 환호하는 자리입니다. 신분과 지위가 이러한데, 문제는 그런 자리에 있는 자답게 살지 못한다는 점입니다. 우리의 일상은 이 영광을 알고 신자의 지위에 맞게 명예롭게 살아 내느냐, 아니면 슬슬 도망가고 못나게 구느냐의 갈림길 앞에 서야 하는데, 우리는 줄곧 잘못하면 곧바로 지옥으로 떨어지고 잘하면 다시 천국으로 비상하느라 늘 천국과 지옥을 오갑니다. 내가 뭔가 한번 결정하면 그것으로 끝나게 해 주시지, 왜 이렇게 내버려 두시는지 이해가 가지 않습니다. 그래서 무엇으로 확인시켜 달라고 조릅니까? 다시는 죄를 안 짓는 것으로 확인시켜 달라고 합니다. 죄라고 이야기할 것까지 없습니다. 못난 짓입니다.

　신앙생활을 하는 자리는 절망하고 자폭하고 마는 자리가 아니라 부끄러움을 아는 자리입니다. '그렇게 하는 건 부끄럽다. 다시는 안 한다' 이렇게 가야지, 절망이나 자폭으로 가면 안 됩니다. 부끄러운 일을 했으면 깨닫고 감수하는 자리로 오라는 이야기입니다. 그래서 이 대목이 중요합니다. 큰아들이 밭에서 일하고 돌아오면서 "이게 웬 풍악소리냐?"라고 묻습니다. "주인님의 작은아들이 돌아오자 주인님이 기뻐서 잔치를 열었습니다"라고 하자 맏아들은 화가 나서 집에 안 들어가려고 하죠. 아버지가 와서 들어가서 함께 즐기자고 권합니다. "아니, 아버지의 재산을 다 탕진해 버린 자식한테 무슨 잔치입니까? 저와 제 친구들한테는 염소 새끼 한 마리도 잡아 주지 않으셨으면서"라고 불평합니다. 그러자 아버지가 뭐라 그러시죠? "얘야, 넌 늘 나와 항상 함께 있지 않느냐? 내 것이 다 네 것 아니냐?"

　탕자의 비유에서 우리가 간과하는 대목이 무엇일까요? 아버지가 작은아들이 돌아온 것을 기뻐하지만 돌아온 것으로 끝이 아닙니다. 돌아온 작은아들은 앞으로는 큰아들처럼 살아야 합니다. 이제 그는 불만이 가득한 인생, 매일 일만 하고 염소 새끼 한 마리도 대접 못 받는 참으로 고단한 삶을 살게 될 것입니다. 아버지가 큰아들에게 염소 새끼 한 마리도 잡아 준 적 없다면 큰아들은 뭘 먹고 살았을까요? 내

내 굶었을까요? 만족할 만큼 영광스러워 보이지 않는 인생을 살았을 것입니다. '내게는 염소 새끼 한 마리도 안 잡아 주셨잖아요?'라는 푸념은 하나님의 동역자로, 유업을 이을 자로 사는 고된 훈련을 표현한 대사입니다. 우리가 버텨 내야 할 삶입니다.

시내 산의 삶과 시온 산의 삶

시내 산과 시온 산의 대비를 통하여 하나님의 거룩하심이 두려움으로 나타나는 것과 하나님의 거룩하심이 우리의 기쁨과 환희가 되는 것을 구별하지 못하면, 믿는 건지 안 믿는 건지 헤매다 길을 잃습니다. 하지만 우리가 자신의 지위를 벗어날 수 없는 운명과 그런 복 속에서 위대하고 명예롭게 사느냐, 못나고 부끄럽게 사느냐의 갈림길에 서 있다고 생각하면 우리는 생각이 달라질 것입니다. 에베소서에 나온 말씀 한 구절을 생각해 봅시다. '무릇 더러운 말은 너희 입 밖에도 내지 말고'(엡 4:29 상)라는 말은 더러운 말을 하는 것이 죄라는 의미보다 '더러운 말을 하는 것은 네 신분에 어울리지 않는 행동이다'라는 의미입니다.

여기에 적절한 예화가 있어 하나 소개합니다. 자가용이 흔하지 않고 대부분 버스만 타던 시절의 이야기입니다. 어떤 귀부인이 버스에 올랐는데, 타고 나서 보니 자기 핸드백이 열려 있는 것입니다. 안에 있던 돈도 다 없어지고 해서 허둥대는데, 딱 보니 앞에 허름한 남자가 서 있습니다. 이 여인은 다짜고짜 앞에 있는 허름한 남자를 향해 "이

도둑놈아" 하고 소리를 지릅니다. 마침 뒤에 있던 경찰이 "부인, 너무 놀라지 마세요. 제가 여기 소매치기를 이미 잡아서 지갑이랑 돈을 맡아 뒀습니다. 그런데 너무 소란스럽게 될까 봐 가만있었던 것입니다. 그러니 걱정하지 마십시오"라며 안심을 시킵니다. 그러자 이 부인이 앞에 있는 허름한 남자에게 미안하게 됐죠. "죄송합니다. 제가 잘못 알고 그랬습니다." 그러자 그 초라한 행색의 남자가 대답합니다. "부인, 그저 우리 둘 다 잠시 오해했을 뿐입니다. 당신은 저를 도둑놈으로 오해했고, 저는 당신을 귀부인으로 오해했습니다." 딱 알겠죠? 귀부인답게 구세요. 예수 믿는 사람이면 믿는 사람답게 구세요. 그걸 놓치면 우리는 망하는 겁니다. 운명이 망하는 게 아니라, 명예롭지 못하다는 말입니다.

이것이 우리가 현실을 살아 내는 데 있어 가져야 할 중요한 기준입니다. 무슨 큰일을 해내고 보상을 받아 고민이 한 방에 날아가는 그런 삶이 아닙니다. 드라마에서 연기를 하듯, 내가 가야 하는 모든 길에서 맡겨진 배역에 충실하십시오. 그 위대한 기회가 각각의 긴 인생에 주어져 있다고 성경은 말합니다. 그러니 우리는 마음껏 멋있게 굴 수 있습니다. '악에게 지지 말고 선으로 악을 이기라'라는 말씀이 무슨 의미라고 했습니까? 악당이 악역을 하듯 신자는 선한 역할을 해라, 멋있게 굴어라, 더러운 말과 욕지거리와 저주에는 명예스러운 대목이 하나도 없습니다. 아무리 해도 속 시원하지 않고, 아무리 해도 영광스럽지 않습니다. 오히려 하면 할수록 손해입니다. 그렇지 않습니까? 멋있게 말하는 건 어렵습니다. 실력이 없을 때는 가만있는 게 최고입니다. 좋은 말이 떠오르지 않거든 가만히 계십시오. 그러다가 실력이 쌓이면 멋진 말을 할 수 있게 됩니다. 하다 보면 자꾸 실력이 늡니다. 그 어려운 경우, 확 폭발해 버리고 싶은 경우를 하나님이 우리로 걷게 하시는 것은 우리가 성장하기를 바라시기 때문입니다. 우리가 실력 있는 사람이 되라고 마음껏 길을 열어 주고 계십니다. 골로새서 3장에 가 봅시다.

> 그러므로 너희가 그리스도와 함께 다시 살리심을 받았으면 위의 것을 찾으라 거기는 그리스도께서 하나님 우편에 앉아 계시느니라 위의 것을 생각하고 땅의 것을 생각하지 말라 이는 너희가 죽었고 너희 생명이 그리스도와 함께 하나님 안에 감추어졌음이라 (골 3:1-3)

우리는 이미 주님과 함께 하늘 보좌에 가 있는 신분이며, 그 신분으로 오늘을 살고 있습니다. 예수님의 성육신을 생각해 보십시오. 그는 인간으로 오셨지만 하나님이기를 멈추지 않으셨습니다. 신이 인간으로 오셔서 인간이 해야 할 일을 다 하셨습니다. 이 일이 얼마나 어려웠는지 히브리서 5장 7절 이하에서는 이렇게 말씀합니다.

> 그는 육체에 계실 때에 자기를 죽음에서 능히 구원하실 이에게 심한 통곡과 눈물로 간구와 소원을 올렸고 그의 경건하심으로 말미암아 들으심을 얻었느니라 그가 아들이시면서도 받으신 고난으로 순종함을 배워서 온전하게 되셨은즉 자기에게 순종하는 모든 자에게 영원한 구원의 근원이 되시고 하나님께 멜기세덱의 반차를 따른 대제사장이라 칭하심을 받으셨느니라 (히 5:7-10)

우리가 가는 길은 예수께서 이미 걸으신 길입니다. 예수가 걸었다는 것은 하나님이 이 길이 최선이라고, 이 길이 당신의 지혜요 권능에서 나온 길이라고, 인간이 생각하는 어떤 대안도 이보다 나은 것이 없다고 확증해 주셨다는 것입니다. 이것이 인류 역사이고 우리의 현실입니다.

사람이 훌륭해지는 일에 가장 큰 역할을 하는 것은 실패입니다. 그리고 낙심입니다. 이것이 많은 일을 합니다. 세상이 우리를 위협하고 유혹하는 근거는 세상 법칙입니다. 세상은 우리에게 "너는 이렇게 해야 해. 너 내 말 안 들으면 죽어"라고 위협합니다. 이처럼 세상이 하는 이야기는 적자생존이나 약육강식으로 표현될 수밖에 없습니다. 이것은 명예로울 게 하나도 없는 규칙입니다. 이 원칙대로라면 우리는 더 비정해져야 하고 악해져야 합니다. 그리고 마지막은 허망하게도 죽음입니다.

하지만 우리는 자신이 겪는 모든 상황에서 더 좋은 선택을 할 수 있고 타인에게 더 좋은 말을 해 줄 수 있습니다. 또한 세상이 내릴 수 없는 명령이 우리에게는 있습니다. "네 원수가 주리거든 먹이고 목마르거든 마시게 하라." 굉장하죠. "너희를 저주하는 자를 저주하지 말고 축복하라." 이런 것들은 가치로서 탁월할 뿐만 아니라 실제로도 유용합니다. 누군가에게 보복하려면 내가 상대방보다 더 악해져야 됩니다. 저주하고 폭력으로 보복하면 남는 것도 돌아올 것도 없습니다. 그런데 지는 것 같은 이것, 예수 안에서 하나님이 보이시는 덕목과 영광과 우리에게 준 기회는 다릅니다. 세상의 일과 하나님이 하시는 일 사이에서 어느 것이 더 나은가를 볼 수 있고, 어느 것이 더 만족스러운 정체성인가를 확인할 수 있습니다. 집을 나간 작은아들이 무엇을 배웁니까? 돼지우리를 치며 쥐엄 열매를 먹고살려고 해도 그것마저 부족한 자리에서 깨닫습니다. '내가 아버지를 떠나 여기서 굶어 죽게 되었구나. 내 아버지의 집에는 품꾼도 얼마나 넉넉하게 살았던가. 내 아버지는 일꾼들에게도 넉넉하셨다.'

이를 우리 영혼이 아는 것입니다. 결국 세상은 우리를 메마르게 하고 말라 죽인다, 아무런 가치가 없게 한다, 그러나 우리 아버지는 그렇지 않다, 윤택하게 하며 풍성하게 하며 자랑스럽게 하신다를 깨닫게 됩니다. 그러니 여러 번 실패해도 됩니다. 생명이 있는 것은 비가 오면 비가 와서 크고, 바람이 불면 바람이 불어서 크고, 해가 나면 해가 나서 큽니다. 생명이 없는 것은 비가 오면 비가 와서 썩고, 바람이 불면 바람이 불어서 흩날리고, 해가 나면 해가 나서 마릅니다. 하나님이 우리를 어떻게 만드셨는지 알아야만 우리는 성경이 하는 이 이야기, '너희가 선 곳은 거룩한 시온 산이다. 하늘의 예루살렘이다. 천만 천사의 환호성 속에 함께 선 예수 그리스도와 그의 피가 증거하는 자리이다'를 깨달을 수 있습니다. 골로새서 3장 12절 이하를 보면, 이런 권면이 있습니다.

그러므로 너희는 하나님이 택하사 거룩하고 사랑 받는 자처럼 긍휼과 자비와 겸손과 온유와 오래 참음을 옷 입고 누가 누구에게 불만이 있거든 서로 용납하여 피차 용서하되 주께서 너희를 용서하신 것 같이 너희도 그리하고 이 모든 것 위에 사랑을 더하라 이는 온전하게 매는 띠니라 그리스도의 평강이 너희 마음을 주장하게 하라 너희는 평강

을 위하여 한 몸으로 부르심을 받았나니 너희는 또한 감사하는 자가
되라 그리스도의 말씀이 너희 속에 풍성히 거하여 모든 지혜로 피차
가르치며 권면하고 시와 찬송과 신령한 노래를 부르며 감사하는 마음
으로 하나님을 찬양하고 또 무엇을 하든지 말에나 일에나 다 주 예수
의 이름으로 하고 그를 힘입어 하나님 아버지께 감사하라 (골 3:12-17)

이것을 하면 복을 받고, 다른 길을 택하면 벌을 받는 기준을 제시한
것이 아닙니다. 신자답게 살라는 권면입니다. 너희에게만 이 명예가
있다, 너희에게는 이것이 책임이고 자랑이다, 덕이 되는 말을 하고 멋
진 말을 해라, 너희는 내 자녀다, 내 이름으로 일컫는 거룩한 내 백성
들이다, 너희의 지위와 신분을 욕되게 하지 마라, 너 자신을 위하여
그렇게 하라, 이런 말씀입니다.

에서와 아벨

히브리서 12장에서는 두 인물을 언급하는데, 에서(히 12:16)와 아벨(히
12:24)입니다. "음행하는 자와 혹 한 그릇 음식을 위하여 장자의 명분
을 판 에서와 같이 망령된 자가 없도록 살피라"(히 12:16). 에서는 망령
된 자들을 대표하는 인물로 등장합니다. 여기서 장자의 명분이란 무
엇입니까? 하나님의 유업을 이을 자의 지위를 가리킵니다. 그런데 에
서는 장자의 명분을 죽 한 그릇에 팔아넘겼죠. 우리가 매일 하는 기
도와 같습니다. "하나님, 다른 것은 원치 않습니다. 그저 이번에 제 아

들 좋은 학교에만 붙여 주시면 더 이상 와서 징징거리지 않겠습니다." 그런 걸 걸지 마세요. 이렇게 하는 것은 너무 밑지는 장사입니다. 그렇게 살지 마세요. 하나님의 백성으로 사는 걸 걸지 말라고요. 우리의 진정성을, 그 운명과 지위를 겨우 그런 세상 것에다 걸고 이야기하지 마세요. "하나님, 하나님이 우리에게 복 주기를 원하고 우리의 인생을 위대하게 하신 것을 믿습니다. 제 아들에게도 하나님의 일하심을 깨닫게 하사 하나님을 찬송하며 걷게 하옵소서." 그렇게 기도하세요. 그런데 우리는 우상이나 점쟁이한테 가서 비는 것 같이, 기독교의 격을 확 떨어트리는 기도밖에 할 줄 모르게 되어 버렸습니다. 하나님은 무척 두려운 분입니다. 그런데도 마치 하나님을 무엇이 모자란 분으로 여겨 그렇게 흥정하는 것은 자신의 지위와 정체성을 스스로 놓치는 것이며 현실을 살아 내는 일을 무기력하게 만드는 큰 왜곡입니다.

아벨은 이런 맥락에서 등장합니다.

그러나 너희가 이른 곳은 시온 산과 살아 계신 하나님의 도성인 하늘의 예루살렘과 천만 천사와 하늘에 기록된 장자들의 모임과 교회와 만민의 심판자이신 하나님과 및 온전하게 된 의인의 영들과 새 언약의 중보자이신 예수와 및 아벨의 피보다 더 나은 것을 말하는 뿌린 피니라 (히 12:22-24)

여기서 아벨의 피는 왜 나왔을까요? 아벨은 아담과 하와가 낳은 아들로 가인의 동생입니다. 그런데 형 가인이 아벨을 죽이죠. 아벨의 피가 하나님께 호소합니다. 어떤 호소를 했다고 생각합니까? "하나님, 보복해 주십시오." 그런 게 아닙니다. 히브리서 본문으로 미루어 아벨의 피는 "하나님, 창조를 어찌 사망이 되게 하십니까? 생명이 사망에 진다면 그게 무슨 창조겠습니까? 하나님, 하나님이 창조주시라면 이럴 수는 없습니다"라는 호소를 했을 것입니다. 하나님이 아벨의 피의 호소를 듣고 갚으셨죠. 보복으로 갚지 않으시고, 하나님이 사망의 원인과 모든 결과를 다 씻어 내고 내가 내 창조를 기어코 완성하겠다는 것으로 갚으셨습니다. 가인을 쫓아내죠. 그런데 여기에 예수 그리스도의 피는 왜 등장할까요? 예수께서 그가 흘린 피로 사망을 회복하셨기 때문입니다. 히브리서 2장 14절을 보면 그의 피로 하신 일이 이렇게 소개됩니다.

> 자녀들은 혈과 육에 속하였으매 그도 또한 같은 모양으로 혈과 육을 함께 지니심은 죽음을 통하여 죽음의 세력을 잡은 자 곧 마귀를 멸하시며 (히 2:14)

'사망으로 사망의 권세를 가진 마귀를 없이하고'라는 뜻입니다. 사망은 더 이상 우리에게 위협이 되지 않습니다. 우리에게는 하나님의 자녀라는 이름, 그 자녀가 되는 영광과 자랑과 승리와 찬송이 있을 뿐입니다. 그걸 만들어 가는 길에 잠시 고난이 있습니다. 하나님의 자녀가 되는 영광이나 자랑이나 승리는 단지 어떤 개념이나 이상이나 소원이 아니라 각각의 존재가 실제로 그런 가치를 품은 존재가 되어야 하는 일입니다. 그러기에 고난이 있습니다.

　우리가 천국에서 다시 만나면, 누가 누구인지 바로 알아볼 것입니다. 고난을 겪어 낸 각자의 인생에 새겨진 고유한 흔적을 보고서 말입니다. "너 아직도 그 고집 부리냐?" 하며 영광된 존재로 만날 것입니다. 모든 약점이 더 이상 약점이 아닌, 모든 부족한 것이 더 이상 결핍이 아닌, 모든 약한 것이 오히려 영광스럽고 놀랍고 환희에 찬 증거가 되는 그런 존재로 만날 것입니다.

이런 내용이 욥기의 결론으로 나와 있습니다. 욥은 그 모든 고난을 통과한 후에 어떻게 됩니까? 욥이 당한 고난이 무엇이었는지 기억나실 것입니다. 욥은 잘못한 것이 없는데도 고난을 받게 되자 친구들에게 오해를 받습니다. "네가 뭔가 잘못했기 때문에 고난이 온 거다. 그러니 빨리 회개해라." "난 잘못한 것이 없다." "네가 그렇게 말하는 것만 봐도 넌 틀렸다." 이것이 우리가 가진 죄에 대한 이해죠.

욥기는 그렇게 끝나지 않습니다. 대신 하나님은 욥에게 그의 지위를 깨닫게 해 주십니다. 욥은 자신이 알고 있던 세상을 떠나 온 세상을 다스리시는 하나님의 동역자로 부름받습니다. 이것이 욥기의 결론입니다. 모르고라도 죄를 지었을까 봐 제사에 제사를 연속하던 욥이 하나님의 부르심을 받아 온 세상을 다스리시는 하나님의 창조에 동참하게 됩니다. "너는 이 모든 피조 세계의 존재와 다르다. 너는 내 자식이다. 너는 이것을 알아야 한다. 너는 나와 함께 이 세계를 다스릴 주인이다." 그런 명예가 욥에게 주어집니다. 그것이 부활입니다.

우리의 지위와 신분이 지금 세상에서 부딪치는 모든 경우와 현실에서 세상을 다스리는 자로서의 증언을 책임지고 있습니다. 우리만이 선한 말을 하며, 우리만이 은혜를 구하며, 우리만이 기도할 수 있으며, 우리만이 생명이 무엇인지 빛이 무엇인지 보여 줄 수 있습니다.

감동시키라는 것까지 요구하지 않습니다. '세상은 못한다. 이 어둠에 잠긴 세상에 너는 빛이 되어라.' 이 인생을 살아 내며 승리하기 바랍니다.

기 도

하나님 아버지, 우리 인생은 참으로 복됩니다. 우리 인생은 성육신하신 예수님의 모습 같습니다. 우리가 이 세상 속에 죽어 가는 것들과 흑암에 붙잡힌 왜곡되고 부패한 것들 속에 생명을 불어넣고 소망을 불어넣는 존재로 부름받았습니다. 여기 모인 모든 믿음의 식구들이 자신의 인생을 복되게 살고 영광되게 살고 자랑하며 승리하게 하여 주시옵소서. 예수님 이름으로 기도합니다. 아멘.

22.
흔들리지 않는 나라를 받았은즉

—————

25 너희는 삼가 말씀하신 이를 거역하지 말라 땅에서 경고하신 이를 거역한 그들이 피하지 못하였거든 하물며 하늘로부터 경고하신 이를 배반하는 우리일까보냐 26 그 때에는 그 소리가 땅을 진동하였거니와 이제는 약속하여 이르시되 내가 또 한 번 땅만 아니라 하늘도 진동하리라 하셨느니라 27 이 또 한 번이라 하심은 진동하지 아니하는 것을 영존하게 하기 위하여 진동할 것들 곧 만드신 것들이 변동될 것을 나타내심이라 28 그러므로 우리가 흔들리지 않는 나라를 받았은즉 은혜를 받자 이로 말미암아 경건함과 두려움으로 하나님을 기쁘시게 섬길지니 29 우리 하나님은 소멸하는 불이심이라 (히 12:25-29)

시내 산의 성도와 시온 산의 성도

본문이 전제하여 권면하는 배경은 이런 것입니다. 신약시대 성도들은 시내 산에 있지 않고 시온 산에 있다, 구약시대와는 지위와 신분이 다르다, 하나님이 이스라엘 백성을 인도하여 당신의 백성으로 삼은 그들의 신분은 신약시대에 예수 그리스도로 말미암아 죄 가운데서 구원하여 베푸신 성도들의 운명이나 신분과는 큰 차이가 있다, 이러한 배경을 염두에 두고 하신 말씀입니다.

예수의 메시아 되심과 우리를 위하여 죽으신 사건은 정말 온 우주의 일대 혁명이자 하나님이 당신이 만드신 창조 세계를 향하여 작정하고 행하신 권능이자 은혜며 궁극적 목적입니다. 그러니 우리가 예수를 믿고 사는 것은 굉장한 일입니다. 하지만 막상 신앙생활의 현실을 보면 별로 굉장해 보이지 않는데, 이는 신자들이 구원을 오해하기 때문입니다. 예수를 믿고 나면 이제 더 이상 내가 할 일은 없다고 흔히들 생각하는데, 마음의 감동과 작정과 깨달음으로 주어졌던 것이 유지되지 않는 현실 속에 처하자 당황하게 된 것입니다.

우리 생각에는 구원을 주셨으면 천국에 바로 데려가시거나, 그렇지 않으면 현실에서 믿는 사람과 믿지 않는 사람이 분명하게 구별되도록 형통함이나 내적 평안 같은 확실한 보상을 해 주셔야 할 것 같은데, 현실은 전혀 그렇지 않습니다. 그래서 믿는 것이 무슨 소용이 있나 싶어 체념하고 맙니다. 믿는 것도 아니고 안 믿는 것도 아닌 어중간한 상태로 신앙 현실에 대한 원망이 자리를 잡게 되는 것이 구원의 여정 속에 있는 신자의 보편적 진실입니다.

여러 번 언급했듯이, 히브리서는 이 편지를 받아 보게 될 믿음의 공동체가 자신들이 처한 현실을 이해하지 못해 예수 믿는 것을 포기하거나 타협하거나 혼란에 빠지자 이들을 권면하기 위해 쓴 편지입니다. 여기서는 쉽게 '믿음을 가져라. 기도해라'라는 말로 권면하지 않고, 고난은 필수 과정이라는 말로 권면하고 있습니다. 그러니까 예수를 믿은 다음의 현실에 대한 이해를 촉구하고 있는데, 그들에게는 이 부분에 대한 성경적 이해가 아직 없었습니다. 혼란스럽고 막막한 현실 앞에 모두가 아는 잣대 즉 '내가 뭘 잘못해서 이 어려움을 당하고 있는가?' 그게 아니면 '하나님은 왜 내게 이렇게 냉담하신가?'밖에 없었던 것입니다.

자연주의, 실존주의, 기독교 신앙

예수를 믿는 사람과 믿지 않는 사람들의 차이는 세계관에 있습니다. 신자라면 기독교 세계관을 확립해야 하는데, 그 필요성과 도전을 삶에서 구체화하지 못해 갈등이 생깁니다. 세계관은 우리에게 '세상의 기원은 무엇인가. 세상을 지배하는 원리는 무엇이며, 우리는 어디로 가는가. 우리가 몸담고 사는 세상, 외면하거나 도망칠 수 없는 세상이 목적으로 삼는 것은 무엇이며, 여기에는 어떤 의미가 있는가' 하는 질문을 던집니다.

세상 사람들은 대부분 자연주의 세계관을 가지고 있습니다. 쉽게 말해 '자연주의'라는 것은 세상에서 벌어지고 있는 자연 질서와 그 운명에 대한 것을 세계관으로 가지는 것을 말합니다. 자연주의 세계관의 특징으로 제시된 것들은 흔히 쓰는 표현이라 금방 이해할 수 있습니다. 첫째가 생로병사입니다. 태어나서 늙고 병들어 죽습니다. 생로병사라는 자연주의의 특징은 누구도 거부할 수 없습니다. 모든 사람이 태어나 결국 다 죽습니다. 이 세계관에는 약점이 있는데, 그것은 인간이 소원하는 깊은 욕구를 만족시켜 주지 못한다는 사실입니다. 기억할 것은 진실과 현실입니다. 내가 거부한다고 해서 거부할 수 없는 진실, 또 이게 싫다고 해도 대안을 만들 수 없는 현실입니다. 바로 그렇게 대안을 만들 수 없다는 사실 때문에 자연주의 세계관에 모든 인류가 저항하고 도전했습니다. 왜냐하면 자연주의는 허무주의가 되고 말 운명이기 때문입니다. 우리 모두 그렇듯이 원망하거나 체념하고 살 수밖에 없습니다. 대안을 만들 수 없어서 그렇습니다.

그리하여 허무주의에 도전한 것이 '실존주의'입니다. 인류 역사에서 가장 뚜렷하고 가장 가치 있는 결정이 실존주의라 볼 수 있습니다. 실존주의란 이런 말로 표현될 수 있는 정신입니다. '내가 죽음을 바꿔놓을 수는 없다. 하지만 살아 있는 동안은 내 권리를 내가 행사하겠다.' 허무주의를 거부하는 것이죠. 하지만 중요한 것은 인간에게는 대안을 제시할 방법이 없다는 것입니다. 그저 죽음을 거부할 뿐이죠. 이런 이유로 실존주의가 힘을 가지는 것은 그리스신화와 헬레니즘 문화에서입니다. 그리스 문명이 가지는 큰 공감은 '인간은 체념할 수 없다. 그 인생과 가치를 포기할 수 없다'라는 것입니다. 그리하여 신들의 변덕과 부도덕함에 대하여 인간은 죽음이라는 운명이 예정되어 있음을 알면서도 도전합니다. 또한 그런 인간들을 영웅으로 그려 냄으로써 인간이 신보다 가치 있는 존재임을 증명해 냅니다. 그들은 하나님을 몰랐고 인간이 죽음을 해결할 수 없다는 것도 몰랐지만, 말하자면 죽음에 도전하는 인간의 실존적 가치를 그려 냈습니다. 죽음을 해결하기 위해서가 아니라, 죽음을 감수하고 올바른 일에 헌신하기 위해서 영웅을 창조해 낸 것입니다.

이에 반해 기독교 신앙은 죽음이라는 것이 더 이상 우리에게 힘을 쓰지 못하는 운명 속에 있다는 사실에서 출발합니다. 예수를 믿는다는 것은 신자가 죽지 않고 영원히 산다는 것을 의미합니다. 영원히 사는 것은 예수로 말미암아 허락되었습니다. 영생은 예수를 믿는 순간에 시작되는데, 그렇다고 해서 형통이 보장되는 것은 아닙니다. 이런 점 때문에 우리는 당황하게 됩니다. 그런데 예수님이 다시 오시면, 온 세상에는 죄와 사망과 눈물과 한숨이 없어지고 새 하늘과 새 땅이 펼쳐지는 새로운 세상이 될 것입니다. 이런 사실은 우리도 알고 있습니다. 하지만 거기까지 가는 길고 긴 인생살이가 세상의 위협과 핍박으로 가득 차 있어서 끊임없이 울며 한숨을 쉬며 살아가는 현실로 허락되었다는 사실을 받아들이기 싫어합니다.

하나님은 소멸하는 불이심이라

그러니 이제는 거꾸로 물어야 합니다. 왜 하나님은 이 긴 기간을 요구하시는가, 우리에게 영생을 주셨고, 부활이라는 것을 기본이자 시작으로 이미 주셨는데, 부활 생명을 가지고 영원한 나라를 부여받은 인

생에게 왜 고단한 삶을 살게 하시는가, 이렇게 질문한 다음 하나님의
작정, 하나님의 뜻, 하나님의 지혜와 권능으로 답하는 것이 히브리서
를 비롯한 많은 서신서의 초점입니다. 고린도전서 15장에 가 봅시다.

> 그러나 이제 그리스도께서 죽은 자 가운데서 다시 살아나사 잠자는
> 자들의 첫 열매가 되셨도다 사망이 한 사람으로 말미암았으니 죽은
> 자의 부활도 한 사람으로 말미암는도다 아담 안에서 모든 사람이 죽
> 은 것 같이 그리스도 안에서 모든 사람이 삶을 얻으리라 그러나 각각
> 자기 차례대로 되리니 먼저는 첫 열매인 그리스도요 다음에는 그가
> 강림하실 때에 그리스도에게 속한 자요 그 후에는 마지막이니 그가
> 모든 통치와 모든 권세와 능력을 멸하시고 나라를 아버지 하나님께
> 바칠 때라 그가 모든 원수를 그 발 아래에 둘 때까지 반드시 왕 노릇
> 하시리니 맨 나중에 멸망 받을 원수는 사망이니라 (고전 15:20-26)

종말을 이야기하는 본문입니다. 자연주의가 인류 역사를 아메바에서
부터 시작하여 진화되고 결국 죽고 마는 존재로밖에 인식하지 못했
다면, 기독교가 가지는 역사관은 다릅니다. 역사에 대한 기독교 신자
들의 이해는 창조, 타락, 약속, 구원, 교회, 그리고 종말입니다. 시작과
끝이 창조와 종말로 되어 있습니다. 여기서 종말은 심판이라는 단어
로 종종 소개되는데, 이 심판은 무서운 것이 아닙니다. 공포가 아니라
완성입니다. 이 완성을 위하여 하나님이 모든 악한 것들을 다 정리해
버리는 시간이 종말입니다. 이것을 본문 말씀은 '우리 하나님은 소멸
하는 불이심이라'(히 12:29)로 표현하고 있습니다. 마지막 심판은 모

두에게 두려운 자리가 되는 것이 아니라 우리 기도에 응답하시는 하나님이 당신의 자녀들을 완성으로 부르는 자리인 것입니다. 마지막에 멸망받을 원수는 사망입니다. 그 전까지는 죄의 세력과 우리를 붙잡고 눈물과 한숨을 불러일으키는 악한 것들이 활개를 칠 것입니다. 새 하늘과 새 땅을 주시는 때에야 악이 제거될 것입니다. 그러니 그때까지는 사망이 우리를 위협하는 환경 속에서 살아야 합니다. 하나님이 세상의 것들을 놔두고 예수 그리스도로 말미암아 구원한 자기 백성들을 여기서 살게 하시는 이유가 무엇일까요?

견실하며 흔들리지 말라

그 이유를 십자가에서 찾아봅시다. "십자가의 도가 멸망하는 자들에게는 미련한 것이요 구원을 받는 우리에게는 하나님의 능력이라"(고전 1:18). 십자가가 하나님의 뜻이자 하나님의 신비라고 합니다. 하나님이 요구하시는 영광스러움과 위대함의 필수 불가결한 것이 십자가라고 합니다. 이는 하나님의 지혜에 속하는 방법이니 따라야 합니다.

예수와 비교할 수 없는 존재인 우리를 위하여 당신의 아들을 기꺼이 내어 주신 하나님, 우리에게 '아빠 아버지'라고 불리기를 기뻐하시는 하나님이 정하신 과정이 십자가입니다. 그러니 손해 보지 않을 것입니다. '부모는 엄격해야 한다'라는 말을 잘 아실 것입니다. 여기서 엄격성은 공포를 말하는 것이 아니라 부모의 책임을 다해야 한다, 자식을 위해 사랑의 책임을 다해야 한다는 면에서의 엄격성인 것입니다. 바로 우리가 하나님의 엄격하신 훈육의 길을 걸어가는 자들입니다. 고린도전서 15장 50절 이하를 보면, 이런 말씀이 나옵니다.

> 형제들아 내가 이것을 말하노니 혈과 육은 하나님 나라를 이어 받을 수 없고 또한 썩는 것은 썩지 아니하는 것을 유업으로 받지 못하느니라 보라 내가 너희에게 비밀을 말하노니 우리가 다 잠 잘 것이 아니요 마지막 나팔에 순식간에 홀연히 다 변화되리니 나팔 소리가 나매 죽은 자들이 썩지 아니할 것으로 다시 살아나고 우리도 변화되리라 이 썩을 것이 반드시 썩지 아니할 것을 입겠고 이 죽을 것이 죽지 아니함을 입으리로다 이 썩을 것이 썩지 아니함을 입고 이 죽을 것이 죽지 아니함을 입을 때에는 사망을 삼키고 이기리라고 기록된 말씀이 이루어지리라 사망아 너의 승리가 어디 있느냐 사망아 네가 쏘는 것이 어디 있느냐 사망이 쏘는 것은 죄요 죄의 권능은 율법이라 우리 주 예수 그리스도로 말미암아 우리에게 승리를 주시는 하나님께 감사하노니 그러므로 내 사랑하는 형제들아 견실하며 흔들리지 말고 항상 주의 일에 더욱 힘쓰는 자들이 되라 이는 너희 수고가 주 안에서 헛되지 않은 줄 앎이라 (고전 15:50-58)

사망을 조롱하고 있습니다. 굉장하지 않습니까? 자연주의가 사망을 극복할 수 없어서 허무주의로 빠지고, 다만 나는 거기에 굴복하지 않겠다는 오기를 발동하고 마는 것에 불과한 것이 실존주의입니다. 죽음의 문제를 해결할 수 없는 인류가 그에 대한 답을 내놓은 것이 대안이 되거나 구원을 만들어 내지 못하는데, 본문에서는 사망을 조롱하고 있습니다. 우리는 영생을 가진 자이고 하나님이 우리를 당신의 영광의 찬송으로 목적하셨다고 이야기합니다. 그 위대함, 우리가 하나님의 영광이 된다는 것은 하나님이 우리에게 무슨 도움을 받아서 당신의 영광을 치장한다는 말이 아닙니다. 우리가 잘되는 것이 하나님에게 자랑이 된다고 합니다. 부모 자식 간이면 다 이해되는 이야기입니다.

어떤 사람과 원수가 되고 싶으면 그 사람의 자식을 흉보면 됩니다. "그 아이 참 똑똑하긴 한데, 아버지만 못해." 이러면 그날로 그 사람과 원수가 됩니다. "아냐. 자식이 아버지보다 훨씬 낫던데." 그러면 그 사람에게 최고의 칭찬이요, 그날로 최고의 친구가 될 것입니다. 하나님이 우리에게 그런 마음이라는 것입니다. 우리가 잘되는 것이 당신의 기쁨이요 자랑이지, 우리에게 겁을 주거나 짐을 지우거나 우리로 손해 보게 하려는 뜻이 아닙니다.

고린도전서 15장 본문에 나온 사망을 조롱하는 구절들은 하나님이 우리에게 승리를 주시고 영광스럽게 하시겠다는 뜻을 알고 있어야만 공감할 수 있습니다. 그래서 무엇을 요구합니까? 우리에게 형통한 현실을 주실 것을 기대하지 말고 오히려 주의 일에 힘쓰라고 권면합니다. '그러므로 내 사랑하는 형제들아 견실하며 흔들리지 말고 항상 주의 일에 더욱 힘쓰는 자들이 되라'(고전 15:58 상). 주의 일에 힘쓰는 것은 져야 할 임무나 종교적 책임이 아닙니다. 성숙한 인간으로서 짊어지는 명예입니다. 우리에게 일어나는 일상의 모든 도전과 시험 가운데서 '하나님의 사람은 어떻게 살아야 하는가'라는 깨달음과 실천이 생겨야 합니다.

하나님의 진정성

사람의 위대함은 그의 가장 사소한 동작에서 드러납니다. 표정 하나, 손짓 하나, 눈빛 하나, 이런 것들이 그 사람의 많은 것을 이야기해 줍니다. 대개 우리는 인사말을 본때 없이 하죠. 미운 소리를 하는 것이 마치 가까운 사이임을 증명하는 양 무례하게 굽니다. '아무리 미운 소리를 해도 오해하지 않는 친한 사이다' 이런 자부심이 깔려 있죠. 가까운 사이라는 것을 미운 말로 증명하려 하지 말고, 만나면 기쁘고 반가워 집에 돌아가면 따뜻한 생각이 들게 하십시오. 고등학교 동창회에 갔다 온 밤이면 '다시는 동창회에 나가나 보자' 하며 씩씩대는 것이 우리입니다. 동창회에서 옛날 이야기를 하다가 "너 그때 내 시험지 답 베껴 써서 합격했잖아." 그딴 소리나 하고 앉아 있습니다. 타인의 허물은 잊어야죠. "생각해 보니까 내가 너한테 고맙다는 인사 제대로 못했더라. 언제 밥 한번 살게"와 같은 말을 나눠야죠. 이런 것이 신앙입니다.

　하나님이 우리를 세상과 다른 존재로 만드셨습니다. 다른 존재라는 점이 사소한 데서 드러나야 합니다. 왜 뜻밖의 꿈을 꾸세요? 트럼프에게 전도하겠다든가, 시진핑을 예수 믿게 하겠다든가와 같은 허황된 꿈을 꾸는 바람에 정작 해야 하는 일, 오늘의 나로 사는 일을 못 해내고 있습니다. 그래서 성경은 이렇게 경고하는 것인지 모릅니다. '그때 너희가 시내 산에서 율법을 받았을 때 그게 얼마나 엄한 명령이었는지 아느냐. 그걸 틀려도 죽었다. 그런데 지금 너희에게 준 영광은 얼마나 대단한 것인 줄 아느냐. 그렇다면 하나님이 가만히 있을 것 같

으냐?' 이 경고는 우리를 공포에 떨게 하려는 것이 아닙니다. 나의 진
정성을 모르겠느냐, 내 아들을 아낌없이 준 진정성에 맞는 대응을 너
는 보여야 한다, 그렇게 이야기하고 있습니다. 그래서 등장하는 '하나
님은 소멸하는 불이심이라'(히 12:29)라는 말씀은 이사야 60장에도 나
옵니다. '너희는 하나님의 진정한 마음을 놓치지 마라. 거기에 합당한
반응을 해라'라는 말씀이 등장하지요.

이사야 60장부터는 하나님의 꿈을 노래하는데, 하나님이 인류 역
사와 창조 세계에 대하여 가지신 뜻과 목적 그리고 진정성을 여기서
알 수 있습니다.

일어나라 빛을 발하라 이는 네 빛이 이르렀고 여호와의 영광이 네 위
에 임하였음이니라 보라 어둠이 땅을 덮을 것이며 캄캄함이 만민을
가리려니와 오직 여호와께서 네 위에 임하실 것이며 그의 영광이 네
위에 나타나리니 나라들은 네 빛으로, 왕들은 비치는 네 광명으로
나아오리라 (사 60:1-3)

이사야 60장 이후에 하나님이 인류에게 하시는 은혜로운 말씀이 계
속 이어지고 있습니다. 내가 창조주다, 내가 창조를 실패하겠느냐, 내
가 만든 자들의 운명을 망하도록 눈물로 끝낼 것 같으냐, 그렇다면 그
게 하나님이냐, 외치고 계십니다. 히브리서 12장 마지막에 와서 '우리
하나님은 소멸하는 불이심이라'라고 소개하는 것이 아버지의 진정성
과 애타는 마음, 당신의 형상으로 만든 인류에 대한 심정을 토로한 것
처럼, 히브리서 12장 24절에 나온 '새 언약의 중보자이신 예수와 및

아벨의 피보다 더 나은 것을 말하는 뿌린 피'에서는 예수로 말미암은 새 언약, 그 창조를 회복하시고 완성하시는 하나님의 진정성을 소개하고 있습니다. "너희는 힘을 다하여 하나님이 너희에게 목적하시고 뜻하시는 바를 너희 하루에 채워라. 그것이 너희에게 영광이고 위대함이며 하나님이 원하시는 십자가의 길이다. 그것은 하나님의 권능이요 하나님의 지혜다. 그러니 위대해져라. 때로는 자책하는 날도 올 것이다. 그러나 그것이 너희 운명이 되지 않을 것이다. 일어나라. 아침에 눈을 뜨거든 오늘은 더 위대하게 살겠다는 그런 작정 속에 일어나라." 예수를 보내신 하나님의 진정성을 오늘 확인했다면, 다시 일어나 영광된 승리를 향해 나아가십시오.

기 도

하나님 아버지, 하나님의 진정성과 사랑과 분노를 확인하였으니 우리 인생을 체념하거나 원망하는 것으로 허송세월하지 말게 하옵소서. 사망을 이긴 존재가 되었으니 살아 있는 동안 가야 할 책임 있는 길을 걷게 하시며 하루마다 더 자라난, 어제보다 나은 오늘을 사는 자 되게 하옵소서. 그리하여 하나님의 명예가 걸린 자신의 인생을 살아 내는 우리 모두가 되게 하옵소서. 우리 자신을 위하여, 그리고 하나님이 보내신 이 세상과 이웃을 위하여 그리 하옵소서. 예수님 이름으로 기도합니다. 아멘.

23.
형제 사랑하기를 계속하고

1 형제 사랑하기를 계속하고 2 손님 대접하기를 잊지 말라 이로써 부지 중에 천사들을 대접한 이들이 있었느니라 3 너희도 함께 갇힌 것 같이 갇힌 자를 생각하고 너희도 몸을 가졌은즉 학대 받는 자를 생각하라 …… 5 돈을 사랑하지 말고 있는 바를 족한 줄로 알라 그가 친히 말씀하시기를 내가 결코 너희를 버리지 아니하고 너희를 떠나지 아니하리라 하셨느니라 6 그러므로 우리가 담대히 말하되 주는 나를 돕는 이시니 내가 무서워하지 아니하겠노라 사람이 내게 어찌하리요 하노라 7 하나님의 말씀을 너희에게 일러 주고 너희를 인도하던 자들을 생각하며 그들의 행실의 결말을 주의하여 보고 그들의 믿음을 본받으라 8 예수 그리스도는 어제나 오늘이나 영원토록 동일하시니라 (히 13:1-8)

고단한 신앙 인생

히브리서의 수신자는 열악한 환경 속에서 예수를 믿는 일에 여러 어려움을 겪고 있는 교회 공동체입니다. 제일 많이 드는 의문은 예수를 보내어 죄인을 구원하시고 그들에게 감동을 주셨는데, 왜 신앙 인생이 이렇게 고단한가 하는 문제였습니다. 거의 자폭 지점에 다다른 그들은 체념하고 절망한 채 살아갔습니다.

그런데 앞서 살펴본 대로 예수는 이 땅에 오셔서 죄로 말미암아 죽을 수밖에 없는 우리를 구원하셨을 뿐만 아니라, 우리를 신자답게 만들어 가는 과정을 밟아 가십니다. 예수를 믿는다는 것은 이런 과정을 걷는 일입니다. 예수는 우리 죄를 위해 죽으시고 부활하여 승천하사 지금도 하늘 보좌 우편에서 우리를 위해 기도하고 계십니다. 죽음마저 이기시고 승천하신 예수님이 우리를 위해 지금 기도하고 계시는데도 왜 우리는 괴로운가 하는 문제는 쉽사리 이해가 가지 않습니다. 그런데 여러 번 인용한 대로, 십자가의 도가 멸망하는 자들에게는 미련한 것이요 구원을 받는 우리에게는 하나님의 능력이라고 표현한 것처럼, 우리가 받는 신앙생활의 현실적인 어려움은 하나님의 지혜이자 권능입니다.

자녀를 길러 보면 종종 "엄마, 몇 밤 더 자면 학교 안 가도 돼?"와 같은 질문 받아 보았을 것입니다. 아니면 "우리 엄마는 마귀할멈 같아" 하는 소리를 들어 보았을 것입니다. 생전 그런 이야기를 안 들어 본 것 같은 표정입니다만, 우리가 그런 소리를 듣는 것은 아이를 닦달하기 때문입니다. 가만 놔두면 아이가 바보가 되니 어쩔 수 없습니다.

사람을 만들어야죠. 성경도 우리를 그렇게 권면하는데, 이런 어려움으로 고통스럽다는 것 때문에 원망과 분노만 쌓일 뿐 아니라, 자꾸 의심이 생긴다는 데에 문제가 있습니다. '내가 뭘 잘못했을까? 무엇을 해야 이 고통에서 벗어나 신앙생활을 편하게 할 수 있을까?' 우리는 늘 이 생각뿐입니다.

십자가에서 죽으신 예수는 우리를 구원하셨을 뿐만 아니라 이 구원을 영광으로 완성시키려 하는데, 그 완성의 중요한 내용은 우리에게 책임으로 주어져 있습니다. 여기서 책임이란 우리의 선택 즉 선택할 수 있는 기회를 의미합니다. 이 책임을 수행하기 위해 자유가 주어졌다고 성경은 말합니다. 우리는 마음에 악한 생각이나 못난 생각은 들어오지 않고 오직 하나님의 뜻만 들어왔으면 좋을 것 같은데, 그렇게는 안 해 주신다는 말입니다.

제럴드 싯처의 《하나님의 뜻》이야기를 해 보겠습니다. 신자라면 누구나 하나님의 뜻을 알고 싶어 합니다. 신자가 하나님의 뜻을 묻는 것은 정당하지만, 실제로 이 단어는 하나님에게 책임을 전가하는 의미로 사용합니다. '하나님에게 뜻을 물어 하나님이 응답해 주신 대로 했으니 이제 내 책임은 없습니다'라는 데로 가는 것입니다. 하지만 하나님은 오히려 우리에게 물으십니다. "너는 어떻게 하고 싶냐?" 또 우리가 하나님의 뜻을 알려 달라고 아무리 물어봐도 속 시원히 가르쳐 주시지 않습니다. 그러다가 하나님의 뜻과 다른 길로 가게 되면 어떤 일이 일어납니까? 실패한 결과를 맛보게 됩니다. 그러면 후회와 원망이 생깁니다. "하나님, 왜 제 기도에 응답해 주시지 않았어요? 확실한 응답을 주셨으면, 제가 이런 일을 안 당할 것 아녜요? 제가 그토록 애원했는데, 왜 내버려 두셨어요?"라고 원망합니다. 하나님은 왜 속 시원히 응답해 주시지 않을까요? "내가 너희를 구원할 때에 어떻게 일하였는지 보아라. 내 아들을 보내어 그가 인간의 몸을 입고 고난을 겪고 외면당하고 수난을 당하고 배반을 당하여 십자가에서 비명을 질렀다. 나는 이런 방법으로만 일을 한다. 다른 방법으로는 신자가 되지 않는다. 네 실력과 분별이 자라야 하는 문제다." 그렇게 말씀하십니다.

그러면 이제 어떻게 해야 하는가? '하나님의 일하심을 인정하고 믿음 생활을 하겠다'라고 다짐하자, 성경은 우리더러 완벽해지라고 이야기하지 않고, 우리가 할 수 있는 일을 하라고 이야기합니다. 학교에 가면 열심과 성실과 노력의 가치를 배우게 됩니다. '공부에는 지름길이 없다', '공부만 잘할 게 아니라 도덕성도 완전해야 한다.' 이런 가치를 배우지만, 공부하면서도 거짓말은 계속하고 농땡이도 여전합니다. 하지만 그 속에서 큽니다. 도덕적 문제가 완성되면 더 이상 배울 게 없는 그런 과정은 없습니다. 완벽한 도덕성을 갖추었다고 해도 인간은 온전해지지 않습니다. 도덕성과 인간성이 따로 놀 때가 많습니다. 명분에 그칠 뿐인 도덕성인 것이죠.

형제 사랑과 공동체

하나님이 우리를 현실 속에서 우리 몸뚱어리로 실제 살아 보게 하여 내가 분별하고 선택한 결과, 잘잘못, 후회와 원망, 그리고 비명으로 질러 대는 과정을 통하여 나를 만든다고 하십니다. '젊어서 고생은 사서도 한다'라는 말이 있는 이유입니다. 하나님이 우리를 만들어 가시는 방법에는 우리의 모자람과 오해와 변명과 실패까지 포함됩니다. 그래서 결국 무엇을 하라고 그러시는 걸까요? 정답을 주고받으라고 이야기하지 않습니다. 정답은 방향일 뿐입니다. 방향은 길을 만들지 않습니다. 길은 내가 실제 걸어야 합니다. 그 방향으로 걸어간 만큼 길이 되고 내가 되는 것입니다. 그러니 무엇을 하라 그럽니까? '형제 사랑하기를 계속해라.' 여기서 형제는 신앙 공동체입니다. 우리는 같은 고백을 하는 하나님의 자녀로서 공동체입니다.

하지만, '형제 사랑'이라는 말을 붙일 만한 공동체가 만들어지는 데에는 어려움이 너무 많습니다. 초점이 빗나가 있어서 그렇습니다. 도덕적 완벽함, 형통만을 바라는 마음, 이것들이 우리의 교제를 막습니다. 우리가 주고받을 수 있는 것이 무엇인가, 뭘 속 이야기까지 꺼내겠는가, 뭘 아쉬운 소리를 하겠는가, 그런 생각에 마음을 나눌 수 없게 됩니다. 그러지 말고 반가워하십시오. 외국에 나갔다가 한국말을 하는 사람을 만나면 얼마나 반갑습니까? 그렇게 하십시오. 책을 읽다가 이런 표현을 만났습니다. '성찬에 함께 참여하는 자는 당신의 형제다. 그가 얼마나 잘났느냐 못났느냐, 그가 평소에 어떤 사람이었느냐는 다 잊어라. 성찬에 참여한 자 곧 예수의 살을 먹고 예수의 피를 마시겠다고 하는 자는 다 형제라.' 그렇습니다.

물론 형제라고 다 도움이 되는 것은 아닙니다. 그러나 형제로 받아들이는 연습을 해야 합니다. 그래서 교회 안에는 성숙한 신자가 있어야 합니다. 성숙한 신자란 어떤 존재입니까? 본문 말씀에서 적극적으로 이야기한 바와 같이, '형제 사랑하기를 계속하고 손님 대접하기를 잊지 말고 갇힌 자들을 생각하고 학대받는 자들을 생각하'는 자입니다. 이런 덕목은 도덕적 규율이나 종교적 명령이 아닙니다.

또한 그저 선행을 강조하는 권면도 아닙니다. 기독교는 착하게 살아서 천국 가자고 하지 않습니다. 죄인들이 천국에 갑니다. 예수님이 불러낸 사람들이 가는 곳입니다. 그러니 세상에서 윤리적으로 훌륭하다고 쳐 주는 사람보다 많이 부족할 수 있습니다. 그러나 예수를 믿는 것과 안 믿는 것의 차이는 절대적입니다.

하나님 나라 사람들

에베소서 4장에 갑시다.

그러므로 내가 이것을 말하며 주 안에서 증언하노니 이제부터 너희는 이방인이 그 마음의 허망한 것으로 행함 같이 행하지 말라 그들의 총명이 어두워지고 그들 가운데 있는 무지함과 그들의 마음이 굳어짐으로 말미암아 하나님의 생명에서 떠나 있도다 그들이 감각 없는 자가 되어 자신을 방탕에 방임하여 모든 더러운 것을 욕심으로 행하되 오직 너희는 그리스도를 그같이 배우지 아니하였느니라 진리가 예수 안에 있는 것 같이 너희가 참으로 그에게서 듣고 또한 그 안에서 가르침을 받았을진대 너희는 유혹의 욕심을 따라 썩어져 가는 구습을 따르는 옛 사람을 벗어 버리고 오직 너희의 심령이 새롭게 되어 하나님을 따라 의와 진리의 거룩함으로 지으심을 받은 새 사람을

입으라 (엡 4:17-24)

성경을 볼 때 우리가 아는 개념으로 읽으면 안 됩니다. '옛사람은 마음이 굳어지고 감각 없는 자가 되어 방탕과 더러움을 행하고, 예수 안에 있는 자들은 심령이 새롭게 되어 진리와 거룩함으로 산다.' 이렇게 도덕적으로 구별하는 본문이 아닙니다. 전혀 다른 세상에 속해 있음을 말씀하고 있습니다. 세상을 살아 내려면 악착같아야 됩니다. 거짓말을 해야 하고 악랄해져야 하고 사악해져야 합니다. 이렇게 된 것은 그저 세상의 잘못이기 전에 세상에는 그것 말고 다른 방법이 없어서 그렇습니다. 세상 사람들을 향해 '저것들은 거짓말을 해'와 같은 말을 하지 마십시오. 그들에게는 달리 방법이 없기 때문입니다. 해안가에 사는 사람은 생선을 잘 먹습니다. 산골에 사는 사람은 나물을 잘 먹습니다. 도덕성의 문제가 아닙니다. 그것밖에 없어서 그렇습니다.

그것밖에 없던 세상에 예수께서 오셔서 진리와 거룩과 영광이라는 세계로 우리를 불러내셨습니다. 세상과 비교할 수 없이 명예롭고 영광스러운 것입니다. 신자를 불러낸 나라에는 거짓이 들어오거나 악한 것이 들어올 수 없습니다. 또한 그럴 필요가 없는 곳입니다. 이 나라에는 하나님이 예수 안에서 무한정 주시는 은혜가 있습니다. 우리가 생산해 낸 것이 아니라 예수께서 십자가에 달려 죽어서 만들어 낸 커트라인입니다. 예수를 죽인 자들이 커트라인에 있다면, 그것까지 다 담아낸, 거기에서 더 빠져나갈 수 없는 데까지 그물을 쳐서 구원한 나라인 것입니다.

이제 봐라, 세상은 명예도 가치도 보람도 없는 곳이었다, 그런데 지

금 너희는 어떠냐, 너희는 영생을 가졌다, 이렇게 말씀합니다. 영생에
는 생명이 영원히 존속된다는 개념만 들어 있는 것이 아닙니다. 가치
가 영원하다는 뜻이 더 중요합니다. 가치가 날로 새로워진다는 뜻이
죠. 단지 보관되어 머물러 있기만 한 것이 아니라 매일 자라납니다.
하루하루가 새롭습니다. 시간이 하나님의 창조물이고 시간이 우리를
자라며 성숙하게 하듯이, 하나님이 주신 은혜와 복들은 자라서 끝없
이 우리를 끌고 갈 것입니다. 그게 천국이고 지금 우리가 그 인도하심
에 붙잡혀 있습니다. 바로 우리 자리입니다.

　우리에게 이런 가치를 담아 놓으신 정도가 아닙니다. 너희가 결정
해라, 세상 사람들이 못난 소리하며 공포와 권력으로 너희를 압도하
여 무릎 꿇리려고 할 때, 이제 너희는 구원받은 자로서 밝은 눈을 갖
고서 분별해라, 세상의 끝은 무엇이냐? 사망이다, 절망이다, 사망은
헛되고 가치가 없고 쓸데없는 것이다, 너희는 무엇이냐? 영생이다, 그
러니 명예롭게 살아라, 위대하게 살아라, 이렇게 말씀하십니다. 굉장
하지 않습니까. 그러면 이제 우리는 무엇을 해야 할까요? 같은 믿음
의 형제들끼리 서로 반갑게 인사해라, 손님을 잘 대접해 주라고 합니
다. 손님은 어떤 존재입니까? 나의 이해관계와 무관한 사람, 귀찮은
사람을 상징하죠. 다시 볼 일 없는데 마주친 사람입니다. 그런 손님을
대접해라, 그리고 갇힌 자들을 생각해라, 어려움을 겪는 자들을 돌아
봐라, 욕심에 빠지지 마라, 네 마음에 좋은 대로 하지 말고 하나님이
네게 부탁한 것을 빼앗기지 마라, 헛되이 살지 마라, 돈에 무릎 꿇지
마라, 그 이야기를 여기서 하고 있습니다. 이어서 우리를 어디로 끌고
갑니까? 에베소서 4장입니다.

그런즉 거짓을 버리고 각각 그 이웃과 더불어 참된 것을 말하라 이는 우리가 서로 지체가 됨이라 분을 내어도 죄를 짓지 말며 해가 지도록 분을 품지 말고 마귀에게 틈을 주지 말라 도둑질하는 자는 다시 도둑질하지 말고 돌이켜 가난한 자에게 구제할 수 있도록 자기 손으로 수고하여 선한 일을 하라 무릇 더러운 말은 너희 입 밖에도 내지 말고 오직 덕을 세우는 데 소용되는 대로 선한 말을 하여 듣는 자들에게 은혜를 끼치게 하라 하나님의 성령을 근심하게 하지 말라 그 안에서 너희가 구원의 날까지 인치심을 받았느니라 너희는 모든 악독과 노함과 분냄과 떠드는 것과 비방하는 것을 모든 악의와 함께 버리고 서로 친절하게 하며 불쌍히 여기며 서로 용서하기를 하나님이 그리스도 안에서 너희를 용서하심과 같이 하라 (엡 4:25-32)

우리만이 할 수 있는 일이고 우리가 해야 하는 일입니다. 한번 해 보십시오. 이런 권면이 우리를 웃음 짓게 하지 않는데, 그 이유를 잘 풀어낸 설명이 있어 소개합니다. 월터 브루그만이라는 구약 학자가 쓴 글인데, 제가 읽어드리죠. "성경은 우리로 하여금 삶의 전반에 걸쳐 직면하는 세상의 현상, 상징, 그리고 운명에 대하여 긴장과 모순 관계를 만든다. 곧 우리를 '역(逆) 세상(Counter-World)'으로 이끄는 것이다. 이 세상과 우리는 반대 상태, 서로 부딪히는 충돌 상태에 있다. 우리는 이 세상이 실현 가능한 모든 세상들 가운데 최선이 아니라는 사실을 너무나 잘 안다. 그 결과 성경의 역(逆) 세상은 우리로 현실에 대항하며 신뢰와 확신을 줄 수 있는 하나님의 하나의 세상을 갈망하게 한다."[10] 그렇습니다. 그래서 우리가 예수를 믿게 된 것 아닙니까?

이어서 더 읽겠습니다. "우리는 선한 목자가 통치하는 새로운 세계, 하늘로부터 도움이 오고 신뢰할 만한 피난처와 힘이 되는 세계를 갈망한다. 그래서 현실을 사는 우리가 절망과 공포로 가득한 이 세상에서 성경 말씀을 계속 듣기 원하게 된다. 다시 말해 우리는 선택의 여지가 없는 분노와 원망의 이 세상을 뛰어넘는 또는 완전히 다른 그 어떤 세상을 원하는 것이다. 이 짧고도 간결한 결론은 우리가 성경의 많은 부분을 피하고 싶어 하는 이유에 대한 답이기도 하다. 성경이 말하는 세상은 우리가 감당할 수 있는 능력 이상으로 너무 위험하고 날카로운 논쟁점들을 안고 있다. 우리가 성경에서 만나는 하나님은 우리에게 익숙하고 친절한 목회적 차원의 하나님이 아니라, 우리를 혼란스럽게 하고 도전하는 분이다. 그래서 우리는 성경에 끌리기도 하면서 동시에 그것으로부터 달아나려고 한다. 다시 말해 우리는 성경이 세상을 대항할 수 있는 근거를 제시해 주기를 원하지만, 동시에 우리로 이 세상에 도전하게 만드는 것을 두려워하는 것이다."[11]

갈등하고 고민하고 비명 지르는 시간

그렇습니다. 어떻게 하면 이 둘을 합칠 수 있을까요? 하나님이 지금 답을 주시면 고민이 없죠. 세상을 따라 살지 말라고 하고 우리한테 만

---

10) 월터 브루그만 지음, 박형국·김상윤 옮김,《시편적 인간》(한국장로교출판사), 38쪽.
11) 월터 브루그만 지음, 박형국·김상윤 옮김,《시편적 인간》(한국장로교출판사), 38-39쪽.

족할 삶을 지금 주시면 좋은데, 그렇게 하지 않으십니다. 이 약속이 좋지만, 현실은 악한 세상입니다. 우리에게는 하나님이 약속하신 나라를 살면서 지금 이 땅의 세상에 저항하라고 하지만 실천하지는 못하니 가운데서 갈등하게 됩니다.

하나님은 왜 그렇게 하실까요? 그렇게 하는 것이 우리에게 유익이기 때문입니다. 자녀를 낳아 초등학교, 중학교, 고등학교를 다니게 하는 것이 훌륭한 사람이 되게 하는 일에 도움이 되듯, 이 악한 세상에서 하나님의 사람으로 그 둘 사이에 끼어 갈등하고 고민하고 비명 지르는 시간들이 쓸모 있다고, 그렇게 하는 것이 하나님의 권능이자 지혜라고 말합니다.

그러니 우리는 어떻게 살아야 할까요? 아마 이 갈등 속에서 수없이 왔다 갔다 할 수밖에 없을 것입니다. 한 번 실패했다고 해서 어떻게 되지 않습니다. 그러니 실패를 통해 배워야 합니다. 세상이 원하는 대로 하고 나면 늘 후회스럽다는 점을 배워야 합니다. 거기에는 아무런 위대함이 없습니다. 고함지르고, 분을 내고, 보복하고, 악을 쓰는 것은 영혼 저 깊은 곳에 있는 우리의 갈증을 채우지 못합니다. 우리 자신이 비참해진다는 것을 스스로가 압니다. 그러나 무엇 때문에 진다고요? 이 세상의 힘 때문에 지죠. 그러니 생각해 보십시오. 위대하고 명예로워질 수 있는 기회를 가졌다는 것은 우리에게 주어진 특권입니다. 한 번 해 보는 것입니다. 그런데 우리는 이걸 어려워합니다. 본문으로 돌아가 보면 이런 말씀이 있습니다.

그러므로 우리가 담대히 말하되 주는 나를 돕는 이시니 내가 무서워

하지 아니하겠노라 사람이 내게 어찌하리요 하노라 (히 13:6)

'주는 나를 돕는 이시니 사람이 내게 어찌하리요.' 여기서는 사람이 무엇일까요? 폭력과 공포입니다. 세상은 그게 힘이죠. 우리는 무엇이죠? 사랑입니다. 세상은 폭력과 공포인데 반해, 우리는 사랑입니다. 이렇게 이야기하면, 개념과 개념, 명분과 명분의 충돌로 보이지만 사실 그렇지 않습니다. 가장 중요한 것은 우리는 사랑이 무엇인지를 알게 된 사람들이라는 사실입니다. 하나님이 일하시고 있는 증거와 성경의 약속이 진실하다는 증거가 무엇입니까? 우리가 예수를 믿고 있다는 사실입니다. 고등학교 동창회에 나가 보면 예수 믿을 것 같은 사람은 안 믿고, 안 믿을 것 같은 사람이 믿지 않습니까? 믿는 사람보다 안 믿는 사람이 훨씬 낫죠. 말도 잘 통하고 예수 안 믿는 것 하나만 흠이지 사람은 훌륭합니다. 믿는 사람들이 더 귀찮게 굽니다. 인간성은 나아지지 않았는데, 예수는 믿는 겁니다. 이런 기적이 어디 있습니까? 하나님이 살아 계시다는 증거죠.

거룩함과 위대함으로의 초대

이제 그다음에 이어지는 말씀이 무엇입니까?

예수 그리스도는 어제나 오늘이나 영원토록 동일하시니라 (히 13:8)

이 말씀은 무슨 의미일까요? 아브라함의 하나님, 아브라함을 믿음의 조상으로 만드신 하나님, 당시 아브라함에게 그렇게 일하셨듯이 우리에게도 일하셔서 "아브라함에게 이름을 주고 명예를 주고 운명을 주고 그를 완성한 하나님이 오늘 나의 하나님이다. 하나님이 예수를 보내서 하나님의 진심을, 목적을, 사랑을 보였다. 모든 폭력과 모든 비열함을 결코 힘이 아닌 예수로 극복하셨다, 그렇게 만들어 내신 하나님이 오늘 나에게 폭력이나 비열함이 아닌, 거룩한 것으로 힘이 되게 하겠다고 약속하셨고 지금도 하고 계신다"라는 고백을 하게 합니다. 이것이 모든 신자의 현실이요 현장이요 경우입니다. 그러니 이렇게 살아야 합니다. "너희는 모든 악독과 노함과 분냄과 떠드는 것과 비방하는 것을 버리고 거룩함으로 덕을 세우며 너희 인생을 살라."

이 얼마나 대단한 거룩함으로의 부르심이며, 얼마나 큰 위대함으로의 부르심입니까? 하나님이 우리를 위대하게 부르셨습니다. 이 부르심을 놓치지 말아야 합니다. 에베소서 5장에 가면 이런 놀라운 요구가 나옵니다.

> 너희가 전에는 어둠이더니 이제는 주 안에서 빛이라 빛의 자녀들처럼 행하라 (엡 5:8)

우리는 이미 빛입니다. 9절을 봅시다.

> 빛의 열매는 모든 착함과 의로움과 진실함에 있느니라 (엡 5:9)

빛으로 사는 삶은 어떻게 사는 삶일까요?

> 그런즉 너희가 어떻게 행할지를 자세히 주의하여 지혜 없는 자 같이
> 하지 말고 오직 지혜 있는 자 같이 하여 세월을 아끼라 때가 악하니
> 라 (엡 5:15-16)

세월을 아끼라는 말은 무슨 뜻입니까? 네게 허락한 시간을 충실하게
살아 내라, 꽉 채워서 살아 내라는 말입니다.

> 그러므로 어리석은 자가 되지 말고 오직 주의 뜻이 무엇인가 이해하
> 라 (엡 5:17)

왜 이런 처지로 살게 하시는가, 왜 이렇게 일하시는가, 불평하지 말고
네가 처한 경우와 자리에서 네 역할을 하라, 이렇게 말씀합니다. 정부
가 어떻고 교회가 어떻다는 불평은 잠시 접어 두고 각각의 처지에서
빛이 되십시오. 이어 우리가 잘 아는 말씀이 나옵니다.

> 술 취하지 말라 이는 방탕한 것이니 오직 성령으로 충만함을 받으라
> (엡 5:18)

성령 충만은 무엇입니까? 시간을 다 채워 빛으로 사는 것입니다. 시
간을 다 채우고 경우를 다 채워서 어떤 경우나 조건이나 자리에서나
빛을 발하십시오. 때로는 침묵해야 하는 때가 있고, 잠시 고개를 숙여

야 하는 때도 있습니다. 그러나 동조하지 마십시오. 동요되지 마십시오. 같이 악을 쓰거나 같이 보복하고 누가 더 무서운가를 내기할 필요가 없습니다. 이것이 우리의 역할입니다. 성령 충만입니다. 이 역할을 어디서 해야 할까요? 사도행전 4장에 가 봅시다.

> 사도들이 놓이매 그 동료에게 가서 제사장들과 장로들의 말을 다 알리니 그들이 듣고 한마음으로 하나님께 소리를 높여 이르되 대주재여 천지와 바다와 그 가운데 만물을 지은 이시요 또 주의 종 우리 조상 다윗의 입을 통하여 성령으로 말씀하시기를 어찌하여 열방이 분노하며 족속들이 허사를 경영하였는고 세상의 군왕들이 나서며 관리들이 함께 모여 주와 그의 그리스도를 대적하도다 하신 이로소이다 과연 헤롯과 본디오 빌라도는 이방인과 이스라엘 백성과 합세하여 하나님께서 기름 부으신 거룩한 종 예수를 거슬러 하나님의 권능과 뜻대로 이루려고 예정하신 그것을 행하려고 이 성에 모였나이다
> (행 4:23-28)

본문의 배경은 이렇습니다. 예수님이 승천하시면서 성령이 오실 것이라고 말씀하십니다. 이어 오순절에 사도들이 성령을 받습니다. 성령 충만한 제자들이 예수를 증언하고, 베드로와 요한은 성전에 올라가다가 날 때부터 앉은뱅이였던 사람을 고칩니다. 그래서 잡혀가죠. 베드로와 요한을 잡아간 당시 권력자들이 '예수의 이름을 입에 담지 말 것, 그가 말한 것을 전하지 말 것'이라는 조건을 내걸고는 이것을 지키지 않으면 죽이겠다고 위협합니다. 그리고는 놓아 줍니다. 베드로

와 요한이 놓임을 받았다는 소식을 듣고 다들 기다리다가 그들이 돌아오자 묻습니다. "어떻게 되었습니까?" "보다시피 이렇다. 이런 위협과 협박을 받고 왔다." 이에 그들은 "그렇습니다. 과연 약속대로, 예언대로입니다. 그들은 하나님의 뜻을 이루기 위한 악역을 맡아 악한 노릇을 성실히 이행하고 있습니다. 그러니 우리도 우리 역할을 해야 마땅합니다"라고 말하며 자기 길을 걷습니다. "저 새끼들 모가지 잘라 주세요" 그런 기도하지 않고 "맞습니다. 저들이 하나님의 뜻을 이루기 위하여 일하고 있습니다. 우리도 우리 일하겠습니다"라며 담담히 나아갑니다.

> 주여 이제도 그들의 위협함을 굽어보시옵고 또 종들로 하여금 담대히 하나님의 말씀을 전하게 하여 주시오며 손을 내밀어 병을 낫게 하시옵고 표적과 기사가 거룩한 종 예수의 이름으로 이루어지게 하옵소서 하더라 빌기를 다하매 모인 곳이 진동하더니 무리가 다 성령이 충만하여 담대히 하나님의 말씀을 전하니라 (행 4:29-31)

결국 다 순교합니다. 헛된 것과 절망을 뚫어 위대하고 명예롭게, 또 죽음이 저들의 영혼을 멸할 수 없게 합니다. 우리도 그런 사람들입니다. 그 길에 서 있습니다. 물론 이 자리까지 아직 이르지 못했을 수 있습니다. 그러나 그 길에 서 있으니 계속 가게 될 것입니다. 이 기쁨과 약속에 대한 소망을 갖지 않으면, 우리는 결국 체념하게 됩니다. 믿는 것도 아니고, 안 믿는 것도 아닌 표정을 짓고 교회 나와 앉아 있게 됩니다. 심하게 말한 것 같지만 사실입니다. 우리는 우리만의 즐거움과 기쁨을 놓쳤습니다. 예수를 믿는다는 것이 지니는 존재와 현실과 운명에 대한 그 넘치는 약속을 놓치고 말았습니다.

우리는 하나님 나라와 그 운명을 살고 있는 자들입니다. 그러니 힘을 내십시오. 자기 자신을 위하여 힘을 내십시오. 도와 달라고 귀찮게 하지 않을 테니 교회 나오면 웃으시고 옆 사람을 따뜻한 눈으로 보아 주십시오.

기 도

하나님 아버지, 하나님을 아버지라 부르는 자는 이 온 천지에 예수 믿는 사람들밖에 없습니다. 하나님을 아버지라 부르는 말에는 우리 아버지의 성실함과 관대함, 그리고 진실함이 담겨 있습니다. 우리를 위하여 친히 무릎 꿇고 못 박혀 죽을 수 있는 그런 신이 우리를 부르셨습니다. 우리 인생에 일어나는 그 어떤 무섭고 피하고 싶은 것도 하나님의 사랑을, 하나님의 성실을 방해할 수 없습니다. 그 인생을 살아 내는 우리가 되게 하사 우리가 있음으로 이 나라와 이 시대가 복을 받게 하시옵소서. 예수님 이름으로 기도합니다. 아멘.

24.
그러므로 우리는 예수로 말미암아

10 우리에게 제단이 있는데 장막에서 섬기는 자들은 그 제단에서 먹을 권한이 없나니 11 이는 죄를 위한 짐승의 피는 대제사장이 가지고 성소에 들어가고 그 육체는 영문 밖에서 불사름이라 12 그러므로 예수도 자기 피로써 백성을 거룩하게 하려고 성문 밖에서 고난을 받으셨느니라 13 그런즉 우리도 그의 치욕을 짊어지고 영문 밖으로 그에게 나아가자 14 우리가 여기에는 영구한 도성이 없으므로 장차 올 것을 찾나니 15 그러므로 우리는 예수로 말미암아 항상 찬송의 제사를 하나님께 드리자 이는 그 이름을 증언하는 입술의 열매니라 16 오직 선을 행함과 서로 나누어 주기를 잊지 말라 하나님은 이같은 제사를 기뻐하시느니라 (히 13:10-16)

시온 산과 십자가

이제 히브리서 결론에 다다랐습니다. 예수 믿고 사는 인생이 왜 이렇게 고단한가 하는 문제를 내내 다루었죠. 히브리서는 이에 대해 '힘을 내라. 믿음을 지켜라'와 같은 명분으로 강요하지 않습니다. 오히려 예수 그리스도가 십자가를 지고 수치와 고통 속에 죽으심으로 우리를 구원하셨을 뿐만 아니라 당신의 영광을 드러내신 것 같이, 인생의 고난은 우리를 신자답게 만들어 내는 하나님의 최고 지혜이자 권능이라는 것을 잊지 말라고 하며 고난을 당연시합니다.

대개 '군대 간다'는 말은 '나는 이제 죽었다' 그런 뜻으로 쓰이곤 했죠. '예수를 믿는다'는 말도 '좋은 시절 다 갔다. 이제 난 죽었다' 그런 뜻입니다. 대신 명예롭습니다. 힘들지만 명예롭습니다. 이 길을 벗어나 사는 것은 가치도 없고 영광도 없다고 성경은 말합니다. 그런데도 우리는 편한 방법, 도움이나 결과를 손쉽게 얻으려는 기대를 가지고 성경을 읽는 바람에 이도 저도 아닌 신앙생활을 하고 있습니다.

히브리서는 기독교인이 된 유대인들을 대상으로 쓴 편지라서 본문 말씀은 우리로서는 이해하기 좀 어렵습니다.

우리에게 제단이 있는데 장막에서 섬기는 자들은 그 제단에서 먹을 권한이 없나니 이는 죄를 위한 짐승의 피는 대제사장이 가지고 성소에 들어가고 그 육체는 영문 밖에서 불사름이라 그러므로 예수도 자기 피로써 백성을 거룩하게 하려고 성문 밖에서 고난을 받으셨느니라 (히 13:10-12)

이런 말씀은 어떻게 하자는 것일까요? 그다음 구절을 우선 봅시다.

> 그런즉 우리도 그의 치욕을 짊어지고 영문 밖으로 그에게 나아가자
> (히 13:13)

처음 시작했을 때의 기독교란, 유대교에 이어 약속대로 하나님이 당신의 백성을 구원하시고 영광의 나라로 그 약속을 성취하신 것을 믿는 종교입니다. 그러나 유대인들은 예수 즉 십자가를 지는 방법으로 하나님이 인간에게 구원과 영광을 허락하셨다는 말을 믿지 않습니다. 국가적으로 보자면, 지금도 그들은 유대교를 믿습니다. 여전히 메시아가 오기를 기다리죠. 당연히 그들이 기다리는 메시아는 보이는 세상에서, 보이는 방법으로, 보이는 보상을 해 줄 존재인 것입니다. 그런데 기독교는 예수교입니다. 그리스도교를 음역한 단어가 '기독교(基督敎)'입니다. 기독교란 예수를 믿는 종교인데, 예수로 말미암은 구원이 유대인들의 기대와 도대체 무엇이 다른가, 그리고 예수를 믿는 우리에게 있어서는 유대인들이 알지 못한 것을 갖고 있다는 것이 도대체 어떤 특권인가 하는 관점에서 히브리서는 이 속죄제의 문제를 다룹니다.

성전은 하나님을 만나는 장소입니다. 그런데 죄 많은 인간이 하나님을 만나는 것은 불가능하기 때문에, 대제사장이 일 년에 한 번씩 희생 제물의 피를 가지고 지성소에 들어가 하나님을 만납니다. 피를 가지고 들어간다는 것은 두려운 표현입니다. 앞서 본 바와 같이, 예수가 오시기 전에는 이스라엘 백성들이 시내 산에서 하나님의 거룩하심

을 두려움으로 보았습니다. 그러나 이제 예수 안에서 곧 시온 산에서
는 하나님의 거룩하심이 찬송으로 주어졌습니다. 시내 산과 시온 산
이 이렇게 대비되어 있습니다. 여기서 시온 산은 하나님 나라를 상징
합니다. 우리는 시온 산에 있다, 예전에 이스라엘 선조들이 시내 산에
있던 것과 다르다, 예수님이 성전에서 죽지 않고 성문 밖에서 죽으심
으로써 이제 성전에서 드리는 제사를 종결하셨다, 더 이상 제사를 드
릴 필요가 없어졌다, 성전이, 속죄제가 필요 없어졌다, 이것이 예수의
십자가 사건입니다.

　요한복음 2장을 보면, 예수께서 예루살렘 성전에 올라가 환전하는
장사꾼들을 몰아내시는 장면이 나옵니다. 성전에 오르는 사람들은 제
사에 드릴 제물이 늘 필요했고, 먼 여행길에 제물을 가지고 다닐 수는
없으니 돈을 가지고 와 성전에서 제물을 사곤 했습니다. 그래서 성전
에는 물건 파는 장사치들이 늘 있었는데, 예수님은 노끈으로 채찍을
만들어 이들을 다 쫓아내십니다. 그러자 사람들은 예수에게 "네가 성
전에서 이런 일을 할 만한 권위라도 있느냐?"라며 따져 묻습니다. 예
수님이 뜻밖의 대답을 하십니다. "이 성전을 헐라. 내가 사흘 동안에
일으키리라." 무슨 말인지 그때는 아무도 못 알아들었죠. "이 성전은
46년 동안 지은 것인데, 네가 사흘 동안에 어떻게 다시 짓는다는 말이
냐?"라고 반박할 뿐이죠. 거기에 사도 요한이 이렇게 설명을 덧붙여
놓았습니다. "그러나 예수는 성전 된 자기 육체를 가리켜 말씀하신 것
이라 죽은 자 가운데서 살아나신 후에야 제자들이 이 말씀하신 것을
기억하고 성경과 예수께서 하신 말씀을 믿었더라"(요 2:21-22). 예수
로 말미암은 새로운 성전을 말씀하셨던 것입니다.

히브리서가 내내 하는 이야기가 무엇입니까? 예수께서 성전을 헐어 버리신 이유가 무엇일까요? 성전에서는 하나님을 만나도 두려움으로 만났다, 해마다 드려야 했던 제사를 예수님이 이제 한 번에 다 끝내서 더 이상 두려움으로 하나님을 만날 필요가 없다, 예수께서 성전을 허무셨다, 그러니 죄를 씻기 위해 성전에 오를 필요가 없다, 이렇게 한 것이 예수의 죽음이요, 예수를 믿는 기독교의 중요한 진리입니다. 이제 죄를 씻는 문제가 더 이상 싸움이 되지 않는다, 하나님과의 화목으로 말미암아 우리를 불러내어 이제 올라선 새로운 세상, 새로운 운명을 어떻게 살 것인가, 우리더러 무얼 하라고 부르셨는가 하는 국면에 섰다고 성경은 이야기합니다.

성령의 열매

갈라디아서 5장으로 갑시다.

> 내가 이르노니 너희는 성령을 따라 행하라 그리하면 육체의 욕심을 이루지 아니하리라 육체의 소욕은 성령을 거스르고 성령은 육체를 거스르나니 이 둘이 서로 대적함으로 너희가 원하는 것을 하지 못하게 하려 함이라 너희가 만일 성령의 인도하시는 바가 되면 율법 아래에 있지 아니하리라 (갈 5 : 16-18)

이 구절에서 하는 이야기는 그 뒤 19절에 나오는 '육체의 일은 분명하니'에 나열된 더럽고 죄악된 것들과 대비하여 나온 설명입니다. 그렇다고 이 구절들은 단지 '육체를 따르지 말고 성령을 따라야 한다' 이런 이야기를 하려는 것이 아닙니다. 훨씬 더 중요한 이야기가 들어 있습니다. '네가 하는 일의 열매를 봐라. 네가 하는 짓의 결과를 봐라. 네가 성령을 따른다고 선언하면 곧바로 성령을 따르게 되는 것이 아니다. 나타나는 열매를 보면 네가 걷는 길이 어떤 길인지 알게 된다.'

이 이야기를 좀 더 확장해 봅시다. 천국은 성령의 열매를 맺는 곳입니다. 성령의 열매를 맺는다는 것은 대단합니다. 원래 우리는 육체의 일을 맺을 수밖에 없는 존재였습니다. 육체의 일은 전부 유한한 것들뿐입니다. 가치가 있다고 해도 헛된 것, 자랑해도 소용없는 것, 죽고 마는 것, 사망을 이기지 못하는 것뿐입니다. 이제 예수를 믿으면 사망을 극복한 영생과 영광의 자리에 와 있는 것이니 너희는 이 길로 가라, 성령을 좇는 길로 가라, 그러면 육체를 좇을 수 없다고 합니다. 동쪽으로 가면 서쪽으로 갈 수 없는 것과 마찬가지입니다. 그런데 우리는 이것을 도덕적 차원의 옳고 그름으로만 이해해서 무엇을 안 하는 것이 최선일 뿐, 적극적이고 긍정적으로 할 수 있는 건 없다, 이렇게 되었습니다.

예수를 믿고 구원을 받았다는 것은 이런 말입니다. 구원은 죽어서 천국 가는 것이 아니라 예수로 말미암아 새사람이 되어 새 세상을 사는 것입니다. 성령이 함께하는 삶이고 성령의 열매를 누리며 사는 자리입니다. 만만치 않은 일이지만 우리에게 허락되고 요구된 일입니다. 그러니 해야 합니다. 세상은 전부 이것과 반대되는 일을 하죠. 그런데 우리는 무엇을 안 하는 것, 죄를 안 짓는 것이 전부라서 늘 불안

합니다. 완벽해지지 않아서 그렇습니다. 마음속까지 깨끗해지지 않아서 그렇습니다. 마음속이 깨끗해지려면 계속 죄를 파내야 합니다. 죄가 있는 한 깨끗해지지 않습니다. 그래서 우리는 겁을 내고 자꾸 자신을 까발립니다. '내가 다 아는 건 아니지만', '내가 언제나 그런 건 아니지만'과 같은 조건절을 붙여야 마음이 편한 '완벽주의'라는 덫에 잡혀 있습니다.

성경이 하고 싶은 이야기는 이것입니다. 너희가 흠결이 있느냐 없느냐의 문제가 아니다, 너희에게 주어진 시간과 공간과 경우 속에서 이 길을 살아 내라, 이건 너희에게 허락되어 있고 너희만 할 수 있고 또 너희가 해야 하는 일이다, 완벽함의 문제가 아니다, 작아도 영광이고 커도 영광이다. 가장 쉽게 할 수 있는 일로 무엇이 있을까요? 교회에 오면 웃어야 합니다. 아이가 웃어도 예쁘고 어른이 웃어도 예쁘죠. 나이가 들어서 웃으면 기가 막히죠. 제가 꼭 보고 싶은데, 아직 못 본 것은 클린트 이스트우드가 웃는 모습입니다. 웃으면 다 예쁩니다. 여기서는 완벽이라는 것이 요구되지 않습니다.

그런데 왜 우리는 그렇게 못할까요? 두려움으로 안심을 추구하고 있기 때문입니다. 내가 도덕적으로 완벽해야만 안심이 됩니다. 왜 그럴까요? 천국은 도덕적으로 완전한 자가 들어가는 곳인 줄로 알고 있어서 그렇습니다. 세상에 나가면 종종 이런 이야기를 듣습니다. '저 사람은 예수 안 믿어도 천국 갈 사람이야.' 천국은 그런 사람들이 들어가는 데가 아니라 예수님이 끌어 모은 사람들이 들어가는 곳입니다. 누군가 "당신이 왜 이 자리에 있어?"라고 하면, "그렇게 말하는 당신은 여기 왜 있는데요?"라며 받아치십시오.

요한복음 8장에 나온 말씀, '너희 중에 죄 없는 자가 먼저 돌로 치라'에서처럼 과연 우리 중 누가 누구에게 돌을 던질 수 있을까요? 그럴 수 있는 사람은 아무도 없습니다. 역사상 없었고 앞으로도 없을 것입니다. 그러나 그걸 예수께서 끌어안아 하나님이 예수의 십자가로 우리를 당신과 화목하게 하고 당신의 자녀로 삼고 기꺼이 우리에게 하나님 당신을 아버지라 부르게 하시고, 예수의 이름으로 뭐든지 구하라고 하셨습니다. 이것이 현실입니다. 죽어서 가는 데가 아닙니다.

물론 죽어서 천국 가죠. 완벽한 세상이 결국 주어질 것입니다. 그러나 하나님이 구원의 방법에서 성육신과 고난과 배신과 치욕을 거쳐 죽으심으로써 무덤에 부활을 담았듯이, 우리 모두를 이 길로 요구하고 계십니다. 이 길은 손해가 아니다, 명예를 만드는 길이다, 영광을 만드는 하나님의 방법이다, 그러니 걱정 말고 따라와라, 그런 말입니다. 우리가 이걸 잘하지 못하는 것은 문제가 아니지만, 잘 깨닫지 못하면 공포 속에 살게 됩니다. 자신의 정체성과 운명과 현실에 대하여 스스로 만족하지 못하면, 누구에겐가 성질을 부리게 됩니다. 불안해서 그렇습니다. 누구를 비난할 때에 우리는 자주 이렇게 합니다. "내가 까칠해서 널 욕하는 게 아니다. 내가 참고 참았는데, 더 이상 볼 수가 없어서 한 마디 하는 거다. 너 이민 가라." 이러는 것 아닙니까?

자기 삶이 만족스러우면 타인의 부족함이나 못난 모습을 두고 목숨 걸고 싸울 이유가 없습니다. 자신의 환경이 불만족스럽기 때문에 시비를 겁니다. 불만족스러운 환경이 신자의 현실이라는 점을 모두가 놓치고 있는 것이죠. 여기서는 도덕성을 이야기하고 있지 않습니다. 성령의 열매는 도덕적 열매가 아닙니다. 이 세상에 없는 것들입니다. 사랑과 희락과 화평과 오래 참음과 자비와 양선과 충성과 온유와 절제는 세상에 없습니다. 세상은 어떤 곳입니까? 모두를 죽여야 하고 결국 자기도 죽는 곳입니다. 피투성이가 되어 죽고 죽이는 곳이 바로 세상입니다. 우리가 현실에서 빤히 봅니다. 우리에게 이 일을 강력하게 권면하는 중요한 증거가 하나 있습니다. 사람은 다 죽습니다. 죽음이 끝이 아닙니다. 하지만 죽음이 있기에 우리가 치사하게 사느냐, 명예롭게 사느냐 하는 문제에 대하여 진지하게 생각할 수 있게 됩니다.

제 나이 정도 되어 보세요. 자꾸들 제게 오셔서 오래 살라고 하는데, 그런 말은 하는 것이 아닙니다. 오래 살아서 무슨 꼴을 더 보라고 그러십니까? 빨리 가야죠. 죽음이 있다는 건, 주변에서 죽음을 겪는다는 건 우리로 생각하게 합니다. 무엇을 생각하게 하죠? 우리라는 정체성에 대해 비로소 진지하게 생각하게 합니다. '세상에서 이긴 것은 이긴 것이 아니더라. 세상에서 얻은 것은 하나도 없고, 악독한 마음과 후회밖에 남은 게 없더라.' 이것이 진정한 은혜입니다. 하루아침에 사람이 변하는 것이 아니라, 하루만큼 조금씩 크는 것입니다. 회개하고 마음을 썻고 죄를 없이하는 싸움을 하지 말고 성령을 따라 살아서 지금 누릴 수 있는 것을 누리라고 하십니다.

행복한 사람을 만드는 의로움

이것은 어떻게 누리는 거죠? 15절 이하를 봅시다.

그러므로 우리는 예수로 말미암아 항상 찬송의 제사를 하나님께 드리자 이는 그 이름을 증언하는 입술의 열매니라 오직 선을 행함과 서로 나누어 주기를 잊지 말라 하나님은 이같은 제사를 기뻐하시느니라 (히 13:15-16)

찬송은 먼 나라 이야기가 아닙니다. 천국에 가야 드디어 하게 되는 것이 아니라, 바로 지금 이곳에서도 할 수 있습니다. 어떻게 할 수 있죠? 여기 나온 말씀대로 '오직 선을 행함과 서로 나누어 주기'를 하는 것입니다. 이런 권면은 다만 교훈이나 종교적 강요가 아닙니다. 대단한 명예입니다. 시편 112편을 봅시다.

할렐루야, 여호와를 경외하며 그의 계명을 크게 즐거워하는 자는 복이 있도다 그의 후손이 땅에서 강성함이여 정직한 자들의 후손에게 복이 있으리로다 부와 재물이 그의 집에 있음이여 그의 공의가 영구히 서 있으리로다 정직한 자들에게는 흑암 중에 빛이 일어나나니 그는 자비롭고 긍휼이 많으며 의로운 이로다 은혜를 베풀며 꾸어 주는 자는 잘 되나니 그 일을 정의로 행하리로다 그는 영원히 흔들리지 아니함이여 의인은 영원히 기억되리로다 그는 흉한 소문을 두려워하지 아니함이여 여호와를 의뢰하고 그의 마음을 굳게 정하였도다 그의 마음이 견고하여 두려워하지 아니할 것이라 그의 대적들이 받는 보응을 마침내 보리로다 그가 재물을 흩어 빈궁한 자들에게 주었으니 그의 의가 영구히 있고 그의 뿔이 영광 중에 들리리로다 악인은 이를 보고 한탄하여 이를 갈면서 소멸되리니 악인들의 욕망은 사라지

리로다 (시 112:1-10)

평범한 시로 보입니다. 시편을 읽으면서 112편이 굉장하다고 느낀 사람은 별로 없을 것입니다. 시편 112편은 하나님의 사람 곧 의인의 삶을 묘사하고 있습니다. '의인은 이렇게 해야 한다'라고 강요하거나 교훈하는 시가 아니라 '의인의 삶은 이런 것이다'라고 선언합니다. '복 있는 사람은 악인의 꾀를 쫓지 아니하며'라고 선언하듯이 읊조립니다. 하나님의 사람은 이런 사람이라고 자랑하듯이 나열되어 있습니다.

월터 브루그만이라는 구약 학자가 시편에 대한 책을 여러 권 썼는데, 그중 한 해설을 제가 발췌해 왔습니다. 제목은 '행복한 사람을 만드는 이 의로움'입니다. 여기 나온 이 사람은 정직하고 자비를 베풀고 꾸어 주고 마음을 견고히 하고 가난한 자들을 돌아보고 악한 자들의 반대편에 서서 흔들리지 않는 사람입니다. "행복한 사람을 만드는 이 의로움은 그저 단순한 인격적 자격이나 속성이 아니다. 그보다는, 의로움은 사람이 하나님으로부터 부여받은 창조세계에 대한 다스림 속에서 서로 다른 사람들과 관계하는 방식 즉 그가 그의 통치를 실천하는 방식을 통해 분명하게 나타난다"[12]라고 합니다.

월터 브루그만은 시편 112편 본문을 잘라서 이렇게 설명합니다. '그는 은혜를 베푼다. 그는 공의를 실천한다. 그는 가난한 자들을 돌본다.' 이런 것이 의로움입니다. 그런데 이것은 본인 마음속 깊이 어떤 자긍심이나 만족감이 있는 정도가 아니라 넘쳐 나는 자인 거죠.

---

12) 월터 브루그만 지음, 조호진 옮김, 《브루그만의 시편 사색》(솔로몬), 84쪽.

우리의 완벽함은 이렇게 넘쳐 나지 않습니다. 완벽함이 넘쳐 났을 때는 시비를 걸 때밖에 없었습니다. 시비가 넘쳐 난다는 것은 아까 본 갈라디아서 5장식으로 이야기하면, 육체의 길에 서 있는 것을 말합니다. 옳으면 이웃에게 유익이 되어야 되는데, 우리는 옳으면 무서운 사람이 되고 맙니다. 교회에 와서도 왜 굳은 얼굴을 하고 다녀야 할까요? 시비에 휘말리지 않으려고 그렇습니다. 그건 다 본인의 가난한 신앙과 인격을 드러내는 일입니다. 본인이 가진 불만과 원통함을 이기지 못해 이웃에게 시비를 거는 것입니다. 제대로 된 신앙을 가지면, 일단 사람이 자비롭고 따뜻해지고 옆 사람에게 관심을 가지는 법입니다.

지금 할 수 있는 신앙생활

저는 어려운 시절에 신앙생활을 하며 자라 왔는데, 제가 어렸을 때는 유교적 명분이 훨씬 강하던 때였습니다. 명분이라는 것은 그저 하나의 공포였는데, 그때는 늘 꾸중 듣느라 바빴습니다. 학교에 가도 교회에 와도 꾸중을 들었습니다. 학교는 그렇다 치고, 왜 교회에서까지 그렇게 살벌했을까 싶습니다. 교회인데 말입니다. 교회의 제일 큰 특징은 공포가 없다는 점이어야 합니다. 마찬가지로 우리 자신에게도 공포가 없어야 합니다. 세상에는 공포가 있지만, 공포를 이기는 유일한 방법은 사랑입니다. 사랑을 하고 사랑을 받는 것, 이것이 기독교입니다. 우리는 이 길로 부름을 받았기에 예수 안에 있는 하나님의 사랑으로 은혜와 소망을 갖고 있지만, 아직 누리지는 못하고 있습니다. 자라는 중이라서 그렇습니다.

그러나 말씀에서 이야기하는 대로 분명하게 실천해야 합니다. 모든 행함은 존재에서 나옵니다. 존재가 먼저 그렇게 변해야 합니다. 넉넉한 사람이 되어야 합니다. 월터 브루그만의 글을 조금 더 보죠. "선함은 어떤 상태나 풍유나 존재적 상황이 아니라, 사회적 관계 속에서 이루어지는 일련의 행위들이다. 덕은 사회적 관계들, 명확하게는 경제 정의적인 분배와 관련이 있다. 은혜를 베푸는 것이 신앙의 삶 속에서 기쁨을 만들어 낸다."[13]

경제 정의라는 것이 무엇입니까? '있는 사람이 사라'는 것입니다. 돈까지 나눠 줄 필요는 없습니다. 최소한 밥값은 내야 됩니다. 그런데 제일 답답한 게 뻔히 돈을 내야 할 사람이 계산 끝날 때까지 구두끈 매고 앉아 있는 것입니다. 하나님이 우리에게 일상을 허락하셔서 우리가 지금 겪고 있는, 이게 뭘까 싶은 이 별것 아닌 인생을 살게 하는 이유가 현실 속에서 만들어지는데, 우리는 여기를 안 살고 어디에 가서 삽니까? 교회에 와서 마음속으로만 그렇게 살아야지 다짐하고 갑니다. 그러면 안 됩니다. 누릴 수 있는 걸 누리지 못하고 사는 걸 원통하게 생각해야 합니다.

멋있게 구십시오. 멋있게 구는 첫 번째 행동이 뭐라고요? 인사하는 것입니다. 다음은 웃는 것입니다. 좋은 말을 해 주는 것입니다. 하려고 들면 배운 적이 없어서 못한다고 하더라고요. 배운 적이 없어서 흉내 낼 수 없는 것입니다. 제가 먼저 시범을 보일 테니 따라들 하세요. 웃

---

13) 월터 브루그만 지음, 조호진 옮김, 《브루그만의 시편 사색》(솔로몬), 84쪽.

고, 반가워하고, 좋은 말 해 주고 "나는 당신 편입니다"라고 써 붙이고 다녀야 합니다. 이것이 예수 믿는 사람들의 태도입니다. 그러면 이제 기도를 "주님, 어저께 뭘 잘못했습니다. 지난 주일동안 뭘 잘못했습니다"만 되뇌는 것이 아니라 "주님, 지난주는 제가 좀 비겁했습니다. 이번 주는 좀 더 나아가겠습니다. 한 번 더 하겠습니다." 이렇게 자꾸 자기를 앞으로 밀어야죠. 그래서 우리가 있는 곳에는 예수님의 임재가 있어야 합니다. 예수님의 임재가 있으면, 거기는 무엇이 있을까요? 용서가 있고 감사가 있습니다. 당연히 그렇습니다.

그렇다고 이것이 대단하게 나타나지는 않습니다. 인간관계를 돌이켜 보면 "저 사람은 어쩐지 꼴 보기 싫어"라고 할 때 대개 단 한 번의 경우로 그러지는 않습니다. 누적된 겁니다. 뻔히 보고 있는데 인사 안 하고 외면한 것, 내가 지나가야 할 길인데 안 비켜 준 것, 그런 게 쌓여서 어느 날 결정적 사건이 터졌을 때, '저 사람 내가 전부터 봤는데 이상하게 꼴 보기 싫더라'가 되는 것입니다. 우리는 한 번에 안 고쳐지니까 노력하고 자주 애를 써야 합니다. 영어 배우듯이 외워야 합니다.

신앙생활은 지금 여기서 할 수 있습니다. 또 해야 합니다. 자신을 위해서 그렇습니다. 시편 112편의 결론이 이렇게 끝나서 당황스럽긴 한데, 월터 부르그만의 해설을 곁들여 읽으면 이해가 됩니다.

악인은 이를 보고 한탄하여 이를 갈면서 소멸되리니 악인들의 욕망은 사라지리로다 (시 112:10)

이 구절이 그렇게 훌륭한 구절은 아닙니다. 우리가 기대하는 것 같은 통쾌한 결론이 아니죠. 당황스럽습니다. 그러니 해설을 읽어 볼까요. "10절은 '악한 사람은 이 길로 행하지 않을 뿐만 아니라 그들은 저항한다. 그들은 자신들의 저항으로 인해 비참하게 된다'라고 선언한다."[14] 여기서 말하는 '이 길'이란 물론 복된 사람의 길입니다. 그들이 저항하는 것은 무엇일까요? 따뜻하고 겸손하고 기쁜 삶입니다.

인생을 살면 남는 게 없습니다. 살면 살수록 인생은 피폐해집니다. 신자만이 윤택해집니다. "악인은 하나님의 은혜를 의지하지 않는 사람이며, 그렇기 때문에 은혜를 실천할 수도 없다. 악인은 도덕적으로 나쁜 사람들이 아니다. 나누기보다는 인색하며 엄격하고 독점과 통제를 추구하는 사람들이다."[15] 이들은 '내 맘에 들게 굴어'라는 말을 일삼죠. 이건 폭력입니다. 이들이 엄격하고 인색한 이유는 여호와의 풍성한 은혜를 느끼지 못하기 때문이라고 합니다. 그러니까 이 사람들이 흉보면 그런 일에 공감하지 말고 우리는 넉넉해야 합니다.

"시편 112편은 생명의 자원들을 공동체 안의 다른 사람들에게 주는 것이 참된 기쁨으로 가는 길이라고 주장한다. 이 시편은 '의에 주리고 목마른 자들은 복이 있나니 저들은 배부를 것임이요'라는 주님의 가르침을 따르고 있다. 만족하고 충만한 신앙은 탐욕이나 자기 충족 그리고 자기만족에서는 오지 않는다. 이런 모습들은 항상 우리를 먹이시는 하나님의 은혜를 의지하는 것에서부터 오며, 우리도 이런 은혜를 받은 뒤에 관대해질 수 있다. 행복한 사람은 창조주의 풍성

---

14) 월터 브루그만 지음, 조호진 옮김,《브루그만의 시편 사색》(솔로몬), 84쪽.
15) 월터 브루그만 지음, 조호진 옮김,《브루그만의 시편 사색》(솔로몬), 84쪽.

하심에 대해 알고 있는 사람이다. 창조주 그분은 그의 값비싼 창조 세계로부터 아무것도 필요한 것이 없으신 분이시다. 신앙은 매우 다른 사회적 실천을 할 수 있게 해 준다."[16)

'다른 세계로 부른다.' 히브리서가 그것입니다. 우리는 고난과 억울함에 대해 비명을 지르고 많이 기도해 왔을 것입니다. 누려야 할 것은 누리지 못하고 말입니다. 이 길을 십자가에서 보지 않았습니까? 이것이 사실이고 이 약속이 진실하고 이것이 우리의 것이 되어야 한다는 걸 어떻게 알 수 있습니까? 우리가 예수를 믿고 있다는 사실에서 알 수 있습니다. 말이 안 되는 일입니다. 예수를 믿는다는 것은 말이 안 되는 것입니다. "예수를 믿으려면 내 주먹을 믿어라." 그런 비웃음이 얼마나 많았습니까? 왜 믿었죠? 모릅니다. 그런데 믿고 거듭났습니다. 이제 이 약속 아래 있게 되었습니다.

그러니 누리십시오. 살면서 스스로 목도하셨을 것입니다. 이 세상이 얼마나 허망한지, 얼마나 두려운지, 얼마나 헛된지, 거기에 대해서 한숨 쉬지 말고, 우리가 얼마나 많은 것을 갖고 있고 할 수 있으며 누릴 수 있는지를 깨닫고 행하십시오. 그리하여 우리 자신이 행복한 그런 신앙 인생을 사는 복을 누리기 바랍니다.

기 도

하나님 아버지, 우리를 복되게 하셨고 하나님의 자녀라는 신분과 운명을 주

---

16) 월터 브루그만 지음, 조호진 옮김,《브루그만의 시편 사색》(솔로몬), 85쪽.

셨으니 세상에 지지 않겠습니다. 각자의 명예와 책임을 스스로 지켜 가슴을 펴고 하나님의 자녀로 우뚝 서겠습니다. 하나님의 권능과 지혜와 용서와 부르시는 은혜를 모두와 나누는 복된 인생이 되게 하여 주시옵소서. 예수님 이름으로 기도합니다. 아멘.

25.

예수 그리스도로 말미암아
우리 가운데서 이루시기를

20 양들의 큰 목자이신 우리 주 예수를 영원한 언약의 피로 죽은 자 가운데서 이끌어 내신 평강의 하나님이 21 모든 선한 일에 너희를 온전하게 하사 자기 뜻을 행하게 하시고 그 앞에 즐거운 것을 예수 그리스도로 말미암아 우리 가운데서 이루시기를 원하노라 영광이 그에게 세세무궁토록 있을지어다 아멘 (히 13:20-21)

평강과 기쁨

이제 히브리서 마지막에 다다랐습니다. 저자는 편지 말미에 늘 하듯이 축복의 인사로 마무리합니다. 평강과 기쁨을 축원하는 인사인데, 평강과 기쁨은 우리 모두가 원하는 바입니다. 성경은 우리의 아버지이시자 창조주이신 하나님에 대하여 그 하나님이 우리에게 평강과 기쁨을 주기 원하시며 우리를 사랑하시는 분이라고 말씀합니다. 대표적 구절이 민수기 6장 24절 이하입니다. 하나님이 모세에게 이스라엘을 축복할 때 이렇게 하라고 알려 주신 구절입니다. "여호와는 네게 복을 주시고 너를 지키시기를 원하며 여호와는 그의 얼굴을 네게 비추사 은혜 베푸시기를 원하며 여호와는 그 얼굴을 네게로 향하여 드사 평강 주시기를 원하노라 할지니라 하라"(민 6:24-26). 이 축복의 구절에 하나님의 마음과 뜻이 잘 담겨 있습니다.

　신약에도 있습니다. 우리가 잘 아는 데살로니가전서 5장 16절 이하입니다. "항상 기뻐하라 쉬지 말고 기도하라 범사에 감사하라 이것이 그리스도 예수 안에서 너희를 향하신 하나님의 뜻이니라"(살전 5:16-18). 이 구절은 우리에게 기뻐하라, 기도하라, 감사하라고 명령하는 구절이 아닙니다. 하나님이 우리를 항상 기쁘게 해 주실 것이고, 우리의 모든 기도에 응답해 주시겠고, 가장 사소한 일까지 우리를 감사로 만족하게 하실 것이라는 약속입니다. 그러나 현실은 그렇지 않습니다. 우리가 잘못해서 그런 것이 아닙니다. 이러한 현실이 성경에도 나와 있습니다. 하나님이 약속해 주셨는데, 우리 존재와 인생은 왜 이 약속과 다른지 살펴봅시다. 시편 22편입니다.

내 하나님이여 내 하나님이여 어찌 나를 버리셨나이까 어찌 나를 멀리 하여 돕지 아니하시오며 내 신음 소리를 듣지 아니하시나이까 내 하나님이여 내가 낮에도 부르짖고 밤에도 잠잠하지 아니하오나 응답하지 아니하시나이다 이스라엘의 찬송 중에 계시는 주여 주는 거룩하시니이다 우리 조상들이 주께 의뢰하고 의뢰하였으므로 그들을 건지셨나이다 그들이 주께 부르짖어 구원을 얻고 주께 의뢰하여 수치를 당하지 아니하였나이다 나는 벌레요 사람이 아니라 사람의 비방거리요 백성의 조롱거리니이다 나를 보는 자는 다 나를 비웃으며 입술을 비쭉거리고 머리를 흔들며 말하되 그가 여호와께 의탁하니 구원하실 걸, 그를 기뻐하시니 건지실 걸 하나이다 오직 주께서 나를 모태에서 나오게 하시고 내 어머니의 젖을 먹을 때에 의지하게 하셨나이다 내가 날 때부터 주께 맡긴 바 되었고 모태에서 나올 때부터 주는 나의 하나님이 되셨나이다 나를 멀리 하지 마옵소서 환난이 가까우나 도울 자 없나이다 많은 황소가 나를 에워싸며 바산의 힘센 소들이 나를 둘러쌌으며 내게 그 입을 벌림이 찢으며 부르짖는 사자 같으니이다 나는 물 같이 쏟아졌으며 내 모든 뼈는 어그러졌으며 내 마음은 밀랍 같아서 내 속에서 녹았으며 내 힘이 말라 질그릇 조각 같고 내 혀가 입천장에 붙었나이다 주께서 또 나를 죽음의 진토 속에 두셨나이다 개들이 나를 에워쌌으며 악한 무리가 나를 둘러 내 수족을 찔렀나이다 내가 내 모든 뼈를 셀 수 있나이다 그들이 나를 주목하여 보고 내 겉옷을 나누며 속옷을 제비 뽑나이다 여호와여 멀리 하지 마옵소서 나의 힘이시여 속히 나를 도우소서 내 생명을 칼에서 건지시며 내 유일한 것을 개의 세력에서 구하소서 나를 사자의 입에서 구하소서 주께서 내게 응답하시고 들소의 뿔에서 구원하셨나이다 내가 주의 이름을 형제에게 선포하고 회중 가운데에서 주를 찬송하리이다 (시 22:1-22)

이 비명은 지극히 현실적입니다. 그는 하나님에게 부르짖지만 응답을 받지 못하고 있습니다. 하나님은 우리를 평강과 기쁨으로 이끌기를 원한다고 하셨는데, 어디서 잘못된 것일까요? 쉽게 떠올릴 수 있는 답은 이것입니다. '죄를 지었으니 그렇다.' 물론 그럴 수 있습니다. 이 점을 전제해 두고, 시편 103편으로 가 볼까요.

여호와는 긍휼이 많으시고 은혜로우시며 노하기를 더디 하시고 인자하심이 풍부하시도다 자주 경책하지 아니하시며 노를 영원히 품지 아니하시리로다 우리의 죄를 따라 우리를 처벌하지는 아니하시며 우리의 죄악을 따라 우리에게 그대로 갚지는 아니하셨으니 이는 하늘이 땅에서 높음 같이 그를 경외하는 자에게 그의 인자하심이 크심이로다 동이 서에서 먼 것 같이 우리의 죄과를 우리에게서 멀리 옮기셨으며 아버지가 자식을 긍휼히 여김 같이 여호와께서는 자기를 경외하는 자를 긍휼히 여기시나니 이는 그가 우리의 체질을 아시며 우리가 단지 먼지뿐임을 기억하심이로다 (시 103:8-14)

하나님은 긍휼이 많으신 분이라고 합니다. 하늘이 땅에서 높음 같이, 아버지가 자식을 긍휼히 여김 같이, 하나님은 우리의 죄과를 우리에게서 멀리 옮기셨습니다. 하나님은 우리에게 복 주기를 원하시는 분이고, 우리의 죄악을 따라 그대로 갚지 않으신다고 합니다. 그런데 시편 22편에서 저자는 왜 그렇게 아우성쳤을까 생각해 봅시다.

상하고 통회하는 마음

먼저, 다른 성경 구절을 하나 더 볼까요. 시편 51편입니다.

> 주여 내 입술을 열어 주소서 내 입이 주를 찬송하여 전파하리이다 주께서는 제사를 기뻐하지 아니하시나니 그렇지 아니하면 내가 드렸을 것이라 주는 번제를 기뻐하지 아니하시나이다 하나님께서 구하시는 제사는 상한 심령이라 하나님이여 상하고 통회하는 마음을 주께서 멸시하지 아니하시리이다 (시 51 : 15-17)

다윗의 회개 시입니다. 우리는 이 시를, 다윗이 부끄러움과 죄를 지은 고통 속에서 하나님 앞에 부르짖으며 회개하는 시로 이해합니다. 다윗의 간절한 기도와 통회하는 마음을 하나님이 받아 주셨을 것이라고 생각합니다. 물론 맞습니다. 그런데 생각해 봅시다. 하나님이 우리에게 복 주기를 원하시고 우리 죄를 사하기를 원하신다면, 아예 처음부터 우리가 죄를 짓지 못하도록 막아 주셨으면 제일 좋지 않았을까요? 나쁜 생각을 하거나 잘못된 길을 선택했을 때, 하나님께서 미리 막아 주셨으면 서로 좋잖아요. 그런데 죄는 죄대로 짓게 놓아두시고서는, 왜 이제 와서 상한 심령과 통회하는 마음을 요구하신다는 것일까요?

우리는 이런 표현을 자주 씁니다. '애달프게 회개하면 용서해 준다.' 그런데 이런 말은 앞에 나온 시편 103편에서 본 하나님의 모습과 다릅니다. 시편 103편에서는 하나님이 넉넉히 용서해 주신다고 말씀합니다. 우리가 애걸복걸해서가 아니라, 하나님의 하나님 되심이 우리를 용서해 주신다고 나와 있습니다. 동이 서에서 먼 것 같이 우리 죄를 던져 버리시고 다 잊으시고 우리의 체질을 아시는 분이 우리를 불쌍히 여기사 다 용서해 주신다가 선행되는 이야기인 줄 알았는데, 시편 51편처럼 '이렇게 통회하고 자복해야 용서해 주는 것이다'라고 하면 만족스럽지가 않습니다.

일단 '하나님께서 구하시는 제사는 상한 심령이라 하나님이여 상하고 통회하는 마음을 주께서 멸시하지 아니하시리이다'(시 51:17 상)라는 구절을 보면, '지금 네가 고통 받는 것은 네 잘못 때문이다. 그러니 잘못한 것을 알았다면 이제 회개해라'라고 해서 나오는 상하고 통회하는 마음이기보다 마치 하나님이 우리를 속상하게 하시는 것이 본래 목적인 것처럼 보입니다. 이런 말을 들으면 저를 향해 '그런 불경한 생각을 하다니' 하는 생각이 들 수 있겠지만, 돌아보면 우리 인생이 그렇습니다. 잘못해서 받는 벌만 있는 것이 아니라, 이유를 알 수 없는 고난과 비극이 우리 생애에 있습니다. 우리가 울부짖을 때 하나님이 '맞다. 네가 지금 속상해하는 것이 내가 원하는 길이다'라고 말씀하시는 것 같다는 것입니다. '기독교가 그런 이야기를 한다고?'라며 놀랄 수 있습니다. 이쯤에서 집에 돌아가는 편이 낫지 않을까요? 괜히 더 험한 소리 듣느니 말입니다.

십자가 사건은 우리가 아는 간단한 공식으로는 이해되지 않습니다. 죄 없으신 하나님의 아들이 우리 죄를 위하여 비난과 수치 속에 우리 손에 돌아가신다는 것이 어떻게 영광이며 기쁜 일이겠습니까? 말이 안 되는 일 아닙니까? 그러나 성경은 그 길을, 하나님의 자기 증명 곧 당신의 영광과 선하심, 우리를 향한 사랑을 증명하는 최선의 길이라고 선포합니다. 이 길, 이 모순과 갈등의 길을 가장 잘 보여 주는 대표적 인물이 바로 모세입니다. 출애굽기 3장으로 갑시다.

모세가 그의 장인 미디안 제사장 이드로의 양 떼를 치더니 그 떼를 광야 서쪽으로 인도하여 하나님의 산 호렙에 이르매 여호와의 사자가 떨기나무 가운데로부터 나오는 불꽃 안에서 그에게 나타나시니라 그가 보니 떨기나무에 불이 붙었으나 그 떨기나무가 사라지지 아니하는지라 이에 모세가 이르되 내가 돌이켜 가서 이 큰 광경을 보리라 떨기나무가 어찌하여 타지 아니하는고 하니 그 때에 여호와께서 그가 보려고 돌이켜 오는 것을 보신지라 하나님이 떨기나무 가운데서 그를 불러 이르시되 모세야 모세야 하시매 그가 이르되 내가 여기 있나이다 하나님이 이르시되 이리로 가까이 오지 말라 네가 선 곳은 거룩한 땅이니 네 발에서 신을 벗으라 또 이르시되 나는 네 조상의 하나님이니 아브라함의 하나님, 이삭의 하나님, 야곱의 하나님이니라 모세가 하나님 뵈옵기를 두려워하여 얼굴을 가리매 여호와께서 이르시되 내가 애굽에 있는 내 백성의 고통을 분명히 보고 그들이 그들의 감독자로 말미암아 부르짖음을 듣고 그 근심을 알고 내가 내려가서 그들을 애굽인의 손에서 건져내고 그들을 그 땅에서 인도하여 아름답고 광대한 땅, 젖과 꿀이 흐르는 땅 곧 가나안 족속, 헷 족속, 아모리 족속, 브리스 족속, 히위 족속, 여부스 족속의 지방에 데려가려 하노라 이제 가라 이스라엘 자손의 부르짖음이 내게 달하고 애굽 사람이 그들을 괴롭히는 학대도 내가 보았으니 이제 내가 너를 바로에게 보내어 너에게 내 백성 이스라엘 자손을 애굽에서 인도하여 내게 하리라 모세가 하나님께 아뢰되 내가 누구이기에 바로에게 가며 이스라엘 자손을 애굽에서 인도하여 내리이까 하나님이 이르시되 내가 반드시 너와 함께 있으리라 네가 그 백성을 애굽에서 인도하여 낸 후에 너희가 이 산에서 하나님을 섬기리니 이것이 내가 너를 보낸 증거니라 모세가 하나님께 아뢰되 내가 이스라엘 자손에게 가서 이르기를 너희의 조상의 하나님이 나를 너희에게 보내셨다 하면 그들이 내게 묻기를 그의 이름이 무엇이냐 하리니 내가 무엇이라고 그들에게 말하리이까 하나님이 모세에게 이르시되 나는 스스로 있는 자이니라 또 이르시되 너는 이스라엘 자손에게 이같이 이르기를 스스로 있는 자가 나를 너희에게 보내셨다 하라 하나님이 또 모세에게 이르시되 너는 이스라엘 자손에게 이같이 이르기를 너희 조상의 하나님 여호와 곧 아브라함의 하나님, 이삭의 하나님, 야곱의 하나님께서 나를 너희에게 보내셨다 하라 이는 나의 영원한 이름이요 대대로 기억할 나의 칭호니라(출 3:1-15)

하나님이 모세에게 나타나셨습니다. 모세 나이 팔십 세 때의 일입니다. 사십 년을 바로의 왕자로 살아 온 모세는 자신의 정체성을 깨닫게 되자 자기 백성을 구하고 하나님을 제대로 섬기는 자로 살려고 주먹을 불끈 쥐고 일어났으나 실패합니다. 모세의 열심에 하나님이 응답해 주지 않으십니다. 그래서 모세는 미디안으로 도망갈 수밖에 없었습니다. 애굽의 통치권이 미치는 곳에는 더 이상 살 수가 없었죠. 그가 미디안 광야에서 사십여 년을 사는 동안 무슨 일이 일어났을 것 같습니까? 아무 일도 일어나지 않았습니다. 아무 일도 안 일어나면 평안했을까요? 모세는 평안한 것이 아니라 죽어났을 것입니다. 자기 인생의 목적이자 책임으로 이해했던 자기 민족에 대해 하나님이 아무런 반응을 하지 않으셨기 때문입니다.

아브라함의 하나님, 이삭의 하나님, 야곱의 하나님이신 분이 모세의 하나님이 되는 것은 거절하신 듯이 보입니다. 모세는 죽어납니다. 바로의 왕자로 자라난 사람인데, 어찌 평범한 인생을 살 수 있었겠습니까? '내가 너무 성급했나? 기도로 더 준비했어야 했나? 내가 그때 좀 더 참고 애굽에 그냥 눌러 있을 걸 그랬나.' 별의별 생각이 다 들었을 것입니다. 자책했다가 원망했다가 자신을 저주하기도 했다가 별별 꼴을 다 겪으면서 사십 년 동안 숙성됩니다. 시쳇말로 썩죠. 그러자 하나님이 모세에게 나타나십니다. "내 백성이 애굽에서 고생하고 있다. 내가 너를 보내니 너는 애굽으로 가서 그들을 데리고 나와라."

이때 모세의 답을 보십시오. 사십 년 동안 묵혀 둔 원망이 이렇게 터져 나옵니다. "내가 누구이기에 갑니까?" 무슨 뜻입니까? "그때는 사람 취급도 안 해 주시더니 왜 이제야 오셨습니까? 제가 새파랗고 의욕이 충만할 때는 나타나지 않으시다가 이제 다 늙은 제게 와서 왜 이러십니까?"라는 뜻입니다. 모세의 대답에도 하나님이 "가라. 내가 너와 함께하겠다"라고 하시자, 모세는 지난 사십 년을 떠올렸습니다.

하나님이 자신을 외면하고 잊었다고 생각했던 시간입니다. 그래서 "내가 너와 함께할 것이다"라는 말에도 "하나님, 당신은 대체 어떤 분입니까? 그때는 왜 그러셨습니까? 지금은 또 뭡니까?"라고 물었던 것입니다. 하나님이 말씀하시죠. "나는 스스로 있는 자다. 나는 하나님이기를 중단하지 않는 하나님이다. 지난 사십 년 동안 나는 네게 일하고 있었다."

바로 이것이 상하고 통회하는 마음입니다. 단지 죄를 회개하는 정도가 아닙니다. 더 깊이 들어가서 "하나님, 인생이 이게 뭡니까?"라며, 존재와 정체성과 가치와 의미와 현실에 대하여 답이 나오지 않아 모순과 갈등과 원망 속에 죽어나는 시간을 모세는 사십 년이나 보내죠. 여러분은 그런 시간을 몇 년이나 보내 보았습니까? 편안하면 하나님을 잊어버리고, 괴로우면 원망하고, 그저 그렇게 적당히 살다가 저한테 제대로 걸렸죠. 이제는 적당히 타협하고 넘어갈 수 없게 되었습니다. 저도 그렇고, 여러분도 그렇습니다. 서로 간에 복이라고 생각해야 합니다.

모세는 어쩔 수 없이 갑니다. 끝까지 안 가겠다고 우겼는데 마침내 하나님이 화를 내시자 할 수 없어서 갑니다. 하나님 앞에 항복하지 않고 할 수 없이 갔다는 점이 어떻게 증명됩니까? 모세가 첫 번째 기적을 일으켰을 때, 바로는 항복하지 않고 화를 냅니다. 이제는 이스라엘 백성에게 짚을 주지 않으면서 벽돌을 구워 내라고 가혹한 명령을 합니다. 백성들이 당장 원망하죠. "이게 뭐냐? 모세 네가 우리를 구한다고 바로에게 가서는 괜히 쓸데없는 소리해서 우리만 고난을 당하게 됐다." 그러자 모세가 당장 하나님 앞에 뭐라고 합니까? "거 보세요. 내가 안 간다고 했잖아요. 그런데 이게 뭡니까? 하나님은 약속을 지키지 않으셨습니다." 하나님도 지지 않으시죠. "다시 가라." 그렇게 여러 번을 왔다 갔다 합니다.

바로는 더욱더 완강해집니다. 바로가 회개하지 못하게 하나님이 붙잡고 계십니다. 그런데 바로 말고 누가 회개합니까? 모세가 회개하죠. 달라진 모세의 모습이 어디에 나오죠? 이스라엘 백성을 이끌고 홍해 앞에 섰을 때, 모세가 한 말을 보십시오. 뒤에서는 애굽 군대가 쫓아오고 앞은 홍해가 가로막고 있는 진퇴양난의 위기 속에 백성들이 아우성치죠. "애굽에는 매장지가 없어서 여기까지 끌고 나왔느냐?" 그때 하나님 앞에 내내 불평했던 모세와 다른 새로운 모습의 모세가 나타나 "너희는 가만히 서서 여호와께서 우리를 위해 일하시는 구원을 보라" 이런 멋진 말을 합니다.

네게 일어난 일이 내게 일어난 일

열 가지 재앙이 애굽을 치고 바로를 죽이기 위해서 쓰이지 않고, 하나님의 사람을 항복시키기 위하여 쓰였습니다. 우리가 사는 세상에 불의가 있고 폭력이 있고 말이 안 되는 일이 있습니다. '정의로운 세상을 만들기 위해 무엇을 해야 한다'라는 구호만 외치지 마십시오. 세상이 자기 일을 하는 동안 하나님은 하나님의 일을 하십니다. 우리를 만들어 가십니다. 그 일하심을 보며 하나님의 은혜를 우리의 살과 피에 채워야 합니다.

그렇게 애굽을 나와 홍해를 건너 가나안에 들어가는 광야의 길을 이스라엘 백성들은 걷게 됩니다. 광야의 길을 걷는 동안 그들은 실패합니다. 그래서 어떻게 됩니까? 홍해를 건넌 스무 살 이상의 성인들은 광야에서 죽고 그 후손들만 들어갑니다. 이제 모세는 실수하지 않습니다. 여호수아와 갈렙처럼 믿음을 지킨 두 사람과 모세는 광야에서 죽지 않습니다. 그런데 모세는 왜 못 들어갔죠? 므리바 사건 때문에 못 들어갑니다. 물이 없다고 백성들이 아우성치자 모세가 하나님에게 기도합니다. 이에 하나님이 반석을 명하여 물을 내라고 하시자 모세가 반석을 두 번 칩니다. 반석을 두 번 친 것이 얼마나 대단한 잘못이라고 모세마저 가나안에 못 들어가게 되었을까요? 성경은 '그가 하나님의 거룩함을 막고 성질을 부렸다'라는 식으로 표현하고 있습니다.

하나님이 모세의 분노를 보며 뭐라고 하십니까? "모세야, 너 왜 내 자식들한테 지랄이냐? 너 가나안 못 들어간다." 모세가 알아듣습니다. '내가 잘못했구나'가 아닙니다. "이들이 자식이구나. 나는 이들을 위하여 부름받은 종이구나. 그렇다. 이들이 실패해서 여기서 죽어야 된다면, 나를 세운 그 뜻을 따라 내가 이들과 함께 죽는 것이 명예다." 이렇게 알아듣습니다. 모세의 위대함은 여기에 있습니다. "이들과 함께 죽을 수 있게 해 주셔서 감사합니다." 놀랍습니다.

성경은 우리에게 우리의 분노와 우리의 원망 같은 것들이 일을 한다고 말씀합니다. 하나님이 일하고 계십니다. 그가 아들이시라도 받으신 고난으로 순종함을 배워서 온전하게 되셨다고 합니다. 모세는 어디서 온전하게 된다고요? 므리바에서 성질부린 대가로 벌을 받아 알아듣습니다. 이해하기 쉽게 예화를 하나 들죠.

〈대부〉라는 영화를 잘 아실 것입니다. 이 영화는 마피아 패밀리의 수장 돈 코를레오네(말론 브란도 분)가 자신의 막내딸을 결혼시키는 파티 장면에서 시작합니다. 일가친척이 다 모여 춤을 추며 축하하는데, 다른 패밀리의 보스들도 결혼식에 모입니다. 최고의 패밀리 수장의 경사인데, 어떻게 안 옵니까? 호화로운 결혼식 장면에서 압권은 돈 코를레오네가 결혼하는 막내딸과 춤추는 장면입니다.

춤을 마친 돈 코를레오네는 어디론가 향합니다. 아무도 엿들을 수 없는 비밀 장소로 가서 사업을 하려는 것입니다. 결혼 축하는 명분일 뿐이고, 실제로는 다들 사업 이야기를 하러 온 것입니다. 누군가가 돈 코를레오네를 찾아와서는 "저 아무개 패밀리와 우리 패밀리 사이에 중간 경계선이 무너졌습니다. 어떻게 하면 좋겠습니까?"라고 물어보면, 돈 코를레오네는 "넌 어떻게 하면 좋겠느냐?"라고 되묻습니다. "저는 이렇게 이렇게 하면 좋겠습니다"라고 의견을 말하면, 돈 코를레오네는 "그럼, 그 사이 어디쯤에서 반을 나누자"와 같은 결정을 내려 줍니다. 또 돈 코를레오네의 가족과 친분이 두터운 누군가가 와서 이런 부탁을 합니다. "제가 이번에 아주 좋은 시나리오를 봤는데, 그 역에 제가 적격입니다. 그런데 그 감독이 절 미워해서 제게 그 역을 안 줍니다. 그 역을 제가 맡게 해 주십시오"라고 하자, 돈 코를레오네는 자신의 아들을 보내어 감독을 설득하게 합니다. 그런데 감독이 돈 코를레오네의 말을 안 듣자 감독이 애지중지하는 말을 죽여 그의 침대에 넣어 놓죠. 이 장면은 기억나시죠? 기억나는 것은 말 대가리 밖에 없다고요?

그리고 이태리에서 이민 온 한 장의사가 찾아와서 부탁합니다. "코를레오네 씨, 제 딸아이가 백인 아이들한테 치욕을 당하고 폭행을 당해 피투성이 채로 다 실려 왔습니다. 돈은 얼마든지 드릴 테니 복수해 주십시오." 그러자 돈 코를레오네가 답합니다. "자네는 생전 처음으로 내게 도움을 청하러 와서는 존경심을 보이거나 우정을 구하긴커녕 날 대부라고 부르지조차 않았어. 그런데 다짜고짜 돈은 얼마든지 줄 테니까 사람을 죽여 달라고? 부탁은 그렇게 하는 게 아냐. 자네가 만일 내 식구였다면, 아니 내 친구였다면 자네에게 일어나는 일은 내 일이 되는 거야." 그래서 이 장의사가 무릎을 꿇고 "돈 코를레오네. 제 친구가 되어 주십시오"라고 하자, "그래, 너에게 일어난 일은 내게 일어난 일이야. 자네에게 적이 있다면 바로 나의 적이 될 테니. 이제는 걱정하지 마" 이렇게 되었습니다.

우리는 매번 하나님에게 묻죠. "하나님, 왜 이러세요?" 앞에서 본 시편 22편에 나온 내용입니다. "하나님, 어찌하여 내게 이러십니까?" 하나님은 말씀하십니다. "나는 네게 최선을 다하고 있다. 나는 너를 위해서 죽을 수 있다. 내가 뭘 아끼더냐? 거꾸로 내가 묻고 싶다. 난 너에게 뭐냐?" 돈 코를레오네가 되물었던 것처럼 말입니다. "난 너에게 뭐냐. 난 너에게 다만 기관단총이나 비수나 독약에 불과하냐? 너는 나에게 존경도 사랑도 친밀감도 표하지 않고서 목적을 달성해 달라고 하는구나."

우리의 소원은 무엇입니까? 우리 마음에 들게 하나님이 다만 조종 가능한 기계였으면 하고 바라지는 않습니까? 우리 신앙이 겨우 이 정도라면 하나님의 자녀 된 명예를 알 길이 없습니다. 하나님이 얼마나

굉장한 분인가를 제대로 이해하여 우리가 사는 현실이 기적과 기쁨
이 넘치는 자리가 되길 바랍니다.

기 도

하나님 아버지, 우리의 철없고 실력 없음을 고백합니다. 하나님은 우리 죄를
용서하시는 데에 그치시는 것이 아니라, 우리를 기르시며 우리를 사랑하시
는 하나님입니다. 그 하나님에게 항복하게 하여 주시옵소서. 우리 인생을 넉
넉히 살아 내게 하옵소서. 세상은 우리에게 공포요, 시험이요, 헛것에 불과합
니다. 진리와 생명의 주인이신 하나님의 자녀로 사는 기쁨과 실력을 주옵소
서. 예수님 이름으로 기도합니다. 아멘.